EL LIBRO NEGRO DE LA NUEVA IZQUIERDA

IDEOLOGÍA DE GÉNERO O SUBVERSIÓN CULTURAL

Nicolás Márquez | Agustín Laje

EL LIBRO NEGRO DE LA NUEVA IZQUIERDA

IDEOLOGÍA DE GÉNERO O SUBVERSIÓN CULTURAL

Unión Editorial
2016

© 2016 Nicolás Marquéz y Agustín Laje
EL LIBRO NEGRO DE LA NUEVA IZQUIERDA
ISBN: 978-987-3677-53-3
Grupo Unión, Buenos Aires
Unión Editorial, S.A., Madrid
Primera Edición 2016

Auspicia esta publicación:
Centro de Estudios Libertad y Responsabilidad (LibRe)
www.prensarepublicana.com

Grupo Unión
Carlos Calvo 675
1008 Buenos Aires
Tel.: +54 11 4550 5842
Correo: union@lugardelibros.com
www.lugardelibros.com

Unión Editorial, S.A.
c/ Martín Machío, 15 - 20002 Madrid
Tel.: +34 91 350 02 28
Correo: editorial@unioneditorial.net
www.unioneditorial.es

Coordinación editorial Rodolfo Distel
Compuesto por #MCHFS
Diseño de tapa Ana Sofía Palacios
Impreso en España por JPM GRAPHIC, S.L.

Printed in Spain · Impreso en España

Índice

PARTE II Homosexualismo ideológico por Nicolás Márquez

Agradecimientos

Cuando uno escribe un libro, agradecer muchas veces se convierte en un acto de injusticia por cuanto resulta muy dificultoso abarcar a todas las personas que, de una u otra forma, ayudan en cualquiera de los procesos involucrados en el trabajo: investigación, redacción y/o publicación.

No obstante, y asumiendo el riesgo de caer en esa injusticia, no queremos dejar de utilizar este breve espacio para agradecer especialmente a: Dr. Gerardo Palacio Hardy, Dr. Bernardino Montejano, Dr. Roberto Castellano, Profesor Cristián Rodrigo Iturralde, Lic. en Psicología Andrés Irasuste, Lic. en Economía Iván Carrino, Profesor Cristian Rodríguez Iglesias, Dr. Mario Caponnetto y a Fernando Romero (Área de Filosofía del Centro de Estudios LIBRE). Finalmente, gracias a los aportes en la corrección brindados por María José Montenegro en la Parte II del libro.

Prólogo

"Hay un problema ético en la raíz de nuestras dificultades filosóficas: los hombres somos muy aficionados a buscar la verdad, pero muy reacios a aceptarla".

Étienne Gilson

Parafraseando a Churchill[1], veo en este libro no el final, sino más bien *el final del principio* de un camino intelectual que pronostico largo, tanto como puede serlo la vida de estos jóvenes autores, que les deseo sea tan larga como fecunda.

Agustín Laje y Nicolás Márquez sorprendieron tiempo atrás cuando, siendo apenas veinteañeros, se atrevieron a escribir (y también a decir públicamente) que la historia argentina reciente estaba siendo sometida a una acción deliberada e inteligente de falsificación. Al hacerlo demostraron gran coraje personal, tanto porque desafiaron a una poderosa maquinaria de propaganda sostenida por grupos de interés locales —gobierno incluido— fuertemente ideologizados, cuanto por el contraste que marcaron con los que —por cobardía o mera conveniencia— han preferido guardar silencio.

La decisión que tomaron de situarse del lado de los *políticamente incorrectos*, no se debió a circunstancias de carácter estrictamente personal. Hasta donde sé, no fueron víctimas directas o indirectas del terrorismo ni tienen familiares presos por haberlo combatido. En consecuencia, lo que los ha movido es la pasión de verdad. Y eso a pesar de que, como dice Gilson, los hombres en general no quieren saber nada de ella.

La búsqueda, el deseo honesto y apasionado de verdad es, a mi juicio, lo que explica este nuevo libro, cuya temática puede parecer ajena a la que los ocupara en libros anteriores. En tanto aquella ha sido la motivación primordial, sin la interferencia de intereses subalternos ni de prejuicios ideológicos, creo que era inevitable que en su

---

1 La frase original, muy conocida, es la siguiente: "*Now this is not the end. It is not even the beginning of the end. But it is, perhaps, the end of the beginning.*" Fue dicha por Winston Churchill en un discurso pronunciado en la Mansion House el 9 de noviembre de 1942.

itinerario intelectual llegasen al punto en que se encuentran. Como lo será también —y así lo espero— que continúen avanzando, siguiendo el hilo invisible que ha ido labrando los errores de que está hecho el tejido de la modernidad, hoy travestida en *posmodernidad*.

Las convulsiones que sufre el orden social contemporáneo —algunas de cuyas peores manifestaciones constituyen la materia de este libro—, no se explican en y por sí mismas, sino que están precedidas por la difusión en las inteligencias de nuevos principios, nuevos sistemas de valores, a la luz de los cuales se presentan como caducos e ilegítimos los que fundaban el antiguo orden. Así, nunca habría habido Revolución Francesa sin las ideas de la Ilustración, ni Revolución Rusa sin la contribución de Marx. *Las mudanzas históricas son movimientos de ideas.*

Lo expuesto prueba cuán verdadero es aquel principio de naturaleza filosófica según el cual *todo desorden en el plano de la acción, comienza por ser un desorden en el plano de la inteligencia*. El Cardenal Pie ha dicho que "las acciones del hombre son hijas de su pensamiento", añadiendo que "todos los bienes igual que todos los males de una sociedad son el fruto de las máximas buenas o malas que ella profesa"; por lo que concluye: "... no hay ninguna herida, ninguna lesión en el orden intelectual que no tenga consecuencias funestas en el orden moral e incluso en el orden material."[2]

Este libro confirma estos asertos, mostrando que la corrupción en las costumbres es simplemente el rostro desagradable de un cuerpo social enfermo, que fue inoculado hace ya tiempo con los gérmenes de un pensamiento envenenado. Después de su lectura, la conclusión a que llegará el lector será que el orden social se corrompe, pues, cuando la sociedad deja de regirse por los principios que provee la naturaleza de los seres y adopta otros fundados nada más que en las ocurrencias y caprichos de un pensamiento sin quicio alguno.

Lo que hoy se percibe y escandaliza a muchos, es simplemente la manifestación impúdica de los principios inherentes al régimen que instaló la revolución moderna y que Occidente adoptó en sustitución del orden social cristiano. Y que no es simplemente un régimen político, sino una concepción del hombre y de la sociedad tan equivocada como perversa, que hoy exhibe sus terribles consecuencias, las que

2 Sermón predicado en Chartres, 1841, en Suplemento Iesus Christus Nº 32.

van más allá del campo de la sexualidad, presentado en este libro —con razón— como paradigmático.

En efecto, la negación del hombre como criatura y la exaltación del yo individual, la expulsión de Dios del escenario humano, la proclamación de la libertad más absoluta en el orden del pensamiento y la liberación del hombre de toda sujeción exterior, entre otros delirios de la mente, han traído como lógica consecuencia, en el orden social, el divorcio entre la política y la moral. Del mismo modo, la negación del orden natural ha hecho que la sociedad se entienda como fruto del contrato y la ley como mera expresión de la voluntad del legislador.

Las ocurrencias de un hombre así desorbitado, que no reconoce más límites que los de su imaginación, último autor de la norma y único juez de su propia conducta, tenderán a ser igualmente ilimitadas. Ejercido entonces fuera del plan de Dios, el poder desorbitado provoca degradación en los diversos órdenes de la vida. La naturaleza se ve devastada con el ataque al medio ambiente, al buscarse sin medida la satisfacción irrestricta de deseos incontrolables. La vida, en el afán del hombre por eliminar complicaciones, pierde su carácter sagrado, en una danza macabra compuesta por la eutanasia, el aborto y las manipulaciones genéticas. La economía deja de crear armonía entre las necesidades y la escasez, con el afán de lucro convertido en su único motor y el dinero como símbolo casi exclusivo de riqueza. Y hasta la religión se ve escarnecida, al ser utilizada publicitariamente como herramienta para vender cerveza o automóviles o como recurso para provocar risas imbéciles en películas o programas de televisión, sin que se escuche tan siquiera la indignada protesta de los que tienen el deber de cuidar de ella.

No puede extrañar entonces que, de este modo, el enaltecimiento de la libertad individual culmine en un Estado que, no obstante bautizarse como democrático, puede llegar a ser el más despótico de cuantos ha conocido la humanidad. Como ha escrito Ramón Nocedal, para ese Estado "no hay ni ley ni autoridad divina ni humana superior a su propio querer. En el orden religioso rechaza todo género de subordinación a ningún poder espiritual, y en el orden moral ha inventado una moral universal donde toma o deja, establece o suprime las leyes a su antojo. En el orden legislativo, civil o político, se considera origen y fuente de todos los derechos, con jurisdicción ilimitada y absoluta sobre todas las cosas; es ley obligatoria cuando él quiere y porque él lo quiere, aunque no se conforme con la ley eterna, aunque sea contra la justicia o contra ajeno derecho; no hay derecho fundamental, fuero, pacto o concordato que no pueda violar, revocar o modificar por sí solo. En el orden administrativo él es el centro de toda la vida, árbitro y regulador de toda acción y, ni los pueblos ni los particulares pueden moverse, respirar ni vivir sin el sello del Estado. En el orden económico, estímase dueño eminente de todos los bienes que hay en la nación; despoja cuando le place de su propiedad a la Iglesia, a las comunidades y corporaciones, a las universidades, se declara heredero de todos los ciudadanos y partícipe de todas las herencias, se llama a la parte en todas las transmisiones, compras, ventas y contratos; se atribuye autoridad para imponer a los pueblos cuantos tributos quiere y en la cantidad que se le antoja, espiando con avidez el lugar y el instante en que brota una nueva fuente de riqueza para cegarla enseguida con los impuestos. En el orden privado, destruye la familia, secularizándola primero mediante el Registro Civil, la Partida de Matrimonio y la Fe de Muerto, y entregándola después al matrimonio civil y a la ley del divorcio, comienzo del amor libre. En el orden intelectual, finalmente, él es el único y universal dispensador de la ciencia y la enseñanza, y nadie puede tener títulos académicos sin su examen, su aprobación y su sello."[3]

Ello le permite decir a Angel López-Amo que esta clase de democracia "puede centralizar toda la administración, organizar todos los servicios, absorber todas las funciones sociales, atender a todas las necesidades, dirigir toda la economía, ordenar toda la cultura, crear todo el derecho; la democracia puede establecer todos los impuestos, movilizar a todos los soldados, declarar todas las guerras... La democracia, en fin, puede poner a la razón humana sobre el altar del Dios vivo."[4]

La negación de Dios, por su parte, entronizará el materialismo y, en particular, el culto al dinero, con lo que parece coincidir un autor que no puede ser sospechado de ultramontano, como Guéhenno, cuando afirma: "La multiplicación de los 'escándalos' de dinero en las grandes democracias no es, pues, una anomalía, sino la lógica consecuencia del triunfo de la única universalidad que nos queda, la del dinero, medida del triunfo individual como del de las sociedades, unidad común de medida que permite establecer una comunicación

---

3 Antología de Ramón Nocedal y Romea, por Jaime de Carlos Gómez-Rodulfo, Madrid, Edit. Tradicionalista, 1952, cit. por Javier Urcelay Alonso, en *Democracia o dictadura*: un falso dilema, publicado en Revista Verbo (España). Copia en mi archivo.

4 Ángel López-Amo, *El poder político y la libertad*, Madrid, Rialp, 1987, Cap. III, nº 4, págs. 163/64.

inmediata con nuestros 'semejantes', semejantes por la reverencia que comparten hacia el becerro de oro, ofrecido finalmente a la admiración, ya que no a la apropiación de todos."[5]

Finalmente, la ideologización del pensamiento conducirá al desconocimiento de las particularidades sociales, con lo que el orden social dejará de reflejar la peculiar realidad de cada pueblo, para convertirse en el engendro de una mentalidad abstracta y uniforme. No habrá pues doctrina al servicio del orden social, sino ideología, que, como enseña Widow, "...no es lo mismo que doctrina, o que un orden de principios de la conducta política, o que un determinado sistema de conocimientos que son objeto de un saber o una ciencia. Aunque toda ideología, estrictamente tal, reclama para sí todos los atributos de la sabiduría y de la certeza científica, y se proclama fuente única de doctrina verdadera, no pretende ser mera ciencia o doctrina. Es un sistema cerrado de ideas que se constituye, para el hombre que se identifica con él, en fuente de toda verdad, de toda rectitud práctica o moral. No es algo, por consiguiente, que pretenda tener vigencia en un plano puramente intelectual, objeto de la inteligencia especulativa, y que de este modo se resuelva en una enunciación más o menos compleja. Por el contrario, funde en una sola las funciones teórica y práctica de la inteligencia, para volcarla entera a una tarea que adora, taumatúrgica, que ha de realizarse sobre el hombre, para transformarlo radicalmente, y sobre la sociedad, a la cual se la ve como la única y definitiva dimensión real del hombre nuevo, debiendo por esto ser absolutamente cambiada para que sea expresión fiel y al mismo tiempo crisol del cambio del individuo".[6]

Como he dicho en otra ocasión, en esto cumple un papel fundamental lo que Thomas Molnar llama el *núcleo de pensamiento dominante* o, también, *la república de las letras.* Molnar califica de ese modo al grupo integrado por artistas, periodistas, escritores y profesionales, que tiene como elemento común una ideología difusa, predominantemente frívola en lo cultural y tan benevolente con las expresiones de la izquierda, cuanto sumamente hostil respecto a cualquier pensamiento atribuido a una borrosa derecha, que suele denostar con el mote de *fascista*. Sus miembros suelen menospreciar la moral tradicional; rara vez —hasta ahora— atacan frontalmente la religión católica, pero guardan hacia ella y la jerarquía una actitud de

---

5 J.M. Guéhenno, *El fin de la democracia*, Buenos Aires, Paidós, 1995, pág. 120.

6 Widow, J.A., *El hombre, animal político*, Bs. As., Nueva Hispanidad, 2002, págs. 225/6.

trabajosa conmiseración. Cualquier manifestación de contracultura, por escandalosa que fuere, será para ellos una muestra de libertad o, en el mejor de los casos, nada más que un riesgo de la libertad. Son defensores y cultores de todo aquello que tenga apariencia de nuevo, por el solo hecho de serlo. Sus juicios conllevan casi siempre una gran carga sentimental, de modo tal que los criterios de verdad, bondad o justicia, dependerán de lo que se sienta como tal, no de lo que la razón indique. Sus ideas e incluso sus conductas individuales y sociales, se presentan desbordantes de vitalismo, transmitiendo la impresión de que ellos están siempre un paso adelante de los demás. Parecen tener la clave del futuro y por eso, en todo momento, son modelos a imitar. Hay que leer sus libros, ver sus películas, asistir a sus espectáculos, emplear su lenguaje y hasta seguir sus dietas. El que no lo hace es poco menos que un marciano.

La presencia de los integrantes de este núcleo de pensamiento dominante en los medios de comunicación es constante. Éstos se ocupan permanentemente de ellos: están en las tapas de las revistas de actualidad, los llaman desde los programas radiales, asisten a cuanto programa televisivo los convoque. Y siempre son convocados; todos los productores de programas tienen en sus agendas los nombres de estas personas, sus teléfonos, cómo y dónde encontrarlos a diferentes horarios, siempre listos para opinar sobre los temas más variados. *Y nunca, nunca, son molestados o controvertidos por sus opiniones.* Desfilan así, semana tras semana, por los diferentes medios, hasta que la gente se acostumbra a ellos, los llama por su nombre, aprende a quererlos, a identificarse, a pensar y sentir como piensan y sienten ellos. Sus consejos se vuelven consignas, sus recomendaciones se hacen obligatorias y uno adopta sus modos de ser y de pensar, su lenguaje, para no sentirse al margen de la "*irresistible*" corriente histórica que ellos encarnan.

En definitiva, el núcleo de pensamiento dominante, combinado con el martilleo en los medios de sus integrantes, determina que éstos vengan a quedar consagrados como los dueños de la cultura. *La cultura es lo que esta gente expresa y representa.* El gran público tenderá a aceptar sus opiniones como si fueran proposiciones universales válidas, llegándose a la situación de que nada tendrá valor si no tiene la aprobación de ese núcleo.

Juan Manuel de Prada a esta *Matrix* progre la ha llamado "la nueva tiranía". Y tiene toda la razón, mientras que un intelectual francés escribe: "Hace ya casi unos treinta años que la noción de '*terrorismo intelectual*' se ha impuesto progresivamente en el universo mediático, y la práctica así identificada ha sido relacionada con las nociones de *pensamiento único* o de *políticamente correcto*, para designar el conjunto de medios aplicados para descalificar a un adversario y reducirlo al silencio. Frecuentemente utilizada a tontas y a locas, la fórmula merece que uno se pregunte sobre la realidad de lo que ella recubre, en un tiempo en el que los *perros guardianes* encargados del control de la información manifiestan una vigilancia siempre más temible en la caza de toda forma de disidencia."[7]

Agustín Laje y Nicolás Márquez han sabido ver bajo el agua, y este libro lo demuestra. Tal vez lo sabían (o sospechaban) desde que empezaron a poner en duda la verdad de las historias *(¿historietas?)* con que el mundo de lo políticamente correcto y sus amplificadores los atosigaban. Pero, sea como fuere, en este libro han llegado a la misma conclusión que Nietzche: *"Las palabras más silenciosas son las que traen la tempestad. Pensamientos que caminan con pies de paloma dirigen el mundo."*[8]

Dr. Gerardo Palacio Hardy

---

7 Philippe Conrad, A propos du "terrorisme intellectuel", en *Renaissance Catholique*, n° 87, Mai-Juillet 2005, pp. 22-23, publicado en http://accionelectoralppr.blogspot.com.ar/2008/04/terrorismo-intelectual.html el 24 de abril de 2008.

8 F. Nietzche, Ecce Homo, Prólogo, nº 4.

Introducción General

Terminaban los años ´80, el imperio soviético tambaleaba y no sin sentida preocupación, el tirano y propietario de la Cuba comunista Fidel Castro, anticipándose a la muy posible implosión de su sponsor moscovita, el 26 de julio de 1989 en discurso público espetó lo siguiente: "Porque si mañana o cualquier día, nos despertáramos con la noticia de que se ha creado una gran contienda civil de la URSS o incluso nos despertáramos con la noticia de que la URSS se desintegró, cosa que esperamos que no ocurra jamás, aún en esas circunstancias Cuba y la revolución cubana seguirían luchando y seguirían resistiendo"[1]. Mal olfato no tenía el locuaz tirano, pues cuatro meses después caía el Muro de Berlín y esta histórica proclama suya no fue más que una suerte de alocución pre-inaugural de lo que al año siguiente, él mismo junto con el entonces joven trotskista Ignacio Lula Da Silva (líder del Partido de los Trabajadores que se consagrara Presidente de Brasil en el 2002) fabricara como estructura paralela o supletoria ante la evidente agonía del imperialismo ruso: nos referimos al cónclave marxista conocido como Foro de Sao Paulo, creado en 1990 justamente en la ciudad de Sao Paulo.

A la convocatoria del mentado Foro acudieron originalmente 68 fuerzas políticas pertenecientes a 22 países latinoamericanos. Desde entonces dicha cofradía se reuniría regularmente y apenas 6 años después de su fundación (en 1996 en la ciudad de San Salvador), esta asamblea revolucionaria ya era integrada por 52 organizaciones miembros, entre las que se encontraban estructuras criminales como el Ejército de Liberación Nacional (ELN) y las Fuerzas Armadas Revolucionarias de Colombia (FARC)[2], siendo ésta última banda el princi-

---

1 www.orvex.org. "Hugo Chávez, Latinoamérica y el Foro de Sao Paulo". Ver filme en https://www.youtube.com/watch?v=gSOhGQLrgJk

2 Peña Esclusa, Alejandro. *El Foro de Sao Paulo. Una amenaza continental*. Colombia, Editorial Grijaldo, 2010, p. 24.

pal productor mundial de cocaína: 600 toneladas métricas anuales[3], motivo por el cual con tan extraordinaria recaudación la citada organización supo aportar ingentes recursos para impulsar el naciente contubernio trasnacional.

Desde entonces, dicho Foro y organizaciones afines vienen reclutando, aggiornando y reciclando a toda la izquierda regional por medio de calculadas sesiones políticas e ideológicas que buscaron y buscan afanosamente darle nuevos impulsos a viejas ideas. En efecto, el comienzo de los años ´90 fue clave para la reconversión y reinvención de una ideología que ya no podía exhibir la "Hoz y el Martillo", ni ofrecer expropiación de latifundios, ni reformas agrarias, ni divagar con la plusvalía, ni tampoco seducir a potenciales clientes con la trillada luchas de clases. Ya nada de todo este discurso resultaba atractivo a la opinión pública occidental y además, sabía a naftalina.

Pero hay un año en los comienzos de esta convulsionada y enrarecida década que pareciera marcar un vertiginoso punto de inflexión: 1992. Fue entonces cuando una serie de movimientos extraños, novedosos y aparentemente inconexos empezaron a brotar en distintos lugares del mundo en general y de América Latina en particular. Al amparo de 458 Ongs[4] creadas repentinamente para publicitar un ficcionario relato precolombino, el 12 de octubre se llevó a cabo en Bolivia la primera gran marcha "indigenista"[5], aprovechando la redonda fecha de los "500 años de sometimiento" (en referencia a la llegada de Cristóbal Colón a las Américas en 1492)[6] en la cual, ya destacaba la acción dirigente del joven Evo Morales[7] (que se consagraría Presidente de Bolivia en el 2005). Un poco más al sur, en la Argentina democráti-

3 Las FARC y el medio ambiente. 26/01/2015. Ver informe completo en el siguiente enlace. http://www.eldiariohoy.com/las-farc-y-el-medio-ambiente/

4 Svampa, Maristella; Stefanoni, Pablo; Fornillo, Bruno. "El 'laboratorio boliviano': cambios, tensiones y ambivalencias del gobierno de Evo Morales". En: *Debatir Bolivia, Perspectivas de un proyecto de descolonización*, Buenos Aires, Ed.Taurus, 2010, p. 67/8.

5 Stefanoni-Herve Do Alto, Pablo. *La Revolución de Evo Morales: de la coca al Palacio.* Colección "Claves Para Todos, Editorial Capital Intelectual, 2006, p. 45.

6 Si bien hubo en 1990 un primer antecedente de una caminata indigenista encabezada por Asencio Teco (el 15 de agosto desde el departamento del Beni con destino a la ciudad de La Paz), fue en 1992 cuando se masifica la y oficializa la misma juntando activistas del oriente y occidente de Bolivia.

7 Ya en 1988 Evo Morales había sido elegido como secretario ejecutivo de la Federación del Trópico de Cochabamba

ca de 1992, apareció en escena la "Primera marcha del orgullo Gay"[8], alentada en parte por el creciente feminismo radical de inspiración lesbo-marxista, el cual desde hacía meses venía influyendo mundialmente tras la publicación del libro *El género en disputa: Feminismo y la subversión de la identidad*[9] de Judith Butler, texto abrazado desde entonces como "biblia" por todos los movimientos promotores de la "ideología de género". Mientras tanto, también en 1992 pero en la colorida ciudad de Río de Janeiro, se llevaron adelante las sesiones del "ecologismo popular", el cual emergió con 1.500 organizaciones de todo el mundo que se reunieron para debatir y redefinir la estrategia, incluyendo el reclamo de la llamada "deuda ecológica"[10]. Y fue en ese mismísimo año cuando en Venezuela, un coronel hablantín de ideología desconocida llamado Hugo Chávez Frías, encabezó dos intentos de golpe de Estado[11], en los cuales no sólo se pretendió matar al Presidente Carlos Andrés Pérez sino que los insurgentes mataron a 20 compatriotas[12]. La intentona golpista no fructificó, Chávez terminó preso por dos años pero ganó fama y celebridad: siete años después asumiría como Presidente/dictador en su país y el Foro se anotaría otro logro de proporciones.

¿Pero qué ocurrió en 1992 en el mundo que forjó tamaña promoción de movimientos tan novedosos como heterogéneos? Si bien popularmente se reconoce a la caída del Muro de Berlín (9 noviembre de 1989) como el hito histórico del derrumbe de un sistema y una amenaza (el socialismo), la realidad es que aquello fue antesala de lo que política y formalmente se materializaría tres años después, o sea en 1992, cuando la Unión de Repúblicas Socialistas Soviética bajo el mando del entonces Premier Borís Yeltsin dejó de existir oficialmen-

8 Se llevó a cabo en Buenos Aires el 28 de junio de 1992.

9 El libro de Judith Butler, tuvo por denominación original "Gender trouble: feminism and the subversion of identity" y fue publicado en Estados Unidos en, 1990 por la editorial Routledge.

10 Martínez Alier, Joan; Sejenovich, Héctor; Baud, Michiel. "El ambientalismo y ecologismo latinoamericano. Parte VI. Una agenda propia para los gobiernos y organizaciones regionales internacionales". Ver informe completo en el siguiente enlace.https://ecopolitica.org/el-ambientalismo-y-ecologismo-latinoamericano-parte-vi/

11 Su primer alzamiento golpista fue el 4 de febrero de 1992 y el segundo el 27 de noviembre de ese año.

12 Marcano, Cristina; Barrera Tyszka, Alberto. *Hugo Chávez sin uniforme, una historia personal*. Buenos Aires, Editorial Debate, 2005, p. 127.

te como tal[13], y fue por ello que todo el imperio comunista de Europa del Este quedó descuartizado y separado en pequeños países o territorios tras una suerte de implosión geopolítica.

Luego, ante la ausencia de la contención soviética y la consiguiente necesidad de solucionar ese vacío, todas las estructuras de izquierda tuvieron que fabricar Ongs y armazones de variada índole acomodando no sólo su libreto sino su militancia, sus estandartes, sus clientes y sus fuentes de financiación. Por lo tanto, al comenzar la última década del Siglo XX, un sinfín de dirigentes, escritores, pandillas juveniles y organizaciones varias quedaron desparramadas, sin soporte discursivo y sin revolución que defender o enaltecer, en torno a lo cual estas corrientes advirtieron la necesidad de maquillarse y encolumnarse detrás de nuevos argumentos y banderines que oxigenaran sus envilecidas y desacreditadas consignas. Silenciosamente, la izquierda reemplazó así las balas guerrilleras por papeletas electorales, suplantó su discurso clasista por aforismos igualitarios que coparon el extenso territorio cultural, dejó de reclutar "obreros explotados" y comenzó a capturar almas atormentadas o marginales a fin de programarlas y lanzarlas a la provocación de conflictos bajo excusas de apariencia noble, las cuales *prima facie* poco o nada tendrían que ver con el stalinismo ni mucho menos con el terrorismo subversivo, sino con la "inclusión" y la "igualdad" entre los hombres: indigenismo, ambientalismo, derechohumanismo, garanto-abolicionismo e ideología de género (esta última a su vez subdividida por el feminismo, el abortismo y el homosexualismo cultural) comenzaron a ser sus modernizados cartelones de protesta y vanguardia.

¿Y mientras tanto qué hacían los sectores del anticomunismo capitalista ante la creciente fabricación y proliferación de renovadas conflagraciones que pululaban? Lejos de tomar nota de estas súbitas rebeliones, se encontraban despreocupados y festivos no sólo celebrando la caída "definitiva" del comunismo, sino leyendo con distendido triunfalismo el publicitado *best seller* de notable fama mundial *El fin de la historia y el último hombre*, de Francis Fukuyama[14] (publicado

13 El anuncio formal de la disolución de la URSS se dio el 25 de diciembre de 1991 pero las estructuras burocráticas permanecieron durante los primeros meses de 1992.
14 Fukuyama, Francis. *The end of the history and the last man*. Nueva York, 1992. El trabajo de Fukuyama ilustró el sentimiento compartido por los sectores liberales tras el derrumbe comunista: el mundo había arribado a un "fin de la historia" diametralmente opuesto al predicado por el marxismo, "la última y definitiva forma de gobierno humano" en palabras del propio autor: la democracia capitalista. Va de

en el insistente año 1992), el cual sentenciaba el triunfo irreversible de la democracia capitalista como hecho lineal e inalterable, suerte de agradable determinismo histórico pero ahora vaticinado por la derecha liberal, lo cual constituyó un gravísimo error de subestimación del enemigo. El comunismo no murió con la caída formal de sus Estados porque justamente lo más importantes son las organizaciones colaterales, y éstas ya existían desde mucho antes de la creación de la URSS y siguieron existiendo después de la extinción de la misma.

Lo cierto es que fuimos muy pocos los que le prestamos atención a esta metamorfosis y, 25 años después, la izquierda no sólo se apoderó políticamente de gran parte de Latinoamérica sino lo que es muchísimo más grave: hegemonizó las aulas, las cátedras, las letras, las artes, la comunicación, el periodismo y, en suma, secuestró la cultura y con ello modificó en mucho la mentalidad de la opinión pública: la revolución dejó de expropiar cuentas bancarias para expropiar la manera de pensar.

Tras tomar nota de la inadvertencia social que hay en torno a este peligro y peor aún, de la vergonzosa concesión que el acobardado centrismo ideológico y el correctivismo político le viene haciendo a esta disolvente embestida del progresismo cultural, es que quienes esto escribimos, hemos decidido desarrollar y publicar este trabajo. En primera instancia, nuestra ambición pretendía elaborar un ensayo que desenmascarara todas y cada una de las caretas de esta izquierda engañosamente "amable y moderna", pero advertimos que por la complejidad del asunto sería imposible abordarla en un solo tomo. Decidimos por lo tanto trabajar en primer término en la máscara que influye en la Argentina y en Europa: nos referimos a la ideología de género, una de las principales pantallas del neo-marxismo hoy en boga. Es nuestra intención, no obstante, trabajar sobre las demás banderas de la nueva izquierda en próximas publicaciones.

¿Qué es?, ¿cuándo nace?, ¿en qué consiste?, ¿cómo nos afecta?, ¿quién la financia? ¿cuáles son sus vertientes y quiénes promueven la ideología de género? Son sólo algunos de los muchísimos interrogantes que intentaremos responder a lo largo de este trabajo, el cual se divide en dos partes bien diferenciadas aunque entrelazadas, que obran

---

suyo que esto operó en detrimento de la significación que se le otorgaba a la lucha ideológica, y los guantes fueron colgados ante la fantasía de un triunfo definitivo que no fue. Un buen análisis de la obra puede verse en Anderson, Perry. *Los fines de la historia*. Barcelona, Editorial Anargama, 1996.

como ramas del mismo tronco de la ideología de género: el feminismo radical y el homosexualismo ideológico.

Respecto de lo primero (es decir del feminismo), este tema abarca la primera mitad del libro y decidimos que sea la pluma de Agustín Laje quien con su tono facultativo, pausado y pedagógico, explique y desarme de manera exhaustiva ésta deletérea corriente político/cultural. Luego, en cuanto a la segunda mitad del presente ensayo (referido al lobby homosexualista), es Nicolás Márquez el encargado de trazar una provocativa radiografía de todo el movimiento sodomítico con su característico modo polémico, enérgico y muchas veces sarcástico.

Esta distribución de tareas a la hora de escribir el presente ensayo fue diseñado así para que cada uno de los autores exponga su trabajo con su impronta, su formación y su narrativa personal de la manera más auténtica y espontánea posible, a fin de darle al lector una obra frontal de características inéditas en Argentina y para la cual, ambos escritores no escatimaron en estudiar y consultar una apabullante diversidad de fuentes bibliográficas y así, suministrar el trabajo más serio e intelectualmente honesto que hayamos podido brindar. En efecto, con no poco orgullo sabemos que quizás este sea el primer libro publicado en éstas playas que ataque de lleno a estas corrientes ideológicas.

¿Acaso somos discriminadores?, ¿machistas?, ¿homofóbicos?, ¿profemicidas?, ¿macartistas? y ¿antediluvianos? Probablemente esta sea la prejuiciosa e inexacta caracterización que tanto socialistas (con deliberada intención) como bienpensantes de centro (con funcional ignorancia) nos endilgarán de antemano y aun sin conocer todo lo mucho que tenemos para exponer a lo largo y ancho de este trabajo que, a pesar de ser mediano en su extensión, nos costó incontables horas de estudio, investigación, lectura, consultas, debates, reflexión y análisis.

Finalmente, huelga decir que hemos decidido publicar este libro a sabiendas del amontonamiento de ataques que recibiremos puesto que, parafraseando a José Ingenieros, "nunca pretendimos presentarnos como imparciales ante lectores que no lo son" y por lo demás, y no hemos puesto tamaña energía y esfuerzo para agradar a los monopolizadores de la corrección y la bondad sino precisamente para cuestionarlos.

PARTE I

Postmarxismo y feminismo radical

por Agustín Laje

Capítulo 1
Del marxismo al postmarxismo

Los cambios que la izquierda, en términos de su práctica política fue registrando a lo largo de la historia, fueron acompañados por transformaciones producidas al nivel de las teorías que ella misma barajaba para delinear sus estrategias revolucionarias. Es la eterna dialéctica entre teoría y praxis. De tal suerte que preguntarse qué fue primero, si la teoría o la praxis, es una pregunta incorrecta o, por lo menos, reduccionista, de encarar la cuestión. Lo cierto es que los hechos brindan al intelectual la materia prima para delinear sus teorías, del mismo modo que el intelectual a menudo –y con especial importancia en los grupos marxistas– le brinda al hombre de acción o al militante la base sobre la cual entender "mejor" el marco que lo rodea y, por consiguiente, conducir sus acciones de manera de lograr mejores resultados.

En este capítulo es nuestra intención hacer un breve recorrido teórico que muestre el camino que tomó la teoría marxista hasta desembocar en lo que hoy se llama "post-marxismo", y que es precisamente el marco teórico del cual se alimenta la nueva izquierda o "neomarxismo". En dicho recorrido pondremos el acento en la cuestión de la llamada "hegemonía", concepto que hace las veces de puente entre el marxismo y el post-marxismo, habiendo permitido el paso de una "lucha de clases" hacia una "batalla cultural".

Marx y Engels

Hay que comenzar desde el origen de la teoría marxista. En Karl Marx y Friedrich Engels encontramos la génesis. Hombres alemanes del Siglo XIX, ambos tienen el mérito intelectual de haber sentado las bases de un pretendido "socialismo científico" frente a los diversos socialismos utópicos y anarquismos que en aquellos tiempos predominaban en la izquierda.

Hasta Marx y Engels, todo lo que se había escrito para la causa socialista según la perspectiva de ellos mismos, había estado impregnado de una estrechez que terminaba siendo involuntariamente funcional a los sectores que deseaban frenar la revolución del proletariado. Todo el tercer capítulo nada menos que de *El manifiesto comunista* —obra clave en la divulgación marxista— está dedicado a refutar las teorías socialistas previas al marxismo: Saint-Simon, Fourier, Owen y otros escritores socialistas anteriores a los autores del *Manifiesto*, no habían logrado, según Marx y Engels, darle al socialismo una guía científica para la realización de su revolución.

El proyecto marxista era —o pretendía ser— muy distinto que el de sus antecesores socialistas: Marx y Engels introducirían las bondades de la ciencia en el estudio de las sociedades frente a las "fantasías" utópicas de sus colegas que aquéllos pretendían dejar atrás. No haría falta mencionar que la historia, empero, terminó dando por tierra con semejantes pretensiones: las leyes de la historia marxistas —que decían poder predecir la evolución de la historia— jamás se comprobaron sino que todo lo contrario —la Revolución Rusa, como veremos, fue la gran y paradójica excepción— y la visión de un mundo comunista, sin clases y sin Estado, fue tan utópica como las mismísimas utopías de las que Marx y Engels renegaban: de forma tal que las disputas ideológicas entre los socialistas no dejaba de ser una delirante riña entre utopistas.

La desmesurada pretensión "científica" del marxismo precisaba de un método no menos monumental para estudiar el "curso de la historia" e intentar, a la postre, predecir las transformaciones sociales y, más importante todavía, las condiciones de las transformaciones revolucionarias. Es en este sentido que Marx y Engels son "hegelianos", esto es, que toman del filósofo alemán Georg Hegel su célebre método: la dialéctica. ¿Qué es la dialéctica?[15] En términos lo más simples posible, se trata de un método que supone que en la historia surgen fuerzas opuestas que, en su contradicción, generan una nueva fase que a su vez genera otra instancia contradictoria, y así sucesivamente. En términos filosóficos, se dirá que a toda *tesis* corresponde una *antítesis*, las cuales resultan superadas por una *síntesis*. La historia avanza, pues, en función de las contradicciones que se generan en su seno. El método de la dialéctica había sido utilizado por Hegel para descubrir el movimiento de las ideas en el mundo; para Hegel, las ideas de los hombres resultan centrales para explicar los cambios en la historia. En el marxismo será lo opuesto: dialéctica, pero apli-

15 Nos referiremos aquí al concepto hegeliano de dialéctica, no al aristotélico, pues es aquél el que interesa para los objetivos de nuestro estudio.

cada al descubrimiento del mundo de la materia, y a eso en la jerga marxista se le llama *materialismo dialéctico*.

Pasemos esto en limpio. El motor de la historia es hallado por el marxismo en el mundo material y, más concretamente, en la dimensión de las fuerzas productivas. ¿Y qué son las fuerzas productivas? Para decirlo de forma sintética, son las distintas tecnologías y modos de producción sobre las cuales se apoya la producción propiamente dicha. Sus modificaciones entrañan y explican los cambios profundos en la historia. Así, el taller corporativo resultó superado por la manufactura con su división del trabajo; y ésta a su vez fue reemplazada al poco tiempo por la gran industria moderna, hija de la máquina a vapor. Tal es el sentido material de la revolución productiva que sepulta a la sociedad feudal y abre el paso a la sociedad moderna, industrial y, utilizando terminología marxista, a la "sociedad burguesa". La idea central del razonamiento en cuestión es que las fuerzas productivas se hallan en permanente avance, y generan para sí "relaciones de producción" (empleador-empleado), que se traducen jurídicamente en relaciones de propiedad y que generan clases sociales específicas —definidas por su relación con los medios de producción— en pugna. Pero el problema sobreviene cuando la evolución de las fuerzas productivas —es decir, el desarrollo de las nuevas tecnologías y maneras de producir— llega a un punto en el cual las formas de propiedad privada terminan frenando la productividad; en esa instancia las sociedades se conmueven y se dan las condiciones materiales para una revolución. De ahí que se pensara que el capitalismo se conduciría a sí mismo hacia su propia crisis, pues llegaría el día en que la propiedad privada sería un estorbo para el propio sistema: la revolución comunista, en virtud de todo ello, sería inexorable suponían sus cultores.

Ahora bien, y por otro lado, lo que en la jerga marxista se conoce como "materialismo histórico" ha quedado resumido por Engels en el prefacio a la edición alemana de 1883 del *Manifiesto Comunista* que aquél redactara tras la muerte de su socio y colega Karl Marx: "Toda la historia (...) ha sido una historia de la lucha de clases, de lucha entre clases explotadoras y explotadas, dominantes y dominadas, en las diferentes fases del desarrollo social; y que ahora esta lucha ha llegado a una fase en que la clase explotada y oprimida (el proletariado) no puede ya emanciparse de la clase que la explota y la oprime (la burguesía), sin emancipar, al mismo tiempo y para siempre, a la sociedad entera de la explotación, la opresión y la lucha de clases".[16]

Hay que destacar que el denominado materialismo histórico ofrece una sucesión de etapas necesarias en el desarrollo de la historia que culminaría según sus autores con la revolución del proletariado, pero que pasan, antes de llegar a ella, por las revoluciones burguesas como la que el mundo había visto en la Francia de 1789, apenas veintinueve años antes del nacimiento del propio Marx. El mismísimo *Manifiesto Comunista* que ya hemos citado dice que "la burguesía ha desempeñado en la historia un papel altamente revolucionario".[17] La burguesía, en efecto, poseyó una tarea histórica concreta: la de desmantelar las formas de organización feudales. Pero además, el "capitalismo burgués" es necesario para la historia, en tanto que, al tiempo que acelera de manera impresionante las fuerzas productivas[18], simplifica las contradicciones existentes en la sociedad en dos grupos antagónicos fáciles de identificar: el burgués y el proletariado.[19]

La llamada "burguesía" ha sido sin lugar a dudas una clase revolucionaria para Marx y Engels, aunque hoy nos suene extraño. ¿En qué sentido revolucionaria? En el sentido de que es la clase que destruye el mundo feudal, rompiendo con los estrechos marcos nacionales de la antigua industria, generando un mercado mundial, revolucionando las comunicaciones e introduciendo el cosmopolitismo. En otras palabras, la burguesía sería funcional durante una etapa de la historia para obrar como antesala de lo que luego sería la vaticinada revolución proletaria.

En efecto, según fantaseaban los marxistas, la burguesía desarrollaría impresionantes fuerzas productivas que terminarían acabando con la propia "sociedad burguesa". ¿Por qué razón? Porque los marxistas suponen que el desarrollo de esas fuerzas productivas empieza

---

16 Engels, Firedrich. Prefacio a la edición alemana de 1883. Tomado de Marx, Karl. Engels, Friedrich. *El manifiesto comunista*. Buenos Aires, Editorial Sol 90, 2012, p. 17.

17 Marx, Karl. Engels, Friedrich. *El manifiesto comunista*. Cit., p. 40.

18 Popper cita el siguiente pasaje de Marx en su obra: el capitalista compele al obrero a "desarrollar las fuerzas de la productividad social y a crear aquellas condiciones materiales de la producción que son las únicas capaces de formar la base material de un tipo superior de sociedad cuyo principio fundamental sea el desarrollo pleno y libre de todos los individuos humanos". Popper, Karl. *La sociedad abierta y sus enemigos*. México DF, Paidós, 2010, p. 297.

19 "Una revolución continua en la producción, una incesante conmoción de todas las condiciones sociales, una inquietud y un movimiento constante distinguen la época burguesa de todas las anteriores". Marx, Karl. Engels, Friedrich. *El manifiesto comunista*. Cit., p. 42.

a ser frenado por el régimen de propiedad privada y terminan generando las condiciones para romper con éste. La misma rebelión de las fuerzas productivas que acabó con la sociedad feudal debería ahora, en función de la misma "necesidad dialéctica", acabar con la burguesía en provecho del proletariado. Y esto es lo que creían estar viendo Marx y Engels mientras escribían su profecía con pretensiones científicas: "Ante nuestros ojos se está produciendo un movimiento análogo [al de la destrucción del feudalismo]. Las relaciones burguesas de producción y de cambio, las relaciones burguesas de propiedad, toda esta sociedad burguesa moderna, que ha hecho surgir como por encanto tan potentes medios de producción y de cambio, se asemeja al mago que ya no es capaz de dominar las potencias infernales que ha desencadenado con sus conjuros. Desde hace algunas décadas, la historia de la industria y del comercio no es más que la historia de la rebelión de las fuerzas productivas modernas contra las actuales relaciones de producción, contra las relaciones de propiedad que condicionan la existencia de la burguesía y su dominación".[20] Todo estaba dicho para Marx y Engels, y creían haber descubierto el movimiento necesario de la historia y, por consiguiente, predecir el porvenir político y social: "Las armas de que se sirvió la burguesía para derribar el feudalismo se vuelven ahora contra la propia burguesía. Pero la burguesía no ha forjado solamente las armas que deben darle muerte, ha producido también los hombres que empuñarán esas armas: los obreros modernos, los *proletarios*".[21]

Los proletarios son entonces la clase social que tiene en sus manos la más importante misión histórica: impulsar una revolución que, al destruir la propiedad privada que fundamenta la división en clases, destruirá las clases sociales como tales y su liberación será la liberación de toda la humanidad.[22] Si toda la historia ha sido la historia de la lucha de clases, el marxismo anuncia una última revolución en la historia: la revolución del proletariado, que abrirá las puertas de un paraíso llamado "comunismo", que se realizará tras un período indeterminado de "dictadura del proletariado". En efecto, tras la revolución,

---

20 Marx, Karl. Engels, Friedrich. *El manifiesto comunista*. Cit., p. 45.

21 Marx, Karl. Engels, Friedrich. *El manifiesto comunista*. Cit., p. 46.

22 "De todas las clases que hoy se enfrentan con la burguesía —anotan los autores del *Manifiesto*—, sólo el proletariado es una clase verdaderamente revolucionaria. Las demás clases van degenerando y desaparecen con el desarrollo de la gran industria; el proletariado, en cambio, es su producto más peculiar". Marx, Karl. Engels, Friedrich. *El manifiesto comunista*. Cit., p. 51.

la clase obrera deberá poner a su disposición el poder político para acabar con las relaciones de producción existentes, socializando los medios de producción (es decir, aboliendo la propiedad privada).[23]

Y aquí es cuando la dialéctica produce su último movimiento: así como la burguesía como "clase dominante" supuestamente había engendrado al proletariado como "clase dominada", cuando esta última se transforme en clase dominante engendrará la *síntesis* que coronará el movimiento dialéctico y constituirá el fin de la historia, el advenimiento del paraíso comunista: la sociedad sin clases, sin política, sin Estado, sin religión. Esto es lo que, en pocas palabras, Marx decía que iba a suceder con arreglo a "leyes históricas" basadas en la "ciencia".

Extraigamos para concluir lo más importante para nuestro análisis que sigue. El marxismo analiza a la sociedad de manera topográfica o, metafóricamente hablando, con la forma de un "edificio". En la base o "estructura" de la sociedad, el marxismo coloca las fuerzas productivas y sus relaciones de producción —es decir, las tecnologías para producir y las relaciones de propiedad existentes—. En la "superestructura" que se levanta a partir de esta base de carácter económico, los marxistas ubican al Estado, la ideología, la religión, la cultura, etcétera. Siguiendo con la metáfora edilicia, va de suyo que la manera más fácil de demoler un edificio consiste en reventar los pilares sobre los que éste se apoya, y en esto se ha basado precisamente el marxismo tradicional: las verdaderas revoluciones se pergeñan al nivel de las relaciones económicas, pues todo lo demás —ideología, Estado, cultura, etcétera— es apenas un reflejo de aquéllas. Lo que hay que hacer es transformar el sistema económico, y lo otro se va dando por añadidura. ¿Qué quiere decir esto? Que no existe revolución propiamente dicha si no se acaba con el régimen de propiedad privada existente de manera tajante. Tratar de dar una lucha al nivel de la "superestructura", es decir, por ejemplo, a nivel ideológico o jurídico, sería lo mismo que pelearse con una sombra para el marxismo clásico.

En el prefacio de su obra *Una contribución a la crítica de la economía política*, Marx asevera: "Siempre es necesario distinguir entre la revolución material en las condiciones económicas de producción, que caen dentro del radio de la determinación científica exacta, y la jurídica, política, religiosa, estética o filosófica, es decir, en una palabra,

23 "Los proletarios no tienen nada que salvaguardar; tienen que destruir todo lo que hasta ahora ha venido garantizando y asegurando la propiedad privada existente". Marx, Karl. Engels, Friedrich. *El manifiesto comunista*. Cit., p. 53.

las formas ideológicas de la apariencia". El análisis que Karl Popper (filósofo alemán detractor del marxismo) hace de este pasaje es interesante para entender lo que sigue, es decir, las modificaciones estratégicas y teóricas que sufrió el marxismo clásico a través del tiempo: "En opinión de Marx, es vana la esperanza de lograr algún cambio importante mediante el solo uso de recursos jurídicos o políticos; una *revolución política* sólo puede desembocar en la transmisión del mando de un grupo de gobernadores a otro (...). Sólo la evolución de la esencia subyacente, la realidad económica, puede producir transformaciones esenciales o reales, esto es, una *revolución social*".[24]

Pero todo este castillo de arena empezó a caerse más temprano que tarde, con la mismísima revolución marxista por excelencia: la rusa.

La excepción rusa y la hegemonía

Una revolución en Rusia a principios del Siglo XX introducirá, por paradójico que parezca, un grave problema teórico para el marxismo tradicional y su filosofía de la historia. El problema puede resumirse en una simple pregunta: ¿Cómo podía darse una revolución proletaria en aquella Rusia que todavía no había tenido su revolución democrático-burguesa? Vale decir, la Rusia zarista de 1905 y 1917 —años en los que se experimentaron luchas revolucionarias—, a diferencia de la Francia de 1789 —que tenía una importante burguesía que pujaba por reemplazar el sistema monárquico-feudal vigente— contaba con una situación política en la cual había zares pero no una burguesía latente que pudiera afectarlos. Entonces, según el razonamiento marxista, faltaba una burguesía que hiciera ese trabajo para que a su vez, posteriormente, ésta fuera desplazada por otra clase social: el proletariado. Pero el problema que ponía en jaque las predicciones marxistas fue que la revolución comunista se produjo "saltando etapas", puesto que se pasó de una situación feudal directamente al socialismo, sin pasar en el medio por una "revolución burguesa". Se habría saltado desde la planta baja al segundo piso sin haber construido el primero, siguiendo el ritmo de las metáforas edilicias.

Marx y Engels habían establecido un orden progresivo en el proceso revolucionario; tenían, en una palabra, una concepción "etapista" de la historia (un desarrollo por etapas), bajo la cual las distintas clases tenían tareas que les eran "connaturales". Para ellos, las primeras revoluciones del proletariado tenían que suceder en los países capi-

24 Popper, Karl. *Ob.* Cit., pp. 292-293.

talistas más avanzados en virtud de la propia dinámica de las fuerzas materiales que ya hemos visto. La revolución que se dio en la Rusia de 1905[25] estaba ilustrando para sus espectadores, pues, un desajuste magnánimo: el desajuste de las etapas de la historia predichas por Marx, y el desajuste de las tareas históricas que cada clase debía asumir conforme a las leyes sociológicas inventadas por el marxismo. Y frente a este problema, dentro de la socialdemocracia rusa estuvieron quienes afirmaron que el proletariado no debía participar como fuerza dirigente del proceso revolucionario (los "mencheviques"[26]), pero también surgieron voces más radicalizadas que reivindicaron la posibilidad de constituir a la clase obrera rusa en cabeza de una revolución (los "bolcheviques"[27]).

Años después, Antonio Gramsci (célebre filósofo italiano marxista de la primera mitad del Siglo XX) haciendo tambalear la rigidez ideológica del marxismo tradicional, escribirá un texto titulado "La revolución contra «El Capital»", en el que ironiza: "*El Capital*, de Marx, era en Rusia el libro de los burgueses más que el de los proletarios. Era la demostración crítica de la fatal necesidad de que en Rusia se formara una burguesía, empezara una era capitalista, se instaurase una civilización de tipo occidental, antes de que el proletariado pudiera pensar siquiera en su ofensiva, en sus reivindicaciones de clase, en su revolución. (...) Los hechos han provocado la explosión de los esquemas críticos en cuyo marco la historia de Rusia habría tenido que desarrollarse según los cánones del materialismo histórico".[28]

Como vemos, en opinión de Gramsci, nada menos que los hechos rusos —valga la paradoja— hicieron volar en pedazos los esquemas "etapistas" del materialismo histórico del marxismo puro. Pero no debemos adelantarnos tanto; la teorización de Gramsci es un tanto posterior a la revolución —de modo que él analizaba en base a los he-

---

25 Movilización de obreros y campesinos contra el régimen que, si bien no lograron derrocar al Zar, lograron que Rusia se transformara en una monarquía constitucional.
26 Eran la facción moderada del Partido Obrero Socialdemócrata de Rusia. Fueron muy activos en la revolución de 1905, pero al constatar su fracaso, modificaron su estrategia y pregonaron, en consecuencia, por una liquidación progresiva del zarismo mediante una "revolución burguesa".
27 Eran la facción más radicalizada del Partido Obrero Socialdemócrata de Rusia. Tras la derrota de 1905 mantuvieron la estrategia de una revolución obrera comunista, que saltara la etapa burguesa. Esta facción fue liderada por Lenin.
28 Gramsci, Antonio. *Para la reforma moral e intelectual*. Madrid, Libros de la Catarata, 1998, pp. 35-36.

chos ya consumados—, y ya llegaremos a ella. La pregunta que debemos hacernos ahora es: ¿Cómo hicieron por entonces los teóricos que estaban observando estos desajustes para explicar el salto de etapas que se dio en Rusia y, aún más, justificar la praxis revolucionaria de la clase obrera en el marco de una revolución que *debía* ser burguesa?

Del seno de la Segunda Internacional Socialista[29] —la cual funcionó entre 1889 y 1923— se recurrirá a un concepto que vendrá a suturar la teoría marxista: ese concepto fue el de *hegemonía*.

¿A qué refería la hegemonía en un inicio? Como ya hemos visto, las clases sociales para la teoría marxista tienen "tareas históricas" bien precisas: la burguesía debe barrer con la sociedad feudal, y el proletariado barrer a su vez con la sociedad burguesa (capitalista). La hegemonía será el concepto utilizado por el teórico Gueorgui Plejanov —uno de los fundadores de la Segunda Internacional— para describir y justificar el hecho de que en Rusia la clase proletaria asumiera la tarea burguesa de sepultar la sociedad feudal. En efecto, el estadio del desarrollo económico ruso estaba tan poco maduro que una débil burguesía no podía hacerse cargo de sus obligaciones históricas —hacer la revolución contra el feudalismo zarista— y, a la postre, la clase obrera debía hegemonizar, es decir, asumir tareas que no eran propias a su naturaleza de clase —hacer la revolución contra el capitalismo burgués—.

Este es el marco del surgimiento del concepto de hegemonía que, en su propio origen, no puede despojarse del determinismo económico del marxismo tradicional. ¿Por qué? Porque se continúan concibiendo a las clases sociales como grupos con tareas históricas bien definidas, "naturales", y la hegemonía es apenas el nombre otorgado al hecho excepcional dado por la asunción por parte de una clase social de una tarea que en teoría no le es propia. En el caso ruso, como se dijo, esa tarea fue la de hacer una revolución proletaria contra un régimen feudal.

---

29 El socialismo de todo el mundo ha coordinado su estrategia a través de lo que se llamó "Internacional Socialista". Hubieron en total cuatro Internacionales, que se fueron sucediendo unas a otras a causa de conflictos estratégicos, políticos e ideológicos internos. En el caso de la Segunda Internacional, ésta funcionó entre 1889 y 1923. Su primer congreso fue en Francia, donde se constituyó como "Federación de Partidos Socialdemócratas" (la Primera Internacional había intentado formar un partido único mundial). Ver Sagra, Alicia. *La internacional. Un permanente combate contra el sectarismo y el oportunismo.* Buenos Aires, Deeksha Ediciones, 2007.

Algunos cambios ligeros a la idea de "hegemonía" sobrevendrán con Vladímir Ilich Lenin, el teórico bolchevique por antonomasia y fundador de la Tercera Internacional Socialista. Su lucha teórica se enmarca en su controversia contra el ala de los mencheviques, los cuales siguiendo el esquema etapista argumentaban que en Rusia, "por ser un país atrasado con régimen feudal, la revolución sería realizada en dos etapas. Una primera, en que el proletariado, el campesinado, la intelectualidad se unirían con la burguesía liberal para derrotar a la monarquía e instaurar un régimen democrático burgués, en donde el proletariado ganaría espacios para luchar por el socialismo. (...) Esa lucha por el socialismo abriría la segunda etapa de la revolución".[30] Lenin, al contrario, subrayaba desde un inicio el carácter "reaccionario" de la burguesía rusa y estimaba que la revolución debía desde sus orígenes plantear una lucha contra ella, en una alianza de la clase obrera con el campesinado y sin esperar etapa previa alguna.

En este punto surge, pues, el concepto de "hegemonía" leninista como "dirección política en el seno de una alianza de clases"[31]. La clase proletaria rusa, a pesar de su pequeño número en relación al conjunto de la población, se erige en clase dirigente de las demás clases subalternas —fundamentalmente el campesinado— y establece con ellas una alianza política para hacer la revolución. Pero dicha alianza no modifica la identidad de las clases aliadas: "Golpear juntos, marchar separados" es una de las máximas más elocuentes de Lenin, que resume precisamente su concepto de hegemonía.

La revolución teórica de Antonio Gramsci

El gran paso cualitativo en lo que refiere al concepto de "hegemonía" lo dará no un ruso sino un italiano: Antonio Gramsci (1891-1937), a quien ya hemos citado anteriormente y a quien seguiremos mencionando en este trabajo. La primera vez que éste habló de "hegemonía" fue en el marco de su escrito "Algunos temas de la cuestión meridional", y su deuda teórica para con Lenin es admitida en varios pasajes de sus *Cuadernos de la cárcel*, compilación de anotaciones que el italiano hizo mientras se encontraba encarcelado por el régimen de Benito Mussolini. En el texto antedicho, Gramsci aborda el problema de la

30 Sagra, Alicia. Ob. Cit, p. 40.

31 Laclau, Ernesto; Mouffe, Chantal. Hegemonía y estrategia socialista. Hacia una radicalización de la democracia. Bs. Aires, Fondo de Cultura Económica, 2011, p. 86.

división existente entre la Italia industrial del norte y la Italia agraria del sur, y el rol hegemónico que debe asumir la clase obrera frente al campesinado que, en términos leninistas, significa el problema de generar una alianza de clases entre el obrerismo y el campesinado en la cual el primero lleve la conducción. Gramsci describe la hegemonía en estos términos prácticos: "El proletariado puede convertirse en clase dirigente y dominante en la medida en que consigue crear un sistema de alianzas de clase que le permita movilizar contra el capitalismo y el Estado burgués a la mayoría de la población trabajadora, (...) en la medida en que consigue obtener el consenso de las amplias masas campesinas. (...) Conquistar la mayoría de las masas campesinas significa (...) comprender las exigencias de clase que representan, incorporar esas exigencias a su programa revolucionario de transición, plantear esas exigencias entre sus reivindicaciones de lucha".[32]

Hasta aquí, la hegemonía continúa siendo una "alianza de clases" como pregonaba Lenin, aunque empieza a ponerse de relieve la necesidad de "comprender", "incorporar" y "plantear" —tal las palabras de Gramsci— las exigencias de los grupos campesinos, que parece ir más allá de una simple alianza pasajera. Las consideraciones del pensador italiano no se asemejan en ningún sentido al "golpear juntos, marchar separados" de su camarada Lenin. Lo que Gramsci empieza a plantear es la necesidad de generar un vínculo mucho más fuerte con la clase campesina en el marco de una lucha *común* contra el capitalismo.

Ahora bien, en el mismo texto, pero poco más adelante, Gramsci da un nuevo salto cuando advierte que la hegemonía sobre los campesinos del sur la mantiene la "clase burguesa" gracias al influyente accionar de sus intelectuales sobre ese sector. El campesinado está fuertemente dominado en términos culturales y en su "visión del mundo" por la burguesía, y eso es lo que quiere romper Gramsci. En particular, éste menciona al filósofo liberal-conservador Benedetto Croce como uno de los responsables de esta hegemonía burguesa por sobre el campesinado, para ejemplificar de qué forma el accionar intelectual resulta vital: "Benedetto Croce ha cumplido una altísima función «nacional»: ha separado los intelectuales radicales del sur de las masas campesinas, permitiéndoles participar de la cultura nacional y europea, y a través de esta cultura los ha hecho absorber por la burguesía nacional".[33] Como vemos, acá se produce un cambio de pa-

32 Gramsci, Antonio. *Antología*. Volumen 1. Bs. Aires, Siglo XXI, 2014, p. 192.

33 Gramsci, Antonio. *Antología*. Volumen 1. Cit, p. 197.

radigmas: mientras que para el marxismo clásico luchar en el plano cultural, político o jurídico era más o menos como luchar "contra una sombra", para Gramsci esta lucha era la realmente importante.

Existe un vínculo muy claro entre hegemonía y cultura para el pensamiento gramsciano. La dominación cultural es el conducto a través del cual la burguesía italiana logra hegemonizar al campesinado del sur. Y es por eso que Gramsci concluye que es vital que proliferen intelectuales comunistas, pues ¿quién mejor que los intelectuales para lograr cambios culturales?: "También es importante que en la masa de los intelectuales se produzca (...) una tendencia de izquierda en el sentido moderno de la palabra, o sea, orientada hacia el proletariado revolucionario. La alianza del proletariado con las masas campesinas exige esta formación; aún más lo exige la alianza del proletariado con las masas campesinas del sur".[34]

La idea de "hegemonía" en Gramsci ha superado, en este orden, la mayor parte del economicismo que aquélla contenía. ¿Por qué? Porque ahora la hegemonía precisará en adelante de un accionar cultural que Gramsci llamará "intelectual-moral": la hegemonía se realiza generando cambios al nivel cultural, y no es una simple alianza económico-política como pregonaba Lenin, ni es la asunción de tareas externas a la propia clase como planteaba Plejanov. La hegemonía en Gramsci se da en un terreno de gran trascendencia: el de los valores, creencias, identidades y, en definitiva, el de la cultura: "Toda revolución —anota Gramsci— ha sido precedida por un intenso trabajo de crítica, de penetración cultural, de permeación de ideas a través de agregados humanos al principio refractarios y sólo atentos a resolver día a día, hora por hora, y para ellos mismos su problema económico y político, sin vínculos de solidaridad con los demás que se encontraban en las mismas condiciones".[35]

Dicho de otra manera: la hegemonía ya no se da en la transacción de intereses materiales, sino en el hecho de inyectar en el otro una misma "concepción del mundo" que anude lazos de solidaridad orgánicos (hegemónicos) entre grupos que pertenecen a distintas clases sociales —obreros por un lado, campesinos por el otro—. Es el vínculo ideológico y no tanto el económico el que da sentido a la formación política hegemónica en Gramsci. El éxito del proceso hegemónico (es

---

34 Gramsci, Antonio. *Antología*. Volumen 1. Cit., p. 199.

35 Gramsci, Antonio. *Para la reforma moral e intelectual*. Madrid, Libros de la Catarata, 1998, p. 25.

decir de la fusión entre grupos distintos acerca de la conciencia revolucionaria), depende de la confección de una ideología de signo contrario respecto de la dominante, que cuestione su "sentido común", su forma de ver el mundo, su forma de organizar la sociedad, la economía, la política, la cultura.

Pero en Gramsci la clase obrera continúa siendo una clase privilegiada en algún sentido. En efecto, es la clase que tiene la posibilidad de llevar adelante procesos hegemónicos que extiendan los límites de su voluntad a otros grupos sociales también subalternos. La hegemonía parece ser una iniciativa exclusiva del proletariado en su estrategia. Tanto es así, que en sus apuntes sobre *El Príncipe* de Maquiavelo, Gramsci designa al partido de la clase obrera como "Nuevo Príncipe". Y en estos términos establece su misión: "Una parte importante del Príncipe moderno deberá estar dedicada a la cuestión de una reforma intelectual y moral, es decir, a la cuestión religiosa o de una concepción del mundo. (...) El Príncipe moderno debe ser, y no puede dejar de ser, el abanderado y el organizador de una reforma intelectual y moral, lo cual significa crear el terreno para un desarrollo ulterior de la voluntad colectiva nacional popular".[36]

La importancia de la batalla cultural es a esta altura harto evidente en Gramsci, toda vez que la revolución puede y debe darse a un nivel cultural. Recordemos que para Lenin la revolución había de ser violenta y ésta implicaba tomar por fuerza el Estado, imponer la "dictadura del proletariado", abolir la propiedad privada, destruir el Ejército y la burocracia, haciendo desaparecer a la postre el Estado mismo.[37] ¿Y qué propone Gramsci? Pues que el Estado puede ser permeado desde la sociedad civil y que, en todo caso, su destrucción como "organismo al servicio de la clase dominante" no se agota en la destrucción del Ejército y de la burocracia al modo que Lenin proponía, sino fundamentalmente en la destrucción de la "concepción del mundo" que produce y reproduce el Estado para el mantenimiento de su hegemonía cultural, y su reemplazo por una nueva. Gramsci está

---

36 Gramsci, Antonio. Notas sobre *Maquiavelo, sobre la política y sobre el Estado moderno*. Buenos Aires, Ediciones Nueva Visión, 1972, p. 15.

37 "Si el Estado es un producto del carácter irreconciliable de las contradicciones de clase, si es una fuerza que está por encima de la sociedad y que «se divorcia cada vez más de la sociedad», es evidente que la liberación de la clase oprimida es imposible, no sólo sin una revolución violenta, sino también sin la destrucción del aparato del poder estatal". Lenin, V.I. *El Estado y la revolución*. Buenos Aires, Editorial Sol 90, 2012, p. 17.

proponiendo, en una palabra, dar una lucha cultural que socave la hegemonía ideológica de la "clase dominante" pertrechada en el Estado.[38] Esta lucha, conectando con el inicio de nuestro análisis, debe ser encabezada por la clase obrera pero habiendo hegemonizado a los demás grupos subalternos, resultando de ello una "voluntad colectiva nacional-popular". La cuestión de la revolución violenta, tan distintiva del pensamiento marxista-leninista, queda relegada e, incluso, Gramsci va a hablar de "revolución pasiva" como aquella en la cual las "clases dominantes" se ven obligadas a ir absorbiendo los puntos de vista de las voluntades colectivas nacional-populares.[39]

El post-marxismo de Ernesto Laclau y Chantal Mouffe

Contemporáneos a nosotros, el argentino Ernesto Laclau y su mujer Chantal Mouffe han generado otro salto importantísimo en la teoría marxista. Tan importante ha sido este salto, que se les reconoce en el mundo académico un rol indiscutible como dos de los mayores referentes del llamado "post-marxismo" o "posmarxismo"[40], una corriente teórica muy reciente cuya característica fundamental es que se ha propuesto revisar al marxismo para adecuarlo, teórica y estratégicamente, al nuevo mundo que nació del fracaso del "socialismo real" de la Unión Soviética.

---

38 Un grupo de estudiosos de Gramsci resume su estrategia con estas palabras: "Construir una contrahegemonía política y civil que vaya mucho más allá de la anterior dirección política, intelectual y moral, a través de una compleja lucha de posiciones". Oliver, Lucio. Goutman, Ana. Guevara, Aldo. López De la Vega, Mariana. Morales, Emiliano. Nieto, Laura. Ortega, Jaime. Quintero, Roberto. Savoia, Francisco. Gramsci: la otra política. Descifrando y debatiendo los cuadernos de la cárcel. México DF, Universidad Nacional Autónoma de México, 2013, p. 79.

39 En lenguaje hegeliano, Gramsci asevera: "[...] las necesidades de la 'tesis' de desarrollarse enteramente, hasta el punto de llegar a incorporar una parte de la antítesis misma, para no dejarse 'superar'; o sea, que en la oposición dialéctica sólo la tesis, en realidad, desarrolla todas sus posibilidades de lucha hasta ganarse a los que se dicen representantes de la antítesis: precisamente en esto consiste la revolución pasiva". Citado en Campione, Daniel. *Leer Gramsci. Vida y pensamiento*. Buenos Aires, Ediciones Continente, 2014, p. 113.

40 Ver por ejemplo Meiksins Wood, Ellen. ¿Una política sin clases? El post-marxismo y su legado. Buenos Aires, Ediciones RyR, 2013. También ver Howart, David. "Teoría del discurso" en Marsh y Stoker. *Teoría y método de la Ciencia Política*. Dato curioso: si uno busca en la popular enciclopedia virtual Wikipedia la ficha del "post-marxismo", se menciona a Laclau y Mouffe como padres de esta nueva corriente teórica y en la solapa "bibliografía", de seis títulos, cuatro corresponden a Laclau o bien su título menciona su nombre de forma explícita.

Sin embargo, Ernesto Laclau no ha trascendido sólo en el mundo académico, sino que también su imagen ha llegado al mundo de la política en general en virtud de habérsele reconocido un rol filosófico relevante en el proyecto del "socialismo del Siglo XXI" en general, y en el caso del régimen kirchnerista en particular. Prácticamente no ha existido medio de comunicación nacional e internacional que, al mencionarlo, no le haya adjudicado el papel del "filósofo del kirchnerismo".[41] Con su muerte en abril de 2014, Cristina Kirchner brindó un discurso en el que dijo: "Laclau era un filósofo muy controversial, un pensador con tres virtudes. La primera, pensar, algo no muy habitual en los tiempos que corren. Segundo, hacerlo con inteligencia, y tercero, hacerlo en abierta contradicción con las usinas culturales de los grandes centros de poder" (como si la nueva izquierda no fuera uno de ellos).

Pero concentrémonos en su aporte teórico, que es lo que pretendemos desentrañar en este capítulo. Y empecemos diciendo que el mundo en el que Laclau vive es muy distinto del de Marx e incluso que el de Gramsci. Lo que Laclau ve cuando escribe junto a Chantal Mouffe su obra *Hegemonía y estrategia socialista*, publicada en 1985, es un mundo donde el capitalismo se ha expandido enormemente y, lejos de agudizar los conflictos de clase, logró cada vez mejores condiciones de existencia para el proletariado[42] frente a una inminente caída del bloque comunista; donde la democracia pluralista también se ha extendido inconmensurablemente y ha hecho aflorar nuevos puntos de conflicto político que no tienen su raíz en fundamentos

---

41 He aquí algunos ejemplos de títulos periodísticos con ocasión de su muerte: "Ernesto Laclau, el ideólogo de la Argentina dividida", en Revista Noticias, Argentina, 13 de abril de 2014. "Murió Ernesto Laclau, referente intelectual del kirchnerismo", en diario La Nación, Argentina, 13 de abril de 2014. "Muere Ernesto Laclau, susurro intelectual de Cristina de Kirchner", diario El Mundo, España, 14 de abril de 2014. "Murió Ernesto Laclau, el pensador favorito de la Presidenta", diario Clarín, Argentina, 13 de Abril de 2014. "Muere Ernesto Laclau, referente intelectual del kirchnerismo", diario El País, España, 14 de Abril de 2014. "Murió Ernesto Laclau, el filósofo preferido de Cristina", diario La Nueva Provincia, Argentina, 14 de Abril de 2014.

42 Laclau y Mouffe adiverten que "...en tanto que en el capitalismo avanzado la forma salarial se ha generalizado, las clase de los obreros industriales no ha hecho sino disminuir en número y significación". *Hegemonía*... Cit., p. 119. Además: "Es pues imposible hablar hoy día de una homogeneidad de la clase obrera, y menos aún referirla a un mecanismo que esté inscrito en la lógica de la acumulación capitalista". *Hegemonía y estrategia socialista.* Cit., p. 121.

económicos; y donde el Estado de bienestar se encuentra en una brutal crisis y, en su reemplazo, aquéllos ven venir con toda su fuerza el proyecto del "liberalismo neoconservador".

El citado trabajo de Laclau y Mouffe está dedicado a revisar y "deconstruir" (desarmar y reemplazar) las teorías del marxismo tradicional, buscando desmontar el economicismo[43] —idea según la cual, tal como ya vimos, lo verdaderamente relevante es la dimensión económica— para luego proponer una nueva teoría y una nueva estrategia para la izquierda, basada en la idea de hegemonía sobre la que nos hemos referido anteriormente. En ello se resumen, precisamente, los esfuerzos de *Hegemonía y estrategia socialista*, una de las obras más importantes de nuestra renacida izquierda.

El post-marxismo de Laclau y Mouffe tiene centro en la supresión del concepto de "clase social" como elemento teórico relevante para la izquierda. Este es el paso crucial que ambos pensadores dan respecto de Gramsci en quien, por lo demás, basan la mayor parte de su teoría. El proletariado ya no es el sujeto revolucionario privilegiado en ningún sentido posible; la clase obrera en Laclau no tiene siquiera privilegios en una estrategia hegemónica como en la teoría gramsciana. Pero además de ello, tampoco hay ningún sentido en buscar otro sujeto privilegiado, como aconteció en la década del '60 en la cual se discutió, a partir especialmente de los teóricos de la Escuela de Frankfurt, si el privilegio de la historia pasaba por los jóvenes, las mujeres, etcétera.[44] Contra el intento desesperado por *descubrir* nuevos sujetos para la revolución anticapitalista, Laclau y Mouffe ponen el acento en la *construcción* discursiva de los sujetos. ¿Qué significa esto? Pues que los discursos ideológicos pueden dar origen a nuevos agentes de la revolución (el discurso tiene carácter *performativo*, diría el filósofo del lenguaje John Austin). Simplificando un poco: hay que fabricar y difundir relatos que vayan generando conflictos funcionales a la causa de la izquierda.

El problema en este punto pasa a ser el de cómo explicar la construcción de estas nuevas identidades. Y la respuesta vendrá dada,

43 "Ni el campo de la economía es un espacio autorregulado y sometido a leyes endógenas; ni hay un principio constitutivo de los agentes sociales que pueda fijarse en un último núcleo de clase; ni las posiciones de clase son la sede necesaria de intereses históricos". Laclau, Ernesto. Mouffe, Chantal. *Hegemonía y estrategia socialista*. Cit., p. 124.

44 "No hay posición privilegiada única a partir de la cual se seguiría una continuidad uniforme de efectos que concluirían por transformar a la sociedad en su conjunto". Laclau, Ernesto. Mouffe, Chantal. *Hegemonía y estrategia socialista*. Cit., p. 213.

una vez más, por el concepto de "hegemonía". ¿Pero a qué llaman "hegemonía" Laclau y Mouffe? Para ponerlo en los términos más claros posibles —algo no siempre fácil en razón del oscurantismo de estos autores—, "hegemonía" es el nombre de un proceso bajo el cual fuerzas sociales diferentes entre sí, se empiezan a articular y a la postre terminan modificando cada una su identidad particular. Se da entre ellas un intercambio recíproco que las transforma. El concepto de "articulación" es clave aquí, pues queda definido por los autores como "toda práctica que establece una relación tal entre elementos, que la identidad de éstos resulta modificada como resultado de esa práctica".[45] En otros términos más prácticos, hay articulación política cuando dos frentes políticos entablan una alianza que termina por modificar la identidad de ambos.

Pero una articulación, para ser hegemónica, debe generarse en el marco de un antagonismo social, esto es, en un espacio dividido por el conflicto. La hegemonía es un proceso a través del cual distintas fuerzas sociales se empiezan a unir para potenciarse en el contexto de conflictos.

Pongamos un ejemplo para aclarar la idea: un grupo de trabajadores mantiene demandas particulares como, por ejemplo, la necesidad de un aumento salarial; grupos de mujeres, por otra parte, construyen demandas de protección para el sexo femenino frente a los casos de violencia contra la mujer; grupos indígenas, por su lado, reclaman porciones de tierras basándose en supuestas posesiones de sus antepasados remotos. Estas demandas, separadamente, carecen de fuerza hegemónica. Pero la izquierda tiene la misión de instituir un discurso que, sobre un terreno de conflicto mayor, articule estas fuerzas en un proceso hegemónico que las haga *equivalentes* frente a un enemigo común: el capitalismo liberal. Es decir, la izquierda debe crear una ideología en la cual estas fuerzas puedan identificarse y unirse en una causa común; la nueva izquierda debe ser el pegamento que unifique, invente y potencie a todos los pequeños conflictos sociales, aunque estos no revistan naturaleza económica.

De tal suerte que la hegemonía se logra cuando una fuerza política determina el complejo de significados y palabras —y por añadidura moldea la forma de pensar— por los cuales han de conducirse quienes se encuentran bajo su dirección. Como Zanco Panco asevera en su

---

45 Laclau, Ernesto. Mouffe, Chantal. *Hegemonía y estrategia socialista*. Cit., pp. 142-143.

diálogo con Alicia en la célebre novela *Alicia en el país de las maravillas*, de Lewis Carroll:

— Cuando yo uso una palabra —insistió Zanco Panco con un tono de voz más bien desdeñoso— quiere decir lo que yo quiero que diga... ni más ni menos.

— La cuestión —insistió Alicia— es si se puede hacer que las palabras signifiquen tantas cosas diferentes.

— La cuestión —zanjó Zanco Panco— es saber quién es el que manda..., eso es todo.

La hegemonía, según la teoría de Laclau y Mouffe, tiene sentido a partir de un momento histórico bien concreto: el de la revolución democrática. En efecto, dicha revolución —concretamente la francesa[46]— habría instaurado un discurso igualitario que, al suplantar la doctrina teológico-política por aquella que declara que el poder emana desde el seno del pueblo, deslegitimó una serie de *subordinaciones*, transformándolas en *opresiones*, ampliando en su constante desarrollo la sede de los antagonismos sociales. Así es que la revolución democrática es, para estos autores, el terreno de una constante e ininterrumpida emergencia de antagonismos que en tiempos precedentes estaban contenidos por otro tipo de discurso social.

Naturalmente, la estrategia que estos autores le proponen al socialismo, lejos de tener por objetivo inmediato la destrucción de la "democracia burguesa" —al modo del marxismo clásico—, tiene su eje en el hecho de entender la democracia como el terreno sobre el cual el proyecto socialista puede y debe desenvolverse, aprovechando y fomentando la multiplicidad de puntos de antagonismos que bajo aquélla es posible hacer emerger. De lo que se trata es de abordar la democracia liberal y radicalizar su componente igualitario a tal punto que aquélla termine siendo diezmada desde su propio seno; que sea barrida por su propia lógica; destruir la democracia desde adentro, y no desde afuera. Ese objetivo termina de evidenciarse en el subsiguiente libro de Laclau: *La razón populista*[47].

---

46 "El momento clave en los comienzos de la revolución democrática puede ubicarse en la Revolución francesa, ya que, (...) fue al nivel del imaginario social que surgió entonces algo verdaderamente nuevo con la afirmación del poder absoluto del pueblo. (...) el establecimiento de una nueva legitimidad, en la invención de la cultura democrática". Laclau, Ernesto. Mouffe, Chantal. *Hegemonía y estrategia socialista.* Cit., p. 197.

47 Laclau, Ernesto. *La razón populista.* Buenos Aires, Fondo de Cultura Económica, 2005.

Pero sigamos con *Hegemonía y estrategia socialista*. Sus autores no sólo hacen explícitas las intenciones antedichas, sino que incluso las destacan con recursos tipográficos (la letra cursiva o itálica pertenece a los propios autores): "...es evidente que no se trata de romper con la ideología liberal democrática sino al contrario, de profundizar el momento democrático de la misma, al punto de hacer romper al liberalismo su articulación con el individualismo posesivo. *La tarea de la izquierda no puede por tanto consistir en renegar de la ideología liberal democrática sino al contrario, en profundizarla y expandirla en la dirección de una democracia radicalizada y plural.* (...) No es en el abandono del terreno democrático sino, al contrario, en la extensión del campo de las luchas democráticas al conjunto de la sociedad civil y del Estado, donde reside la posibilidad de una estrategia hegemónica de izquierda".[48]

Digamos al respecto dos cosas. En primer lugar, surge de la propia pluma de Laclau y Mouffe que la radicalización de la democracia no es un fin en sí mismo sino un medio para alcanzar otro fin: la destrucción del "individualismo posesivo" típicamente liberal, es decir, la destrucción de la noción de los derechos individuales y de la propiedad privada. En segundo lugar, así como las dictaduras socialistas del siglo pasado alegaban estar llevando adelante una "democracia sustancial" frente a la "democracia burguesa" del mundo capitalista, en Laclau y Mouffe esta distinción se mantiene vigente aunque con un nuevo nombre: *democracia radical* vs. democracia liberal. Pero la supuesta "democracia radical" no es mucho más que el nombre dado a un socialismo que ha incluido en su discurso una serie de demandas que exceden al tradicional terreno de las clases. Y tan así es, que los propios autores concluyen su libro de esta forma: "Todo proyecto de democracia radicalizada incluye necesariamente, según dijimos, la dimensión socialista —es decir, la abolición de las relaciones capitalistas de producción— (...). Por consiguiente, el descentramiento y la autonomía de los distintos discursos y luchas, la multiplicación de los antagonismos y la construcción de una pluralidad de espacios dentro de los cuales puedan afirmarse y desenvolverse, son las condiciones *sine qua non* de posibilidad de que los distintos componentes del ideal clásico del socialismo (...) puedan ser alcanzados".[49]

---

48 Laclau, Ernesto. Mouffe, Chantal. *Hegemonía y estrategia socialista*. Cit., p. 222.
49 Laclau, Ernesto. Mouffe, Chantal. *Hegemonía y estrategia socialista*. Cit., p. 239.

No es exagerado decir que el objeto de toda la teoría de Laclau y Mouffe es la construcción de un socialismo[50] adaptado a las condiciones del nuevo milenio que ven venir, al cual le han puesto de manera simpática el apodo de "democracia radical" para incluir demandas que no han tenido lugar con anterioridad en las teorías socialistas. "El término poco satisfactorio de 'nuevos movimientos sociales' —escriben los autores— amalgama una serie de luchas muy diversas: urbanas, ecológicas, antiautoritarias, antiinstitucionales, feministas, antirracistas, de minorías étnicas, regionales o sexuales. (...) Lo que nos interesa de estos nuevos movimientos sociales no es (...) su arbitraria agrupación en una categoría que los opondría a los de clase, sino la novedad de los mismos, en tanto que a través de ellos se articula esa rápida difusión de la conflictuidad social a relaciones más y más numerosas, que es hoy día característica de las sociedades industriales avanzadas".[51] Aquí es donde nosotros nos concentraremos en este libro: en desmantelar los discursos de estas nuevas máscaras de la izquierda que sus teóricos hegemonizaron.

La relevancia y la autonomía de la política y la ideología aparecen con toda su fuerza en el trazado la estrategia hegemónica que estamos describiendo.[52] Y bajo este paraguas teórico, la izquierda ha terminado de traer, por fin, a primer plano, la relevancia de una lucha ideológica que ha determinado la muerte de la lucha de clases y el consiguiente nacimiento de la *batalla cultural*.

Los pensadores del "socialismo del Siglo XXI"

El "socialismo del Siglo XXI" es la expresión latinoamericana de la renacida izquierda. Como proyecto, con nombre y apellido, aquél nació formalmente el 27 de febrero de 2005 en Venezuela, oportunidad en la cual Hugo Chávez convocara a los intelectuales orgánicos, desde su insufrible programa televisivo "Aló Presidente", a "inventar el socialismo del siglo XXI". El socialismo no había muerto con la im-

50 Así ellos mismos lo dejan en claro cuando proponen el "proyecto de una democracia radicalizada como alternativa para la izquierda". Laclau, Ernesto. Mouffe, Chantal. *Hegemonía y estrategia socialista.* Cit., p. 236.

51 Laclau, Ernesto. Mouffe, Chantal. *Hegemonía y estrategia socialista.* Cit., p. 203.

52 "Laclau presenta una teoría de la ideología que amplía la autonomía de la ideología al disociarla lo más posible de las relaciones de clase. (...) dado que se le confiere gran importancia a la ideología, puede decirse que estos elementos ideológicos autónomos representan el terreno central de la lucha de clases". Meiksins Wood, Ellen. *Ob.* Cit., p. 120.

plosión soviética; debía "reinventarse" con los ajustes necesarios de acuerdo a las condiciones del nuevo siglo y a los nuevos postulados teóricos que los revisionistas del marxismo habían confeccionado. De todo ello se habló con especial énfasis en los Foros Internacionales de Filosofía de Venezuela que empezaron precisamente en ese año, y que apuntaron a desempolvar ideas que se creían condenadas al museo de antigüedades de una vez para siempre.

El proyecto del socialismo del Siglo XXI, en estos momentos, mientras estas líneas se escriben, está siendo pensado y repensado por intelectuales orgánicos dedicados a cumplimentar con la orden del difunto dictador venezolano y expandirlo a toda la región. Aquí daremos apenas un vistazo a las ideas de algunos de ellos que, si bien en muchas cosas presentan un pensamiento más o menos heterogéneo, coinciden a pie juntillas en algo que no es nada menor para la tesis de nuestro trabajo: el carácter cultural de la revolución izquierdista del nuevo siglo. Y es que aquéllos son deudores, sin lugar a dudas, del pensamiento post-marxista que, tal como vimos, corrió su mirada desde la agitación de la clase obrera hacia la construcción de nuevos antagonismos sociales, culturales, étnicos, etarios, sexuales, etcétera.

El uruguayo Sirio López Velasco es un caso interesante. Este ha basado su propuesta intelectual del socialismo del Siglo XXI en discusiones éticas que tienen su fundamento en el famoso postulado de Marx que reza: "De cada uno según su capacidad, a cada uno según su necesidad". Pero admite, seguidamente, que la clase obrera que supo ver Marx no es la de hoy y ello lo obliga a contemplar cambios importantes: "En momentos en que la clase obrera ha disminuido cuantitativamente y se ha modificado cualitativamente, con centrales sindicales que de hecho aceptan los límites del capitalismo, ya suena a museo la invocación de cualquier 'partido obrero de vanguardia'; la tarea crítico-utópica ecomunitarista hoy es colocada en manos de un bloque social heterogéneo, con forma de movimiento, que agrupa a los asalariados, los excluidos de la economía capitalista formal, las llamadas 'minorías' (que a veces son mayorías, como las mujeres, y algunas comunidades étnicas en algunos países), las minorías activas (sobre todo en movimientos, partidos, sindicatos y organizaciones no gubernamentales, y en especial muchas de carácter ambientalista), los pueblos indígenas que sin asumir una postura identitaria a-histórica esencialista, quieren permanecer y transformarse sin aceptar el dogma de los 'valores' capitalistas de la ganancia y del individualismo, y los movimientos de liberación nacional que combaten el recrudecido imperialismo yanqui-europeo".[53]

El argentino Atilio Borón sigue esta misma línea, aunque hace hincapié en la necesidad de "construir" —es decir, fogonear el conflicto— en lugar de "encontrar" al sujeto de la nueva revolución socialista, con claras reminiscencias a Laclau: "No existe un único sujeto —y mucho menos un único sujeto preconstituido— de la transformación socialista. Si en el capitalismo del siglo XIX y comienzos del XX podía postularse la centralidad excluyente del proletariado industrial, los datos del capitalismo contemporáneo (...) demuestran el creciente protagonismo adquirido por masas populares que en el pasado eran tenidas como incapaces de colaborar en —cuando no claramente opuestas a— la instauración de un proyecto socialista. Campesinos, indígenas, sectores marginales urbanos eran, en el mejor de los casos, acompañantes en un discreto segundo plano de la presencia estelar de la clase obrera".[54] Así pues, lo que debe hacer el nuevo socialismo es recoger, impulsar y agitar "las reivindicaciones de los vecinos de las barriadas populares, de las mujeres, de los jóvenes, de los ecologistas, de los pacifistas y de los defensores de los derechos humanos"[55], a través de la estrategia hegemónica, es decir mediante la unión de todos estos micro-conflictos que hemos analizado anteriormente. "En conclusión —anota Boron—, la construcción del 'sujeto' del socialismo del siglo XXI requiere reconocer, antes que nada, que no hay uno sino varios sujetos. Que se trata de una construcción social y política que debe crear una unidad allí donde existe una amplia diversidad y heterogeneidad".[56] Puesto en términos de la teoría post-marxista que ya hemos visto: de lo que se trata es de lograr una *hegemonía* socialista que aglutine todos los elementos de conflagración social posible.

Habíamos dicho antes que la hegemonía sólo tenía sentido en un marco social donde el conflicto entre los distintos grupos fuera la regla. El marxismo tradicional encontró un único conflicto fundamental que lo abarcaba todo: el de las clases sociales —es decir, el conflicto

---

53 López, Velasco. Sirio. *El socialismo del siglo XXI. En perspectiva ecomunitarista a la luz del "socialismo real" del siglo XX.* México DF, Ed. Torres Asociados, 2010, p. 40.
54 Boron, Atilio. *Socialismo Siglo XXI. ¿Hay vida después del neoliberalismo?* Buenos Aires, Ediciones Luxemburg, 2008, p. 171-172.
55 Boron, Atilio. Ob. Cit., p. 176.
56 Boron, Atilio. Ob. Cit., p. 178.

económico—. Pero como el nuevo socialismo ha tenido que minimizar —prácticamente abandonar— la visión estrictamente clasista, necesita hacer irrumpir nuevos conflictos, de distintos tipos, que puedan encontrar su hilo conductor en la oposición al orden capitalista y a los valores occidentales en los que aquél se sostiene. Esta generación permanente del conflicto es recomendada por el sociólogo venezolano Rigoberto Lanz cuando anota que el socialismo del Siglo XXI sólo puede tener éxito "apostando duro por el impulso de prácticas subversivas que propaguen el efecto emancipatorio de las rupturas, de los conflictos, de las contradicciones".[57]

Las coincidencias entre los autores llaman la atención y deben ser remarcadas a riesgo de caer en la redundancia, pues es lo que nos da la pauta de que estamos ya no frente a una "propuesta" sino frente a una clara *estrategia* en marcha. En efecto, el teórico alemán Heinz Dieterich, ex asesor de Chávez y célebre académico del "socialismo del Siglo XXI", argumenta algo muy parecido a lo de sus colegas cuando escribe que no se trata de la búsqueda de un mítico "sujeto de liberación predeterminado, sino del reconocimiento de que los sujetos de liberación serán multiclasistas, pluriétnicos y de ambos géneros"[58] y que "la clase obrera seguirá siendo un destacamento fundamental (...) pero probablemente no constituirá su fuerza hegemónica".[59] Por su parte, el pensador neomarxista ruso Alexander Buzgalin[60] también ha declarado que una premisa objetiva "del socialismo del siglo XXI es la asociación de los trabajadores y ciudadanos en general (...) así se suman a los sindicatos los diversos movimientos sociales (mujeres, etnias discriminadas por el racismo, campesinos, ecologistas, etc.), las organizaciones no gubernamentales y las asociaciones informales no permanentes y muy flexibles que agrupan a gentes movidas puntualmente por causas comunes".[61] Pero López Velasco se queja de una importante omisión que el ruso hace en su trabajo: "nos llama la atención que Buzgalin omita (a no ser que lo hayamos leído mal) a los movimientos homosexuales (gays y lesbianas) en el arco iris de los movimientos asociativos que germinan como semillas del asocia-

57 Citado en López, Velasco. Sirio. Ob. Cit., p. 89.

58 Dieterich, Heinz. *Hugo Chávez y el socialismo del Siglo XXI*. Buenos Aires, Editorial Nuestra América, 2005, p. 144.

59 Dieterich, Heinz. Ob. Cit., p. 147.

60 Su libro más conocido se titula precisamente "Socialismo del Siglo XXI". Buzgalin, Alexander. *Socialismo del Siglo XXI*. Moscú, Editorial URSS, 2004.

61 Citado en López, Velasco. Sirio. Ob. Cit., p. 54.

tivismo participativo-decisorio requerido por/en el socialismo del siglo XXI".[62]

El filósofo y ex guerrillero[63] boliviano Álvaro García Linera, actual vice-presidente de Evo Morales, hace especialmente hincapié en la cuestión indigenista en concreto, y explica esta traslación del sujeto revolucionario dada entre el histórico "obrero explotado" al actual "indígena colonizado" a través del hilo conductor del marxismo: "Iniciamos así una relectura, o más bien una ampliación de nuestra mirada, desde lo obrero muy centrado en Marx, o al menos en las obras clásicas de Marx y Lenin, hacia la temática de lo nacional, de lo campesino, hacia la temática de lo que se llama las identidades difusas. Ahí nace una etapa —hacia el año 1986— que se mantiene hasta hoy, de preocupación en torno a la temática indígena... supe incorporar la temática indígena en un esfuerzo por volverla comprensible y entendible a partir de las categorías que yo tenía; mi autoformación era básicamente marxista. (...) Comienza una obsesión, con distintas variantes, a fin de encontrar el hilo conductor sobre esa temática indígena desde el marxismo".[64] Y seguidamente realza el proyecto hegemónico del nuevo socialismo en base a estos nuevos sujetos: "Toda revolución implica un tipo de alianzas, aun la guerra de clases es exitosa si se logra aislar, desmoralizar, debilitar al adversario y acoplar a potenciales aliados, esa es la idea de una hegemonía".[65]

Extraigamos como conclusión algo que a esta altura ya es evidente: si hay algún acuerdo estratégico en el marco de la reconstrucción de una nueva izquierda para el siglo XXI, es que ésta se tiene que apoyar con fuerza en nuevos "movimientos" que son mencionados y repetidos hasta el hartazgo por todos los teóricos que hemos repasado hasta aquí, incluidos Ernesto Laclau y Chantal Mouffe que, como vimos en el subcapítulo anterior, sentaron las bases teóricas postmarxistas para superar definitivamente el economicismo que sólo permitía ver la lucha socialista como una confrontación de clases sociales. Esos nuevos movimientos que el socialismo del Siglo XXI debe hegemonizar son fundamentalmente los indigenistas, ecologistas,

---

62 López, Velasco. Sirio. Ob. Cit., p. 55.

63 Por sus actividades terroristas en el "Ejército Guerrillero Tupak Katari" (EGTK), grupo autor de numerosos homicidios y otros hechos delictivos, García Linera estuvo cinco años preso y salió en libertad por retardación judicial.

64 Stefanoni, Pablo. Ramírez, Franklin. Svampa, Maristella. *Las vías de la emancipación. Conversaciones con Álvaro García Linera*. México, Ocen Sur, 2009, pp. 11-13.

65 Stefanoni, Pablo. Ramírez, Franklin. Svampa, Maristella. Ob. Cit., p. 63.

derechohumanistas, y a los que en este primer tomo de esta obra les dedicaremos especial atención: las feministas y los homosexualistas (de estos últimos se encargará Nicolás Márquez en la segunda parte de la presente obra), representados por lo que se ha dado en conocer como la "ideología de género".

Capítulo 2
Feminismo e ideología de género

La primera ola del feminismo

Dado que el feminismo no puede ser abordado como una ideología unívoca, sus diversas expresiones suelen ser diferenciadas a través de "olas" que se van sucediendo unas a otras a través de la historia, y que llevan consigo importantes cambios político-teóricos respecto de sus predecesoras. De tal suerte que resulta necesario repasar rápidamente las principales características de estas distintas manifestaciones de feminismo, para escapar a los discursos reduccionistas que nos llevarían a generalizaciones peligrosas. En efecto, el feminismo radical, sobre el cual aquí concentramos nuestras críticas, nada tiene que ver con otros feminismos que la historia ha registrado y que nosotros, lejos de criticarlos, creemos que representaron progresos sociales importantes y necesarios.

Los orígenes de lo que podemos llamar la "primera ola" feminista han de encontrarse en los tiempos del Renacimiento (Siglos XV y XVI), como período de transición entre la Edad Media y la Edad Moderna. Mujeres de gran inteligencia comienzan a reclamar el derecho a recibir educación de manera equitativa a la recibida por los hombres, y empiezan a notar y a hacer notar el papel socialmente relegado que juega la mujer de aquel entonces. Nuevos aires intelectuales se sienten fundamentalmente en Europa; los clásicos son releídos sin los anteojos arquetípicos del mundo medieval. Y así, a este momento de la historia corresponden obras tales como *La ciudad de las damas* de Christine de Pizan, escrita en 1405, y *La igualdad de los sexos* del sacerdote Poulain de la Barre, publicada en 1671. Entre medio de ellos, Cornelius Agrippa publica la célebre obra *De la nobleza y la preexcelencia del sexo femenino* en 1529. El padre Du Boscq escribe a favor de la educación abierta al público femenino en *La mujer honesta*. Al término del Siglo XVII, el filósofo Fontenelle publica sus *Conversaciones sobre la pluralidad de los mundos*. A la lista se puede sumar *La novia perfecta* de Antoine Héroët, *El discurso docto y sutil* de Margarita de Valois, entre otros ejemplos de los nuevos aires intelectuales concentrados en el flamante reclamo de y por la mujer.

Pero la primera ola feminista no se va a expresar con toda su fuerza sino a causa de las nuevas condiciones sociales, políticas y económicas que se derivaron de las revoluciones de inspiración liberal del Siglo XVIII. Y no debe extrañar que así haya sido, atendiendo al marco ideológico en el cual aquéllas se originaron y desarrollaron, fundado en la igualdad natural entre los hombres y la libertad individual. Y ello sin dejar de considerar, por supuesto, la importancia del factor económico: estas revoluciones que traerán consigo el capitalismo liberal al mundo, crearán nuevas condiciones de vida para la mujer, la cual ve frente de sí todo un nuevo universo lleno de posibilidades fuera del hogar.

Este primer feminismo surgido de las entrañas de las revoluciones liberales luchará, en términos generales, por el acceso a la ciudadanía por parte de la mujer: el derecho a la participación política y el derecho a acceder a la educación que, hasta entonces, había estado reservada para los hombres, estructuran el discurso del naciente feminismo de carácter liberal. El contexto filosófico imperante es funcional a este discurso. Voltaire postula la igualdad de mujeres y hombres, y llama a las primeras "el bello sexo". Diderot les dice a las mujeres "Os compadezco" y denuncia que a lo largo de la historia "han sido tratadas como imbéciles". Montesquieu determina que la mujer tiene todo lo que se necesita para poder tomar parte en la vida política. Condorcet publica en 1790 el texto "Sobre la admisión de las mujeres al derecho de ciudadanía", donde concluye que los principios democráticos que se han inaugurado caben a todos por igual independientemente del sexo. "¿Por qué unos seres expuestos a embarazos y a indisposiciones pasajeras no podrían ejercer derechos de los que nunca se pensó privar a la gente que tiene gota todos los inviernos o que se resfría fácilmente?", ironiza este último.

***

Es en este contexto en el que estas nuevas demandas, al compás de las nuevas ideas, nacerán con especial relieve en el epicentro de las revoluciones de inspiración liberal: Inglaterra, Francia y Estados Unidos.

Suele tomarse como obra fundacional de la primera ola feminista al libro *Vindicación de los derechos de la mujer*, de la inglesa Mary

Wollstonecraft, centrado en la igualdad de inteligencia entre hombres y mujeres y en una reivindicación de la educación femenina. Nacida en 1759 y fallecida en 1797, Wollstonecraft trasciende como una de las más importantes escritoras de su tiempo, a pesar de no haber gozado de una educación que excediera el quehacer doméstico. Su carrera como escritora nace cuando recibe el encargo de escribir *Pensamientos acerca de la educación de las niñas*, donde ya empieza a formar sus ideas en defensa de una enseñanza que incluyera al sexo femenino, y llega a la cima con el citado *Vindicación de los derechos de la mujer*, redactado en apenas seis semanas de 1792, donde abroga por la participación política de la mujer, el acceso a la ciudadanía, la independencia económica y la inclusión en el sistema educativo.

Quien recogerá el legado de Wollstonecraft durante buena parte del Siglo XIX en Inglaterra no será, sin embargo, una mujer, sino un hombre: John Stuart Mill. Su libro *La sujeción de la mujer*, publicado en 1869, es su obra más importante en esta materia, editada no sólo en su país de origen, sino también en Estados Unidos, Australia, Nueva Zelanda, Alemania, Austria, Suecia, Italia, Polonia, Rusia, Dinamarca, entre otros países.

Allí, Mill hace concreto hincapié en la desigualdad ante la ley entre hombres y mujeres, criticando especialmente el régimen marital de su época, el cual concedía derechos legales sobre los hijos solamente al padre (ni con la muerte del marido la madre gozaba de custodia legal de los hijos), enajenaba cualquier propiedad que pudiera tener la mujer en favor de su esposo, y hacía de ella prácticamente una propiedad de aquél: "La mujer no puede hacer nada sin el permiso tácito, por lo menos, de su esposo. No puede adquirir bienes más que para él; desde el instante en que obtiene alguna propiedad, aunque sea por herencia, para él es *ipso facto*"[66] escribe John Stuart Mill. No obstante —es justo subrayarlo— el suyo no fue sólo un trabajo intelectual. También llevó, como diputado de la Cámara de los Comunes, estas demandas a la arena política. Así, propuso (sin éxito) que, en el marco de una reforma electoral que se trataba en sus días, se cambiase la palabra "hombre" por "persona", de modo que pudiera habilitar el voto femenino.

En este marco, en 1869 Inglaterra ve nacer la Sociedad Nacional del Sufragio Femenino, y en 1903 la Unión Social y Política Femeni-

---

66 Mill, John Stuart. *La sujeción de la mujer*. Biblioteca Virtual Universal, 2003, p. 33.

na[67], cuyo lema "Voto para las mujeres" —nombre también de su periódico semanal— presiona al Parlamento para que incluya políticamente a las mujeres. El objetivo recién sería cumplido en 1918, tras varios años de mucha tensión política y social.

En Francia, por su parte, la primera ola feminista tiene su origen en la polémica Revolución de 1789. Durante esos días se genera una manifestación de feminismo de la cual poco se conoce, cuando un grupo de mujeres entienden que han quedado excluidas de la Asamblea General conformada tras la revolución, y hacen oír sus voces en los llamados "Cuadernos de Quejas".

Con el avance de la Revolución, la exclusión de las mujeres se acentúa: en 1793 los revolucionarios disuelven los clubes femeninos y establecen una normativa según la cual, por ejemplo, no pueden reunirse en la calle más de cinco mujeres. En 1795 se prohíbe expresamente a las mujeres la asistencia a las asambleas políticas. En las llamadas "codificaciones napoleónicas" (las nuevas formas de derecho francés) se consagra, entre otras cosas, la minoría de edad perpetua para las mujeres. El naciente sistema educacional estatal excluye a la mujer del nivel medio y superior, aunque su enseñanza primaria se declara graciable. Un dato pinta de cuerpo entero el clima de la época: uno de los grupos más radicales de la Revolución Francesa, "Los Iguales", saca a la luz un panfleto titulado "Proyecto de una ley por la que se prohíba a las mujeres aprender a leer". El mismísimo Jean-Jacques Rousseau, cuyo pensamiento influyó de manera determinante en la Revolución Francesa, escribe contra la inclusión educativa y política de la mujer en el *Emilio* (es precisamente a éste a quien responde Wollstonecraft en *Vindicación*...).

Muchas mujeres terminan siendo guillotinadas por los revolucionarios, como Olimpia de Gouges, autora de la "Declaración de los Derechos de la Mujer y la Ciudadana", texto publicado en 1791 que buscaba equiparar jurídicamente a las mujeres respecto de los hombres. De tal suerte que, como un calco de la "Declaración de los Derechos del Hombre y el Ciudadano", de Gouges había anotado que "La mujer nace libre y permanece igual al hombre en derechos. Las distinciones sociales sólo pueden estar fundadas en la utilidad común", y que "La ley debe ser la expresión de la voluntad general; todas las Ciudadanas y Ciudadanos deben participar en su formación personalmente o por

67 WSPU por sus siglas en inglés (Woman Social and Political Union).

medio de sus representantes". Toda una reivindicación de derechos civiles y políticos para su sexo. Años más tarde quien tomará la bandera de la mujer, como en Inglaterra con Mill, será un hombre: León Richier, fundador del periódico *Los derechos de la mujer* en 1869, y organizador del Congreso Internacional de los Derechos de la Mujer en 1878. En 1909 se fundará la Unión Francesa para el Sufragio Feminista, pero el derecho a votar recién será conquistado en 1945.

En Estados Unidos el año que se suele tomar como referencia del surgimiento de la primera ola del feminismo es 1848, año en que se redacta la "Declaración de Seneca Falls", el texto fundacional del sufragismo estadounidense. Éste es el resultado de una reunión que Elizabeth Cady Stanton, una activista del abolicionismo de la esclavitud, convoca en una capilla metodista de Nueva York, a los fines de "estudiar las condiciones y derechos sociales, civiles y religiosos de la mujer", tal como rezaban los anuncios que se distribuyeron.

Así como Olimpia de Gouges basó su Declaración de los Derechos de la Mujer en la Declaración de los Derechos del Hombre, la Declaración de Seneca Falls se basa en la Declaración de Independencia de Estados Unidos. La filósofa Amelia Valcárcel explica que la Declaración de Seneca Falls se erigió "desde postulados iusnaturalistas y lockeanos, acompañados de la idea de que los seres humanos nacen libres e iguales".[68] Entre otras cosas, allí se anota que "todos los hombres y mujeres son creados iguales; que están dotados por el creador de ciertos derechos inalienables, entre los que figuran la vida, la libertad y la persecución de la felicidad". Se hace especial hincapié en reivindicar los derechos de participación política para la mujer y contra las restricciones de carácter económico imperantes en la época, como la prohibición de tener propiedades y dedicarse a la actividad comercial.

Importantes políticos y pensadores norteamericanos como Abraham Lincoln y Ralph Emerson apoyan la causa de las mujeres. En 1866, el Partido Republicano presenta la Decimocuarta Enmienda a la Constitución, en la cual se concede el voto a los esclavos, pero la mujer continúa excluida. Dos años más tarde, en 1868, Estados Unidos ve nacer la Asociación Nacional para el Sufragio Femenino, y un año más tarde la Asociación Americana para el Sufragio Femenino. Ese mismo año, 1869, el primer Estado norteamericano concede el

68 Valcárcel, Amelia. *Qué es y qué retos plantea el feminismo*. Barcelona, Urbal, 2004, p. 19.

voto a las mujeres: Wyoming. Pero recién en 1918 se aprobará la Decimonovena Enmienda por la cual el voto femenino fue posible, gracias a un Congreso Republicano, setenta años después de la Declaración de Seneca Falls.

Como hemos visto de la forma más sintética que nos fue posible exponer, las revoluciones liberales trajeron igualdad y libertad pero sólo para los hombres en sus comienzos. La ley seguía siendo dispareja, y las mujeres continuaron siendo un conjunto humano pre-cívico y al margen del sistema educativo. Pero el nuevo marco filosófico y las nuevas realidades económicas que las mismas revoluciones liberales apuntalaron, empezarán a transformar la moral de la época, y la preocupación por la situación de la mujer emergerá con gran fuerza. Por ello la primera ola del feminismo, de carácter liberal, también conocida como "sufragismo", se caracterizó fundamentalmente por el acento puesto en la igualdad ante la ley, reivindicando derechos cívicos y políticos para el sexo femenino lo cual, lejos de representar un mal social, fue un gran aporte en favor de la Justicia.

El final de esta historia es bien conocido. En muchos de los países industrializados las mujeres accedieron a los derechos políticos antes de la Primera Guerra Mundial. Y al término de la Segunda Guerra Mundial, en todos los países donde regía un sistema democrático, el voto se había por fin universalizado en favor del público femenino.

Sin embargo, el feminismo no había agotado de ninguna manera su razón de ser, sino que estaba llamado a reinventarse. No otro que Ludwig von Mises, uno de los máximos referentes de la Escuela Austríaca de Economía, advirtió en 1922 por dónde se había empezado a desviar el feminismo y por cuáles vías se daría su desarrollo, dejándolo plasmado en un párrafo que vale la pena reproducir y que sería interesante que muchos libertarios que culturalmente hoy resultan funcionales al neomarxismo lo tuvieran en consideración: "Mientras el movimiento feminista se limite a igualar los derechos jurídicos de la mujer con los del hombre, a darle seguridad sobre las posibilidades legales y económicas de desenvolver sus facultades y de manifestarlas mediante actos que correspondan a sus gustos, a sus deseos y a su situación financiera, sólo es una rama del gran movimiento liberal que encarna la idea de una evolución libre y tranquila. Si, al ir más allá de estas reivindicaciones, el movimiento feminista cree que debe combatir instituciones de la vida social con la esperanza de remover, por este medio, ciertas limitaciones que la naturaleza ha impuesto al destino humano, entonces ya es un hijo espiritual del socialismo. Porque es característica propia del socialismo buscar en las instituciones sociales las raíces de las condiciones dadas por la naturaleza, y por tanto sustraídas de la acción del hombre, y pretender, al reformarlas, reformar la naturaleza misma".[69]

No se equivocaba Mises, y así fue como las subsiguientes olas del feminismo no sólo se despojaron del discurso liberal, sino que se reubicaron en la trinchera del frente.

La segunda ola del feminismo

Si la primera ola del feminismo puede comprenderse como la preocupación por el lugar que la mujer ocupa en la sociedad iluminada por el marco conceptual del liberalismo, la segunda ola feminista se puede entender como dicha preocupación vista a través de los lentes de la ideología marxista y el socialismo.

Aquí debemos efectuar una aclaración importante: muchos estudios sobre feminismo suelen dar un salto desde la ola sufragista que acabamos de ver, directamente a la "ola contemporánea" (llamada por ellos "segunda ola") que tiene su punto de arranque en 1968, año del "Mayo Francés". Ignoramos la razón, pero el feminismo de corte marxista, siguiendo este esquema, termina marginado de la historia del feminismo. De tal suerte que nosotros hemos decidido recuperarlo bajo los términos de un lugar destacado, ubicándolo como la "segunda ola" del feminismo, en razón de que su ataque a la propiedad privada y el capitalismo serán elementos que se trasladarán, más tarde, al feminismo de nuestros tiempos como parte central de su discurso.

Las raíces más hondas del feminismo marxista pueden hallarse en socialistas utópicos como Saint-Simon y Fourier. En efecto, en su proyecto utópico contrario al capitalismo aquéllos se habían detenido a pensar en la emancipación de la mujer a través de la emancipación total de la sociedad, con arreglo al "amor fraterno" y a la inclusión de aquélla en la vida económico-productiva. Las utopías socialistas además de arremeter contra la propiedad privada, plantearon también la desaparición del matrimonio como institución social.

Pero el verdadero punto de arranque del feminismo marxista lo dará, descartando de raíz el método utópico, no otro que Friedrich

---

69 Von Mises, Ludwig. *Socialismo. Análisis económico y sociológico.* Madrid, Unión Editorial, 2007, pp. 107-108.

Engels quien, una vez muerto su socio intelectual Karl Marx, ahondó desde el materialismo dialéctico marxista la cuestión de la mujer y la familia en su obra *El origen de la familia, la propiedad privada y el Estado*, publicada en 1884.

Allí, Engels presenta un trabajo de base antropológica (fundamentado principalmente en los estudios del célebre antropólogo Lewis Morgan) a través del cual va siguiendo un presunto esquema de evolución del hombre y la sociedad, desde el salvajismo hasta la civilización, haciendo foco en los cambios acontecidos en la institución familiar. Su interés final estriba en mostrar que la familia monogámica es apenas un tipo de familia que nace como reflejo de la aparición y el desarrollo de la institución de la propiedad privada. Antes de ella habrían existido esquemas familiares muy diferentes a los de hoy: "el estudio de la historia primitiva nos revela un estado de cosas en que los hombres practican la poligamia y sus mujeres la poliandria y en que, por consiguiente, los hijos de unos y otros se consideran comunes".[70]

Asumiendo Engels que esta afirmación era válida, la forma más antigua de matrimonio a la que recurre para dar sentido a su teoría es el llamado "matrimonio por grupos", en el cual cada hombre tenía muchas mujeres, y supuestamente cada mujer muchos hombres. En estado salvaje ni siquiera el incesto supone límite moral, y Engels cita notas de Marx al respecto: "En los tiempos primitivos, la hermana *era* la esposa, y *esto era moral*".[71] De tal suerte que la primera exclusión sexual se refirió a las relaciones carnales entre padres e hijos; la segunda, entre hermanos. Como veremos más tarde, el feminismo de la tercera ola y el feminismo "queer" otorgarán al incesto y a la pedofilia el lugar de una de sus reivindicaciones más despreciables.

Pero volviendo al texto que nos compete, subsiste un problema clave en el sistema de parentesco bajo esta estructura familiar que nos plantea Engels como presunta edad dorada: la descendencia se establece exclusivamente por línea materna, puesto que en los "matrimonios por grupo" sólo se tiene seguridad sobre el vínculo maternal respecto de la criatura. De esta forma Engels nos muestra una comunidad primigenia y virtualmente salvaje en la que prevalece la mujer: "la economía doméstica comunista significa predominio de

---

70 Engels, Friedrich. *El origen de la familia, la propiedad privada y el Estado*. La Plata, De la Campana, 2011, pp. 28-29.
71 Engels, Friedrich. Ob. Cit., p. 34.

la mujer en la casa lo mismo que el reconocimiento exclusivo de la madre propia, en la imposibilidad de conocer con certidumbre al verdadero padre, significa una profunda estimación de las mujeres (...). Habitualmente, las mujeres gobernaban en la casa; las provisiones eran comunes, pero ¡desdichado el pobre marido o amante que era demasiado holgazán o torpe para aportar su parte al fondo de provisiones de la comunidad!".[72]

Este aparente sistema de comunismo primitivo mantendría, como vemos, un régimen matriarcal. A Engels no se le ocurre pensar en cuestiones tan elementales como la diferencia física existente entre hombres y mujeres, y lo que ello ha significado para la dominación de los primeros sobre las segundas en épocas pasadas donde, como es conocido, el poder estaba íntimamente ligado a la fuerza física. Es más, Engels llega a pintar el paraíso hembrista que describe arguyendo (y fantaseando) que las mujeres de entonces estaban en mejor posición respecto de las mujeres de épocas modernas: "La señora de la civilización, rodeada de aparentes homenajes, extraña a todo trabajo efectivo, tiene una posición social muy inferior a la de la mujer de la barbarie, que trabaja de firme, se ve en su pueblo conceptuada como una verdadera dama (*lady, frowa, frau = señora*) y lo es efectivamente por su propia posición".[73]

Como buen materialista dialéctico, Engels encontrará que el desarrollo de las formas de la institución familiar constituye un reflejo del desarrollo de las condiciones económicas. La acumulación de riqueza dio paso, más temprano que tarde, al surgimiento de la propiedad privada. En efecto, la división del trabajo familiar puso sobre el hombre la función de procurar alimentos y herramientas, con lo cual aquél se fue apropiando de a poco de éstos. El problema subsistente era que, dado que la descendencia se establecía por línea materna, los hijos heredaban de la madre, pero no de su padre. Así, el hombre irá tomando preeminencia por sobre la mujer a medida que aumentaba la riqueza, y tal cosa le permitirá empezar a modificar también la forma en que se establecía la línea de descendencia y, por tanto, el derecho de herencia. Nace aquí en el discurso marxista un régimen cuyo nombre estructura el discurso del feminismo contemporáneo: "Resultó de ahí una espantosa confusión, la cual sólo podía remediar-

72 Engels, Friedrich. Ob. Cit., pp. 43-44.
73 Engels, Friedrich. Ob. Cit., p. 44.

se y fue en parte remediado con el paso al patriarcado"[74], concluye el socio de Marx.

¿Qué nos dice Engels en una palabra? Pues que es la aparición de la propiedad privada la que derroca el "paraíso comunista matriarcal" y nos trae el régimen de dominación masculina. La propiedad privada, causal de la explotación de las clases, es causal también de la explotación de los sexos. "El derrocamiento del derecho materno fue *la gran derrota histórica del sexo femenino en todo el mundo*. El hombre empuñó también las riendas en la casa; la mujer se vio degradada, convertida en la servidora, en la esclava de la lujuria del hombre, en un simple instrumento de reproducción"[75], escribía Engels.

Es llamativo el parangón lingüístico que se hace con el conflicto de clases.[76] Parece, en efecto, que se estuviera hablando exactamente de lo mismo, y de hecho tendrían, según la teoría marxista, el mismo origen en la existencia de la propiedad privada. ¿Y si coinciden en el origen, no deberían coincidir por añadidura en las formas de provocar su final? Si algo faltara para terminar de sellar el mentado parangón, Engels imprime una oración determinante: "El hombre es en la familia el burgués; la mujer representa en ella al proletariado".[77] La operación hegemónica no puede ser más clara: lucha de sexos y lucha de clases tienen origen en lo mismo y deben en consecuencia unirse para acabar con el sistema que reproduce la dominación de las partes subalternas claramente identificadas: mujeres y obreros.

Es importante hacer notar también el mito que se esconde detrás de estas ideas, que no es otro que el del "buen salvaje", mito trillado que permitió a Tomás Moro componer su *Utopía*, a Montaigne idealizar al indio americano en *Los ensayos*, a Rousseau fantasear con su "hombre en estado de naturaleza" (por supuesto, cada uno con sus grandes diferencias), y a la izquierda de nuestros tiempos delirar con el culto al indigenismo. El mito funciona de manera más que sencilla: se construye una antropología de ficción donde las condiciones de existencia son un reflejo de nuestros deseos de un mundo perfecto, se busca a continuación un chivo expiatorio que provocó la "caída", y

74 Engels, Friedrich. Ob. Cit., p. 51.

75 Engels, Friedrich. Ob. Cit., p. 51.

76 "El primer antagonismo de clases que apareció en la historia coincide con el desarrollo del antagonismo entre el hombre y la mujer en la monogamia; y la primera opresión de clases, con la del sexo femenino por el masculino". Engels, Friedrich. Ob. Cit., pp. 58-59.

77 Engels, Friedrich. Ob. Cit., pp. 66.

se plantean los conductos a través de los cuales es factible volver hacia atrás pero yendo presuntamente para adelante (de ahí que, paradójicamente, se digan "progresistas"). Esos conductos no suelen ser otros que las revoluciones sangrientas —como se hace explícito en el planteo de Montainge, o del propio Engels— cuyo sufrimiento es subsanado por la construcción —o mejor dicho, la devolución— del paraíso a la Tierra. De manera que nos encontramos frente a un mito mesiánico, frente a una secularización del movimiento milenarista bajo el que se colocaron algunos cristianos de los primeros tiempos, cuya convicción indicaba que Cristo traería su reino a la Tierra durante mil años. Así, mediante una transformación repentina, la Tierra se hace paraíso; se regresa al estado previo a la caída, en el caso de los milenaristas, por obra y gracia de Dios; en el caso de los izquierdistas, por obra y gracia de la abolición de la propiedad privada. Es dable notar, pues, el carácter de religión política que entraña el marxismo.

¿Cuáles son entonces las consecuencias estratégicas y prácticas que se derivan de este feminismo marxista en comparación con el feminismo liberal repasado más arriba? Pues que el feminismo liberal entendía que era posible resolver los problemas que él mismo planteaba introduciendo reformas electorales y educativas[78] (fue, de hecho, lo que John Stuart Mill intentó personalmente desde su banca), pero el marxista sólo puede resolver la cuestión con arreglo a una revolución violenta que acabe con la propiedad privada y con la familia como institución social, pues aquí se halla el germen del mal: "La liberación de la mujer exige, como condición primera, la reincorporación de todo el sexo femenino a la industria social, lo que a su vez requiere que se suprima la familia individual como unidad económica de la sociedad"[79] concluye Engels.[80]

Esto es lo que se intentará, precisamente, en la Unión Soviética tras el triunfo revolucionario del bolcheviquismo como luego veremos con

78 Engels se mofa de las reformas jurídicas anotando que "nuestros juriconsultos estiman que el progreso de la legislación va quitando cada vez más a las mujeres todo motivo de queja. (...) Esta argumentación típicamente jurídica es exactamente la misma de la que se valen los republicanos radicales burgueses para disipar los recelos de los proletarios". Engels, Friedrich. Ob. Cit., pp. 64-65.

79 Engels, Friedrich. Ob. Cit., p. 66.

80 Marx ya decía en carta a Kugelmann: "Alguien que sepa algo de historia sabe que son imposibles las transformaciones sociales importantes sin la agitación entre las mujeres".

más profundidad. León Trotsky, padre del Ejército Rojo[81], ya declaraba en *Escritos sobre la cuestión femenina*, en clara sintonía con Engels, que "cambiar de raíz la situación de la mujer no será posible hasta que no cambien todas las condiciones de la vida social y doméstica". ¿Y qué significa "cambiar de raíz..."? Pues un eufemismo para decir de otra forma lo que Marx anotó claramente en sus *Tesis sobre Feuerbach* (tesis IV): "Si el origen de la familia celestial no es más que la prefiguración de la misma familia terrena humana, es a ésta a la que hay que destruir".

Lo cierto es que la estrategia consistente en hegemonizar las demandas femeninas por parte de los movimientos del proletariado, establecida por el propio Engels, se puso en práctica incluso antes de la revolución. En *Mis recuerdos de Lenin*, la marxista alemana Clara Zetkin cuenta que: "El camarada Lenin habló conmigo repetidas veces acerca de la cuestión femenina. Efectivamente, atribuía al movimiento femenino una gran importancia, como parte esencial del movimiento de masas, del que, en determinadas condiciones, puede ser una parte decisiva". El panfleto "A las obreras de Kiev", lanzado dos años antes de la revolución de Octubre por los bolcheviques, vincula el problema de la mujer con el problema obrero: "En la fábrica, en el taller, ella trabaja para un empresario capitalista, en la casa lo hace para la familia. Miles de mujeres venden su fuerza de trabajo al capital; miles de esclavos alquilan su trabajo; miles y cientos de miles sufren el yugo de la familia y la opresión social. (...) ¡Camaradas trabajadoras! Los compañeros trabajan duro junto a nosotras. Su destino y el nuestro es el mismo". ¿Puede ser más clara la estrategia hegemónica?

Aleksandra Mijaylovna Kollontay fue una de las feministas soviéticas más reconocidas. Uno de sus escritos más famosos es *El comunismo y la familia*, publicado en 1921, donde retoma el mito engelsiano del paraíso matriarcal original, que resulta diezmado por la aparición de la propiedad privada y que, con el desarrollo del capitalismo, las mujeres pasan a ser doblemente oprimidas: como trabajadoras fuera del hogar, y como amas de casa dentro de aquél. "El capitalismo ha cargado sobre los hombros de la mujer trabajadora un peso que la aplasta; la ha convertido en obrera, sin aliviarla de sus cuidados de ama de casa y madre".[82]

---

81 "Ejército Rojo" es el nombre oficial de las Fuerzas Armadas que organizaron los bolcheviques en 1918.

82 Kollontay, Aleksandra Mijaylovna. *El comunismo y la familia.* Marxists Internet

Kollontay entiende que el deber del comunismo no consiste en devolver a la mujer a su hogar, sino en despojarla de las obligaciones domésticas. En este orden de ideas, la feminista soviética predice: "En la Sociedad Comunista del mañana, estos trabajos [domésticos] serán realizados por una categoría especial de mujer trabajadora dedicada únicamente a estas ocupaciones".[83] Un sistema de planificación central es, por supuesto, la forma de implementar este esquema; esto es, una sociedad en la cual no el orden espontáneo que se genera en el mercado, sino el orden deliberado que una autoridad totalizadora imponga, regirá las vidas de las personas hasta en sus más minúsculos detalles.

Es interesante repasar las promesas que Kollontay hace en su escrito respecto de lo que la sociedad comunista puede brindar a las mujeres. Veamos algunas de ellas: "En una Sociedad Comunista la mujer trabajadora no tendrá que pasar sus escasas horas de descanso en la cocina, porque en la Sociedad Comunista existirán restaurantes públicos";[84] "La mujer trabajadora no tendrá que ahogarse en un océano de porquería ni estropearse la vista remendando y cosiendo la ropa por las noches. No tendrá más que llevarla cada semana a los lavaderos centrales para ir a buscarla después lavada y planchada"[85]; "La Patria comunista alimentará, criará y educará al niño";[86] etcétera.

Lo curioso del caso es que muchas de las profecías de Kollontay se cumplieron, pero no bajo el comunismo sino bajo el tan odiado capitalismo. Fue con el triunfo de éste sobre aquél a fines del Siglo XX, con la revolución tecnológica acontecida y el veloz abaratamiento de las herramientas domésticas, que se emancipó la mujer de un sinfín de tareas: hoy aquélla puede lavar y secar su ropa sin siquiera mojar sus manos; puede cocinar diversos platos con sólo agregar un poco de agua a alimentos industrializados; acto seguido puede lavar la vajilla sucia con tal sólo introducirla en un lavavajillas automático y apretar un par de botones; puede limpiar las alfombras de su casa con sólo enchufar una aspiradora, y quitar las manchas más difíciles de cualquier superficie con sólo aplicar un poco del producto adecuado. Y lo mejor de todo es que todas estas tareas han dejado, con

Archive, 2002, p. 4.

83 Kollontay, Aleksandra Mijaylovna. Ob. Cit., p. 8.

84 Ídem.

85 Ídem.

86 Kollontay, Aleksandra Mijaylovna. Ob. Cit., p. 12.

el transcurrir del capitalismo, de ser automáticamente asignadas a las mujeres, sino que también los hombres se han empezado a hacer cargo de los quehaceres domésticos. En efecto, cada vez extraña menos ver a un hombre cocinar para su familia, o limpiar el baño de su hogar, o lavar la ropa de sus hijos, lo cual es de suyo un importante avance moral que ha podido darse, entre otras cosas, gracias al avance tecnológico antedicho que relajó la rigidez de la división laboral intrafamiliar y que, al mismo tiempo, le permitió a la mujer acceder a un sinfín de puestos laborales que antaño estaban reservados para el físico masculino. Asimismo, la competencia del mercado ha hecho que los productos domésticos rápidamente se abarataran y masificaran, dejando de ser privilegio de clases adineradas. Volveremos sobre todo esto más adelante.

Pero hay algo sobre lo cual nos gustaría ahora detenernos para mostrar que lo de Kollontay en particular, y lo del comunismo en general, no es un proyecto inocente que busque aliviar la carga de la mujer sin más. Lo que busca es mucho más que eso: es la generación de un orden planificado centralmente que, poniendo al Estado en el centro de la vida social, totalice todas las relaciones sociales absorbiéndolas y controlándolas a su antojo. De tal suerte que bajo el comunismo se prevea de forma clara la destrucción de la institución familiar, la cual resultará fagocitada por la intervención estatal. Kollontay lo dice con total claridad: "el Estado de los trabajadores acudirá en auxilio de la familia, sustituyéndola; gradualmente, la Sociedad se hará cargo de todas aquellas obligaciones que antes recaían sobre los padres".[87] Curiosa concepción de "auxilio", el cual lejos de garantizar supervivencia, conlleva la destrucción de lo que se pretende asistir.

En última instancia pues, lo que la sociedad comunista exige es la colectivización de todo lo que un hombre pueda poseer, inclusive sus propios hijos. Y es que el proyecto socializante no puede desatender aquello que permite la supervivencia de cualquier tipo de totalitarismo: el adoctrinamiento masivo, especialmente de las nuevas generaciones. Es así que Kollontay determina: "El hombre nuevo, de nuestra nueva sociedad, será moldeado por las organizaciones socialistas, jardines infantiles, residencias, guarderías de niños, etc., y muchas otras instituciones de este tipo, en las que el niño pasará la mayor parte del día y en las que educadores inteligentes le convertirán en

87 Kollontay, Aleksandra Mijaylovna. Ob. Cit., p. 9.

un comunista consciente de la magnitud de esta inviolable divisa: solidaridad, camaradería, ayuda mutua y devoción a la vida colectiva".[88]

En una palabra, la realización del feminismo marxista es la destrucción de la familia y su reemplazo por el Estado totalitario y por el partido.

El feminismo del socialismo real

Antes de abordar la tercera ola del feminismo, nos interesa dedicar un apartado a la implementación de las ideas feministas que engendró el marxismo, y que éste tuvo oportunidad de poner en práctica con la experiencia de la Unión Soviética a partir de 1917. En efecto, si la propiedad privada fue el origen del patriarcado, la progresiva abolición de dicho régimen económico debería haber traído la cacareada "liberación de la mujer" en tierras comunistas, como de hecho, la propaganda soviética pretendió hacerle creer al mundo libre que estaba ocurriendo.

Con el tiempo nos enteraríamos, no obstante, que aquello no era más que una de las tantas mentiras comunistas. Y quienes mejor dejaron en evidencia este embuste, no fueron otros que un padre e hijo soviéticos, médicos especializados en sexología, ex miembros del Partido Comunista, que llevaron adelante un amplio trabajo sociológico-sexológico que les valió varios años de campo de concentración, trabajo forzado y posterior exilio. Nos referimos a los doctores Mijail y August Stern.

Lo que ocurrió en la URSS puede dividirse en dos etapas: una de destape y nihilismo, que arranca con fuerza en la década de 1920, a poco de haber triunfado la revolución, y una de reacción y puritanismo frente a los nocivos efectos sociales advertidos tras una etapa de relajación moral que se buscó dejar atrás con arreglo a todos los medios habidos y por haber.

La etapa de destape fue, entre otras cosas, el resultado de hacer del amor algo puramente material o "fisiológico". En una palabra, se buscó despojar al amor de todo componente espiritual y moral. La citada Kollontai, por ejemplo, en un ensayo titulado *Un sitio para el Eros alado* instigaba a realizar los actos sexuales "como un acto similar a muchos otros, a fin de satisfacer necesidades biológicas que sólo son un estorbo y que hay que suprimir, con objeto de que no interfieran lo esencial: la actividad revolucionaria".[89] La protagonista de

88 Kollontay, Aleksandra Mijaylovna. Ob. Cit., p. 11.

89 Publicado en revista *La Joven Guardia*, N° 10, 1923.

la novela *El amor de tres generaciones*, de Kollontai, esbozaba: "A mi juicio, la actividad sexual es una simple necesidad física. Cambio de amante según mi humor. En este momento, estoy embarazada, pero no sé quién es el padre de mi futuro hijo, y me da igual".

Existe un "decreto" de la época, de la ciudad de Vladimir (hubo otro similar en Saratov), que proponía una "socialización de las mujeres", y que ilustra la mentalidad que el socialismo había generado: "A partir de los dieciocho años de edad, toda muchacha queda declarada de propiedad estatal. Toda muchacha que alcance la edad de dieciocho años y que no se haya casado está obligada, so pena de denuncias y severos castigos, a inscribirse en una oficina de 'amor libre'. Una vez inscrita, la muchacha tiene derecho a elegir esposo entre diecinueve y cincuenta años. Los hombres también tienen derecho a elegir una muchacha que haya llegado a la edad de dieciocho años, suponiendo que dispongan de pruebas que confirmen su pertenencia al proletariado. Para quienes los deseen, la elección de marido o mujer puede efectuarse una vez al mes. En interés del Estado, los hombre entre diecinueve y cincuenta años tienen derecho a elegir mujeres inscritas en la oficina, sin siquiera necesitar el asentimiento de estas últimas. Los hijos que sean fruto de este tipo de cohabitación se convertirá en propiedad de la república".[90]

Estos delirios de "comunismo sexual" incluían marchas de la desnudez, "ligas de amor libre", proyectos de instalación de cabinas públicas para tener relaciones sexuales, entre otras ideas cuyo trasfondo era el más sórdido materialismo que reducía la experiencia del amor a una necesidad fisiológica más que, como tal, el Estado debía atender y planificar.

Tan así era, que el célebre periódico soviético *Pravda* publicó en su edición del 7 de mayo de 1925 un artículo que, entre otras cosas, decía: "Los estudiantes desconfían de las jóvenes comunistas que se niegan a acostarse con ellos. Las consideran como pequeño-burguesas retrasadas que no han sabido liberarse de los prejuicios de la antigua sociedad. Existe una opinión según la cual no sólo la abstinencia, sino también la maternidad, proceden de una ideología burguesa". La "mujer liberada" soviética no era, pues, otra cosa que el conducto a través del cual el hombre satisfacía sus necesidades materiales. Y cuando aquélla no se prestaba a tal cosa, su negativa era

---

90 Citado en Stern, Mijail. Stern, August. *La vida sexual en la Unión Soviética*. España, Bruguera, 1980, pp. 42-43.

leída, como no podía ser de otra manera, en términos de "lucha de clases". En una carta publicada en la misma edición de *Pravda*, una mujer soviética escribía: "Otro comunista, marido de mi amiga, me propuso que me acostara con él una sola noche, so pretexto de que su mujer, indispuesta, no podía satisfacerle de momento. Cuando me negué, me trató de burguesa estúpida, incapaz de elevarme a la altura de la mentalidad comunista".

Toda la vida sexual estaba reducida a los dictados del materialismo dialéctico y, por lo tanto, completamente ideologizada. El sexo, algo tan íntimo y personal, se colectivizaba y pasaba a depender de las lecturas clasistas que se constituyeron como una suerte de religión oficial. Un folleto de la época editado por el Instituto Comunista Yákov Svérdlov en 1924, titulado *La revolución y la juventud*, basado en el trabajo teórico de los pedagogos soviéticos Macárenco y Zálkind, decía cosas como las que siguen: "La única vida sexual que resulta tolerable es la que lleva la plenitud de los sentimientos colectivistas. (...) La elección sexual debe responder a criterios de clase, debe ajustarse a los objetivos revolucionarios y proletarios (...). La clase tiene derecho a intervenir en la vida sexual de sus miembros. (...) Sentir atracción sexual por un ser que pertenezca a una clase diferente, hostil y moralmente ajena, es una *perversión* de índole similar a la atracción sexual que se puede sentir por un cocodrilo o un orangután". Algo similar pensaba Lenin, quien en una carta a su amiga platónica Inessa Armand declaraba: "Por lo que atañe al amor, todo el problema reside en la *lógica objetiva* de las relaciones de clase".

El clasismo y el racismo son primos hermanos. Ambos guardan la misma lógica de crear en un plano abstracto colectivos de personas en función de determinados caracteres, pretender su enfrentamiento incondicional y promover entre ellos, a la postre, un odio visceral. El citado folleto de los pedagogos soviéticos da cuenta de esto cuando sentencia que el Partido tiene "el derecho total e incondicional (...) a intervenir en la vida sexual de la población con objeto a mejorar la raza practicando una selección sexual artificial". Preobrajenski, importante dirigente del Partido, espetaba algo similar cuando decía que el sexo es un "problema social, aunque se le considere únicamente desde el mero punto de la salud física de la raza (...). [El sexo debe estar orientado a una] mejor combinación de las cualidades físicas de las personas que están en relaciones".[91] Cabe recordar que el tirano Stalin acabó prohibiendo el casamiento de los rusos con extranjeros.

A menudo la izquierda, todavía nostálgica del genocidio comunista del siglo pasado por más que le pese y trate de ocultarlo, busca reivindicar la experiencia soviética destacando los "grandes avances" que se lograron para una mujer que vio incorporársele en el mundo productivo y social. Pero estos encubiertos admiradores soviéticos no suelen reparar en el hecho de que, sus primos hermanos, los nacional-socialistas, hicieron lo propio, algo que si fuera utilizado como argumento para reivindicar el nazismo generaría las más ásperas críticas e indignaciones que jamás vemos producirse cuando lo que se procura reivindicar es el comunismo. En efecto, es conocido que las políticas de obras públicas y económicas centralizadas del nazismo, con Hjalmar Schacht como ministro de economía y presidente del Reichsbank, dieron a la mujer un relevante papel laboral en el sector de industria de servicios, en actividades de tipo agrícolas y en la burocracia estatal: "hacia 1940, las mujeres figuraban en más de 3,5 millones en el sector industrial y de servicios, y más de 5 millones 600 mil en la silvicultura y producción agrícola de alta calidad (lo cual requería capacitación técnica avanzada), y tan sólo 1,5 millones en sectores de peor remuneración como servicio doméstico".[92] De la misma manera se suele exaltar la presunta participación política de la mujer soviética (algo más sobre esto diremos hacia el final de este apartado), sobre lo cual cabría concluir algo muy parecido en el régimen nacional-socialista aunque, nuevamente, sería motivo de escándalo: "La NSF *Nationalsozialistische Frauenschaft* agrupaba 800 mil mujeres en un comienzo, llegando a 3,5 millones luego. Había un gran número de empleadas domésticas en las filas NS, así como de la alta sociedad, y el objetivo buscado era acercar a la mujer al *Welfare State* mentado por Hjalmar Schacht y su equipo técnico".[93] Y por último,

---

91 Citado en Stern, Mijail. Stern, August. Ob. Cit., p. 54.

92 McNab, Chris. *Datos clave. El Tercer Reich, 1933-1945. Las cifras y los hechos más destacados de la Alemania de Hitler.* Madrid, Libsa, 2010, p. 58. Citado en Irasuste, Andrés. "La opresión de la mujer en la historia occidental: una mirada revisionista". Publicado online en: http://debatime.com.ar/psic-andres-irasuste-la-opresion-de-la-mujer-en-la-historia-occidental-una-mirada-revisionista/

93 Ver Van Cleveld, Martin. *The privileged sex.* Israel, DLVC Enterprises, 2013. Citado en Irasuste, Andrés. "La opresión de la mujer en la historia occidental: una mirada revisionista". Publicado online en: http://debatime.com.ar/psic-andres-irasuste-la-opresion-de-la-mujer-en-la-historia-occidental-una-mirada-revisionista/

se nos suele hablar sobre la atención que muchas "políticas sociales" soviéticas tuvieron respecto de la mujer, a lo que, otra vez, podría equiparársele el experimento nazi: en éste se subsidió la maternidad y el desempleo femenino, se concedieron préstamos especiales para la mujer, se fundó el Instituto *Lebensborn* donde se proveía albergue a mujeres en situación de calle, etcétera. No debería ser necesario aclarar que estos ejemplos no exculpan el genocidio nacional-socialista, aunque parece cada vez más necesario aclarar lo otro: tampoco exculpan el genocidio comunista, que además ocasionó homicidios en masa en cantidades mucho mayores que las del mismísimo hitlerismo, aunque esto último sea pecado decirlo.[94]

Ahora bien, volviendo a la URSS, la legislación y los esfuerzos del Estado soviético en materia sexual durante el período leninista, especialmente durante la década del '20, se resumieron en la destrucción de la familia. Como hemos visto, estas intenciones ya estaban impresas en el primer maestro, Karl Marx, y en su socio Friedrich Engels. ¿Y por qué el comunismo se empeña en lograr tal cosa? Por una sencilla razón: la institución familiar supone un resguardo del individuo y sus relaciones más próximas frente a la intromisión del Estado. Se trata, pues, de un espacio de amplios grados de autonomía frente a la esfera política. Vale recordar al respecto que la dicotomía de la esfera doméstica/esfera pública ya estructuraba el pensamiento social y político de los filósofos de la antigüedad (el pensamiento platónico y su comunismo rudimentario ya hacía expresa la intención de abolir la institución familiar en favor de la organización totalitaria de la *polis*). En efecto, la familia educa a los hijos, reproduce tradiciones, mantiene creencias y valores al margen del dirigismo de los mandones de turno. La familia es, en una palabra, el núcleo de la sociedad civil, y la sociedad civil constituye la dimensión que resulta absorbida en regímenes totalitarios por la política, donde ésta lo invade todo. De tal modo que está en el Partido Comunista el interés natural de anular estos espacios donde su intromisión no está asegurada y, al contrario, que pueden llegar a bloquearla. Ya decía Lunacharski, ministro de Educación y Cultura en 1918, que "este pequeño centro educativo que es la familia, esta pequeña fábrica (...) toda esa maldición (...) lle-

---

94 Las serias investigaciones del *Libro negro del comunismo* hablan de 100 millones de muertos en manos de esta ideología. Ver Courtois, Stéphane; Werth, Nicolas; Panné, Jean-Louis; Paczkowski, Andrzej; Bartosek, Karel; Margolin, Jean-Louis. *El libro negro del comunismo*. Barcelona, Ediciones B, 2010.

gue a ser un pasado caduco".[95] La Internacional Comunista reclamaba el "reconocimiento de la maternidad como función social. Los cuidados y la educación de los niños y adolescentes correrán por cuenta de la sociedad"[96], lo que equivale a decir, por cuenta del Partido.

Ahora bien, en el período stalinista se tuvo que dar un giro de trescientos sesenta grados creando el conocido mito de la "familia soviética" —el cual buscó propagar una imagen distorsiva de la realidad familiar soviética, en la cual aquélla estaba imbuida de valores morales superiores a la occidental— por razones claras: Rusia había perdido una parte considerable de su población a causa de la Primera Guerra Mundial, la guerra civil y las hambrunas de 1921, las hambrunas de 1928-1932, purgas varias y matanzas en masa perpetradas por el Estado. A esto hay que sumarle las pérdidas de la Segunda Guerra Mundial, y las hambrunas subsiguientes. Para peor, la política de "sexualidad libre" que, además de minar la institución familiar había legalizado el aborto en 1920, había producido un descenso impresionante de la tasa natalidad: en 1913 dicha tasa era de 45,5%, mientras que en 1950 había bajado a 26,7%.[97]

El caso de las consecuencias sociales que trajo la legalización del aborto en la URSS es digno de ser subrayado. En efecto, éste se convirtió en "el primero de todos los medios contraconceptivos"[98] según los datos manejados por los doctores Stern. Los números documentados son determinantes: de 1922 a 1926 se cuadruplicó el número de abortos en la URSS, y para 1934 "se registra en Moscú un nacimiento cada tres abortos, y en el campo, el mismo año, tres abortos por cada dos nacimientos".[99] Para 1963, en Moscú, Leningrado y otras ciudades centrales el 80% de las mujeres embarazadas se sometían a abortos, lo cual demuestra que fue utilizado como método anticonceptivo.[100] Los citados doctores contaron que "al cabo de un cierto número de abortos, [a las mujeres] les basta con una fórmula muy extendida: beberse un vaso de vodka, tomar un baño muy caliente y ponerse a dar saltos hasta expulsar el feto. Tuve que cuidar de una mujer que había sufrido veinti-

---

95 Lunacharski, A. *La educación y la instrucción*. Moscú, 1976. Citado en Stern, Mijail. Stern, August. Ob. Cit., p. 51.
96 Citado en De Beauvoir, Simone. *El segundo sexo*. Bs. Aires, Debolsillo, 2015, p.123.
97 Ver Stern, Mijail. Stern, August. Ob. Cit.
98 Stern, Mijail. Stern, August. Ob. Cit., p. 45.
99 Ídem.
100 Ver Stern, Mijail. Stern, August. Ob. Cit., p. 169.

dós abortos. En estas mujeres, los reiterados abortos debilitan los músculos del útero que corren el riesgo de perder el feto con solo andar".[101]

La verdad fue que la propaganda comunista sobre la virtud de la familia rusa, que el stalinismo había creado, nunca dejó de ser eso mismo: pura propaganda. La institución familiar estaba destrozada, el "jefe de familia" no era más que una caricatura del macho soviético y la esposa, que se pretendía valiente heroína socialista en el relato del régimen, no era más que una indefensa mujer que debía tolerar los agravios y golpizas de su marido. Una edición de la revista soviética *La gaceta literaria* de 1977 recogía columnas de mujeres que comentaban su relación conyugal: "La misma idea del 'hombre en casa' ha perdido su más alta significación. El hombre en casa, o bien es un niño caprichoso que nunca está contento, o bien es un 'león rugiente' que maltrata a su mujer por minucias".[102] Una encuesta realizada en 1970 da cuenta de que el 74% de las familias estudiadas se habían acostumbrado a las querellas y los conflictos sistemáticos.[103]

Es dable recordar que, según los postulados teóricos del feminismo de base marxista, todos los problemas de la mujer se reducían a una variable claramente identificada: la existencia de la propiedad privada. Anulada ésta, pues, cabría esperar la "liberación de la mujer" con la que mintió sistemáticamente la Unión Soviética. Pero cuesta encontrar dicha liberación entre los datos que hasta aquí hemos ido mencionando. El mito del buen salvaje se mostró como lo que es: una falacia.

Y para agregar más, por si hiciera falta, es necesario decir que los casos de violaciones y violencia contra la mujer fueron también una constante durante todo el largo período comunista. Los doctores Stern han dejado documentados muchos de ellos, lo que les terminó costando, como ya dijéramos, varios años de campo de concentración. Uno de esos casos, que llama la atención por la brutalidad, es el siguiente: "La madre de mi enfermo era una campesina de Bachkiria. Durante los años del hambre, se había llegado a la aldea de Ufa para

101 Stern, Mijail. Stern, August. Ob. Cit., p. 170.

102 Citado en Stern, Mijail. Stern, August. Ob. Cit., p. 68. En una nota del editor al finalizar la columna, se puede leer lo siguiente: "Creíamos que la autora de la carta tendía demasiado a la generalización de su triste experiencia. Sin embargo, a medida que llegaba el correo, no hemos tenido más remedio que admitir que su opinión era la típica de nuestras lectoras".

103 Investigaciones sociológicas. N° 4, 1970. Citado en Citado en Stern, Mijail. Stern, August. Ob. Cit., p. 79.

conseguir pan. En el andén de la estación se le acercó un chequista armado y se la llevó consigo. Poco experta en el amor, la campesina esperaba recibir un pedazo de pan a cambio de su cuerpo. Pero cuando llegaron a la casa del chequista, éste le ordenó que se desnudara y la entregó a su perro. Tanta era el hambre de la campesina que no se opuso, suponiendo que luego comería. Cuando el perro hubo soltado toda la esperma, el chequista la echó a la calle sin dinero ni alimentos".[104]

Los doctores Stern cuentan que la violación de mujeres fue, además, una práctica corriente en la propia familia. Se trata, según la lectura y los datos de aquéllos, de una consecuencia esperable del culto de la fuerza que el régimen propagó en las relaciones sociales: "Conocí a una paciente que no se quería divorciar a causa de los hijos, pero que tampoco deseaba seguir manteniendo relaciones sexuales con el marido. El hombre la violaba regularmente, sin temor a conflictos judiciales, pues no había tribunal que se hubiese tomado el caso en serio".[105]

Célebre fue el escándalo del famoso cineasta soviético Roman Karmen, que fue condecorado como Artista del Pueblo de la URSS (la mayor distinción otorgada en el mundo del espectáculo), acusado de subir a su auto a niñas de trece y catorce años para luego violarlas. Pero como ocurría con los dueños del poder y los amigos de estos últimos, el caso Karmen quedó en total impunidad y allí estuvo el Estado para esconder los trapos sucios.

Además de las individuales, las violaciones colectivas tenían también una frecuencia significativa, tal como puede advertirse en las crónicas de la época. El *Diario del maestro* del 26 de junio de 1926 daba cuenta, por ejemplo, de una violación sufrida por una alumna a manos de un grupo de compañeros de curso. Otro caso en el que un grupo de siete hombres violaron a dos mujeres, conocido como las "costumbres de Chubarov" (nombre de una calle de Leningrado), fue cubierto por *Pravda* el 17 de diciembre de 1926. Los doctores Stern suman varios casos más en su libro, que espantan por el nivel de violencia. Y podríamos seguir citando noticias de la época, pero con esto basta para determinar que la pretendida "liberación de la mujer" que siguió a la implantación del socialismo, no fue más que una burda mentira.

---

104 Stern, Mijail. Stern, August. Ob. Cit., p. 49.
105 Stern, Mijail. Stern, August. Ob. Cit., p. 246.

En otro orden, las golpizas contra las mujeres fueron también algo corriente en la Rusia comunista. La eliminación del capitalismo y las "condiciones materiales de existencia" no eliminaron la dominación violenta del hombre sobre la mujer, como esperaban los marxistas con sus ilusorias teorías de una supuesta edad de oro del matriarcado. De hecho, las golpizas en la URSS se vincularon directamente con el sexo marital, y de esos tiempos data aquel triste refrán ruso que reza que "el único que no pega a su mujer es aquel que no la quiere". Incluso se llegó a utilizar una expresión para denominar la relación sexual que en su origen había sido una golpiza: *trajnut*. De nuevo, los doctores Stern nos permiten ilustrar todo esto con un hecho concreto: "En Moscú, un tornero llamado Merzliskov pegaba regularmente a su mujer Nedejda. Pegar es poco, la molía a golpes metódicamente, primero puñetazos y patadas, y después con ayuda de un destornillador o un martillo. Cuando la mujer se desmayaba, el marido la sumergía en un baño de agua fría y volvía a empezar. La mujer falleció durante una de estas sesiones".[106]

En este veloz repaso de la vida de la mujer bajo el socialismo real, no podemos dejar de traer a colación el problema de la prostitución. En efecto, el feminismo socialista siempre buscó hacer de la "profesión más antigua de la historia" una consecuencia de, vaya novedad, el régimen económico basado en la propiedad privada. Recordemos que ya decían Marx y Engels en el *Manifiesto comunista* que "Con la desaparición del capital desaparecerá también la prostitución". Kollontai afirmaba que "esta vergüenza [la prostitución] se la debemos al sistema económico hoy en vigor, a la existencia de la propiedad privada. Una vez haya desaparecido la propiedad privada, desaparecerá automáticamente el comercio de la mujer".[107]

¿Se cumplieron las promesas comunistas? Va de suyo que no. Las prostitutas soviéticas siguieron existiendo, y sus servicios, como en la Cuba de nuestros días, estaban especialmente orientados a la satisfacción de los extranjeros. La represión del régimen, que persiguió las actividades rameriles enviando a las prostitutas a campos de concentración, no sirvió para detener la explotación del negocio sexual. Las prostitutas se siguieron moviendo en la clandestinidad: generalmente ofrecían sus servicios a bordo de taxis o de ferrocarriles. Y así, las promesas marxistas fueron sepultadas por una ironía de la historia: las

106 Stern, Mijail. Stern, August. Ob. Cit., p. 250.
107 Kollontay, Aleksandra Mijaylovna. *El comunismo y la familia*. Cit., p. 13.

prostitutas de Moscú eran conocidas como las "marxistas", no por recitar de memoria los postulados del materialismo dialéctico, sino por esperar a sus clientes sexuales delante del monumento a Karl Marx.[108]

La verdad es que los teóricos marxistas creían que derribado el "poder económico" con la destrucción del sistema de propiedad privada, no habría ninguna razón para que la mujer se prostituyera. Pero el reduccionismo económico marxista descuidó, además de la compleja naturaleza de la acción humana, otra forma de poder: el poder político. Y así, en el socialismo real la prostitución fue uno de los tantos privilegios de la clase política soviética. A la sazón, era sabido para muchas mujeres que, si querían acceder a determinados privilegios o a determinados puestos de la burocracia estatal, debían previamente ofrecer sus servicios sexuales a quienes manejaban los hilos del poder.[109]

Los doctores Stern han testimoniado sobre las formas de prostitución soviética: "A veces, la *fellatio* alterna con los juegos de cartas: hay prostitutas de trece, catorce años, unas niñas casi, que actúan bajo la mesa mientras cuatro hombres juegan a los *duraki*; el que pierde paga por todos".[110] Y cuentan, además, que las prostitutas no siempre determinaban sus tarifas en metálico: "Hay mujeres que utilizan su cuerpo como forma de pago cuando cogen un taxi o compran en la carnicería (...). Hay muchas alcohólicas que se prostituyen precisamente para conseguir más vodka".[111] Este y no otro era el paraíso femenino que había prometido el marxismo.

Por último, queda un mito más por derribar. Y es el que reza que bajo el comunismo, la mujer adquirió el pleno goce de los derechos políticos. Lo primero que debería decirse al respecto es que bajo el comunismo y su régimen de partido único, los derechos políticos son, para todos, hombres y mujeres de a pie, una fantasía imposible de realizar por la misma naturaleza del régimen. Alegar la existencia de "libertad política" bajo las condiciones de una dictadura totalitaria es una contradicción en sus términos. Y si no, cabría preguntarse por el lugar político de hombres y mujeres no-comunistas: los campos de concentración.

---

108 Ver Stern, Mijail. Stern, August. Ob. Cit., p. 235.

109 En la URSS la prostitución dio pie a la siguiente anécdota: "Una secretaria llega una mañana al despacho el jefe y, al ver que han quitado el sofá, le pregunta: -¿Qué pasa? ¿Ya me han despedido?". Stern, Mijail. Stern, August. Ob. Cit., p. 236.

110 Stern, Mijail. Stern, August. Ob. Cit., p. 235.

111 Stern, Mijail. Stern, August. Ob. Cit., pp. 239-240.

Pero por otro lado, y aun aceptando la supuesta extensión de derechos políticos para las mujeres bajo el comunismo soviético, sería interesante preguntarse ahora por la efectiva participación de éstas en el poder real de las decisiones políticas y en la estructura jerárquica de la URSS. Es aquí donde terminamos de comprobar que la participación política femenina en el socialismo real fue completamente virtual.

Hagamos un repaso breve de la estructura de poder soviética. El Sóviet de la Unión o Sóviet de los Diputados del Pueblo, fue una de las dos cámaras del Sóviet Supremo de la Unión Soviética. En toda la historia de este órgano legislativo, jamás una mujer pudo presidirlo.[112] Tampoco se vio presidir a ninguna mujer la otra cámara, de representación territorial, denominada Sóviet de las Nacionalidades.[113] Y por supuesto que ninguna mujer ocupó jamás el cargo de Jefe de Estado de la URSS[114], ni el de vice-jefe de Estado. Tampoco se vio a ninguna mujer presidir el Consejo de Comisarios del Pueblo, la máxima autoridad gubernamental del Poder Ejecutivo soviético.[115]

Frente a estos datos, puede alegarse que, a la sazón, si bien los derechos políticos para las mujeres se estaban haciendo efectivos en el mundo, las mujeres todavía no accedían a espacios de poder. No obstante, tal argumento ignoraría que, mientras en la URSS la estructura política estaba dominada virtualmente en su totalidad por hombres, en la Inglaterra de 1979, Margaret Thatcher era elegida como Prime-

---

112 Los Presidentes fueron: Andrei Andreyev (1938-1946); Andréi Zhdánov (1946-1947); Iván Parfenov (1947-1950); Mijail Yasnov (1950-1954); Alexander Volkov (1954-1956); Pavel Lobanov (1956-1962); Ivan Spisidonov (1962-1970); Alexei Shitikov (1970-1984); Yuri Christoradnov (1984-1989); Yevgeni Primakov (1989-1990); Ivan Laptev (1990-1991); Konstantin Lubenchenko (1991-1991).

113 Los Presidentes fueron: Nikolái Shvérnik (1938-1946); Vasili Kuznetsov (1946-1950); Zhumabay Shayakhmetov (1950-1954); Vilis Lācis (1954-1958); Janis Peive (1958-1966); Justas Paleckis (1966-1970); Yadgar Sadikovna Nasriddinova (1970-1974); Vitalijs Rubenis (1974-1984); August Voss (1984-1989); Rafiq Nishonov (1989-1991).

114 Los Jefes de Estado de la URSS fueron: Mijaíl Kalinin, Nikolái Shvérnik, Kliment Voroshílov, Leonid Brézhnev, Anastás Mikoyán, Nikolái Podgorni, Vasili Kuznetsov, Yuri Andrópov, Konstantín Chernenko, Andréi Gromyko, Mijaíl Gorbachov.

115 Los Presidentes del Consejo fueron: Vladímir Lenin (1917-1924); Alekséi Rýkov (1924-1930); Viacheslav Mólotov (1930-1941); Iósif Stalin (1941-1953); Georgi Malenkov (1953-1955); Nikolái Bulganin (1955-1958); Nikita Jrushchov (1958-1964); Alekséi Kosygin (1964-1980); Nikolái Tíjonov (1980-1985); Nikolái Ryzhkov (1985-1991). En 1991 el cargo pasa a llamarse Primer Ministro, y Valentín Pávlov e Iván Siláyev ocupan este cargo en ese año.

ra Ministra y ejercería su cargo hasta 1990 enfrentando precisamente al comunismo y de alguna manera derrotándolo.

Permítasenos cerrar este apartado con una última reflexión. Hemos mencionado que la política sexual del comunismo soviético tuvo dos etapas bien diferenciadas: la leninista y la stalinista. La marcha atrás que debió dar Stalin fue precisamente a causa de la desintegración social que había traído aparejado el nihilismo que oportunamente describimos. Este giro se trató, pues, de un reencauce pragmático. Pero la experiencia de la "liberación sexual" y la desintegración de los vínculos familiares que propulsó el leninismo le dejó al régimen soviético algo de fundamental relevancia: el conocimiento sobre las consecuencias y el modo de implementación de esta "arma cultural" para ser utilizada contra los enemigos del comunismo.

En efecto, existen notables casos de ex agentes de la KGB que han confesado que una pata fundamental de la estrategia de la URSS contra Occidente consistió en promover la corrupción cultural en estas tierras. Caso destacable es el de Yuri Bezmenov, alias Thomas Schuman, quien en 1983 afirmaba públicamente: "Solamente el 15% del dinero, del tiempo y de mano de obra (destinado a la KGB) se dedica al espionaje como tal. El otro 85% es un proceso lento que nosotros llamamos o bien 'Subversión Ideológica' o 'Medidas Activas' o 'Guerra Psicológica', lo que significa básicamente: cambiar la percepción de la realidad de todo americano. Basta una extensión tal que a pesar de la abundancia de información nadie sea capaz de llegar a conclusiones sensibles, en el interés de defenderse a sí mismos, a su familia, a su comunidad o a su país". Bezmenov agrega que se trata de "un gran proceso de lavado de cerebro" que consta de una serie de etapas que empiezan por lo que la KGB llamó "La desmoralización", que lleva de 15 a 20 años "porque este es el número mínimo de años que se requiere para educar a una generación de estudiantes en el país de tu enemigo expuesto a la ideología del enemigo (...) la ideología marxista-leninista está siendo bombardeada en las blandas cabezas de al menos tres generaciones de estudiantes americanos (...) ¿El resultado? El resultado que puedes ver. Muchas de las personas que se graduaron en los años '60, estudiantes fracasados o intelectuales a medio hacer, están ahora ocupando las posiciones de poder en el gobierno, en el servicio civil, en los negocios, en los medios de comunicación, en el sistema educativo (...) están contaminados, están programados para pensar y reaccionar a ciertos estímulos (...) no pueden cambiar de opinión aunque les demuestres que el blanco es blanco y el negro es negro. El proceso de desmoralización en los Estados Unidos ya ha sido básicamente completado (...) la desmoralización ha alcanzado áreas donde previamente ni siquiera el camarada Andropov y todos sus expertos habrían soñado un éxito tan tremendo, la mayor parte de aquélla la hacen americanos a americanos gracias a la falta de estándares morales".[116] Luego de la desmoralización, se abre camino a la etapa de "La desestabilización", donde ya se pueden empezar a generar los cambios en las instituciones económicas y políticas en favor de la ideología marxista-leninista, fin primordial de esta última.

A la luz de información como esta, es interesante remarcar el hecho de que tras el giro copernicano efectuado por el stalinismo, no hayamos visto surgir ninguna otra teórica de importancia para el feminismo de esos lares. Al contrario, la tercera ola, iniciada en los '60 —fecha casualmente subrayada por Bezmenov— será engendrada por teóricas occidentales, residentes de países capitalistas, fundamentalmente de Estados Unidos y Francia, mientras en la URSS se cerraban revistas feministas y se deportaban activistas.[117]

La tercera ola del feminismo

Como se dijera más arriba, no hay acuerdo unánime respecto de qué debe ser considerado como propio de la primera, segunda o tercera ola del feminismo. Empecemos, pues, remarcando esta advertencia: algunos autores consideran que el feminismo que surge en los años '60 del Siglo XX es, en verdad, una segunda ola de feminismo, mientras otros consideran que es una tercera ola feminista, como nosotros, pero difieren en tanto que ubican al sufragismo como segunda ola. Comoquiera que sea, nosotros hemos preferido seguir un criterio distinto, y considerar el feminismo ilustrado, liberal y sufragista, como una primera ola; el feminismo marxista como segunda ola; y el "feminismo culturalista", "radical" y/o "neomarxista" como tercera ola, responsable de la germinación de la llamada "Ideología de Género".

Aclarado esto por si hiciera falta, el feminismo que pasamos a describir sucintamente tiene la particularidad de moverse no en el terre-

---

116 La alocución puede verse online en YouTube: https://www.youtube.com/watch?v=d18Hy5UouN8

117 En 1980, tres mujeres de Leningrado efectuaron diez copias de una revista femenina llamada Almanac. La KGB cerró la revista y deportó a Alemania Occidental a estas activistas. (Pos 613)

no de las reformas políticas formales como el liberal, ni en el terreno casi excluyente de la economía como el marxista, sino en un campo mucho más vasto y, por lo tanto, más complejo: el de la cultura.

La filósofa española Amelia Valcárcel entiende que el surgimiento de la tercera ola feminista fue precedido por lo que ella denomina un "interregno", el cual queda definido por la pluma de la norteamericana Betty Friedan y su libro *La mística de la feminidad* publicado en 1963, el cual fue una obra clave para el feminismo de los '70. En este trabajo, Friedan entiende en resumidas cuentas que la liberación de la mujer no fue lograda con las victorias feministas en el terreno de los derechos civiles y políticos. ¿Qué seguía "oprimiendo" a las mujeres entonces? Pues aquélla responde que los aspectos culturales del "rol femenino", es decir, las reglas informales que se asociaban a la mujer, entre ellas, la de ser esposa y madre por ejemplo.

Friedan no entiende que las nietas de las feministas sufragistas no hayan continuado la lucha de sus abuelas en renovados planos de la vida y, al contrario, que se hubieran acomodado sin más al rol de la mujer esposa y madre de hijos. Ello se debía, según Friedan, a que una superestructura cultural había desarrollado una "mística de la feminidad" que resultaba opresora. En palabras de la autora: "De acuerdo con la mística de la feminidad, la mujer no tiene otra forma de crear y de soñar en el futuro. No puede considerarse a sí misma bajo ningún otro aspecto que no sea el de madre de sus hijos o esposa de su marido".[118]

En honor a la verdad, no podríamos decir que el de Friedan sea un libro comprometido a fondo con ideas izquierdistas. De ahí que digamos, siguiendo a Valcárcel, que es un "interregno", un prólogo a lo que será la tercera ola feminista. En efecto, lo poderoso de Friedan es su crítica culturalista, que excede con creces lo estrictamente político, jurídico y económico, y que se mete en lo más recóndito del hogar, alcanzando incluso dimensiones estéticas que serán tan propias de la tercera ola. Ya la activista y escritora norteamericana Mary Inman, en su libro *En defensa de la mujer* (1940), uno de los cuales precisamente inspira a Friedan, había concluido que "la feminidad elaborada" y "el énfasis excesivo en la belleza" mantienen a las mujeres en el avasallamiento.[119] Estas son las semillas del culto a la fealdad y al mal gusto que caracteriza a nuestras feministas radicales de hoy.

118 Friedan, Betty. *La Mística de la feminidad.* Barcelona, Ed. Sagitario, 1965, p. 78.
119 Makow, Henry. *Estafa cruel. Feminismo y el nuevo orden mundial.* Inglaterra,

No obstante, los hechos que suelen identificarse como originadores de la tercera ola feminista son, como no podía ser de otra manera, los del Mayo Francés de 1968. Y el libro que se ubica como fundacional de esta ola es *El segundo sexo*, de la escritora existencialista Simone de Beauvoir, publicado en 1949, cuatro años después de que en Francia el voto femenino se hubiera hecho realidad.

La ideología de De Beauvoir es bien conocida: era una marxista convencida. Su libro *La larga marcha*, por ejemplo, es una defensa de la Revolución Cultural china, campaña de masas liderada por el genocida Mao Tse Tung cuyo fin fue evitar que China abandonara el comunismo ortodoxo y que consistió en asesinatos masivos, torturas de todo tipo, campos de concentración, destrucción cultural, hambrunas y persecuciones. En la ciudad de Shantou hoy puede visitarse un museo que recuerda gran parte de todos estos horrores que Simone de Beauvoir celebró. En efecto, la ideología de género tiene su origen y desarrollo en el seno de la ultraizquierda como veremos a lo largo de este subcapítulo; no se trata de un fenómeno ideológico que se desprenda de ninguna corriente moderada ni centrista, a pesar de que el correctismo político de nuestros tiempos haya adoptado a pie juntillas la mayoría de sus postulados.

Al momento de escribir su obra *El segundo sexo*, De Beauvoir está advirtiendo que las concepciones ortodoxas del marxismo, tal las repasadas en apartado anterior, no aciertan en su aplicación real encarnada en la Unión Soviética con las promesas de liberación femenina. El ideal maternal del stalinismo no iba de la mano de las ideas de una detractora de la maternidad como De Beauvoir.[120] El problema económico es ciertamente determinante en tanto que condición necesaria; pero a todas luces se presenta insuficiente a los ojos de nuestra escritora. Y aquí es donde ella da un gran paso al poner en primer plano la necesidad de un cambio cultural de fondo: en las costumbres, en las creencias, en la moral. Sus esfuerzos por explicar el conflicto a través de una mezcolanza entre marxismo y psicoanálisis ya encuentra antecedentes nada menos que en las propuestas teóricas de la Escuela

---

Edición E-book (Silas Green), 2012, Pos 574.

120 Tanto es así, que la autora cita con tono crítico a Olga Michakova, secretaria del Comité Central de la Organización de la Juventud Comunista, cuando en 1944 ésta declaró: "Las mujeres soviéticas deben tratar de hacerse tan atractivas como permitan la Naturaleza y el buen gusto. Después de la guerra, deberán vestirse como mujeres y caminar con porte femenino".

de Frankfurt, institución intelectual tan importante y hasta decisiva en la edificación teórica de lo que aquí llamamos "neomarxismo" o "marxismo cultural".

No obstante, preciso es no engañarse. De Beauvoir sólo parece tener críticas para con la sociedad occidental y capitalista. A lo largo del millar de páginas que contiene su obra, prácticamente no puede leerse críticas para con la opresión de las mujeres en el bloque comunista. Antes al contrario, podemos leer pasajes apologéticos como el que sigue: "Es en la URSS donde el movimiento feminista adquiere la máxima amplitud".[121] Y llega incluso a predecir, fallidamente por supuesto, que bajo el régimen comunista la liberación de la mujer estaba asegurada: "El porvenir no puede por menos que conducir a una asimilación cada vez más profunda de la mujer en el seno de una sociedad otrora masculina".[122] Hasta miente o ignora de manera flagrante cuando anota que "excepto en la URSS, en todas partes le está permitido a la mujer moderna considerar su cuerpo como un capital para explotarlo".[123] En efecto, pretende hacer creer al lector que el comunismo, consecuente con la promesa de Engels, ha acabado con la prostitución cuando, en rigor, esto nunca ocurrió tal como vimos anteriormente. La pregunta que surge de inmediato es: ¿Era De Beauvoir malintencionada, o simple y tristemente aquello que Lenin llamaba "idiota útil"?

Comoquiera que sea, vayamos directo al contenido de *El segundo sexo*, la obra más importante del feminismo del Siglo XX. La tesis central de la autora es que "mujer" es un concepto socialmente construido, es decir, carente de esencia, artificial, siempre definido por su opresor: el hombre. La famosa frase que resume la propuesta teórica de De Beauvoir es: "No se nace mujer: llega una a serlo". La tarea de la mujer como género que pretende liberarse es, en este orden, romper con ese concepto cultural de mujer y recuperar una presunta "identidad perdida".

El primer principio del existencialismo, corriente filosófica a la que adscribe De Beauvoir y que tiene por célebre referente a quien fuera su pareja, Jean-Paul Sartre, es la afirmación de que en el ser humano la existencia precede a la esencia. Esto quiere decir, en pocas palabras, que el ser humano no es nada más que aquello que él hace

---

121 De Beauvoir, Simone. Ob. Cit., p. 123.
122 De Beauvoir, Simone. Ob. Cit., p. 125.
123 De Beauvoir, Simone. Ob. Cit., p. 133.

de sí mismo. No existe nada como una "naturaleza humana"; todo lo que al ser humano respecta, es el resultado de los procesos históricos que envuelven el devenir de las sociedades.

No es este el momento de efectuar una crítica extensa a esta visión filosófica. Pero consideremos por ahora el peligro de abolir en nuestra consciencia cualquier determinación natural en el ser humano: tendríamos como resultado la imagen de una persona humana suspendida en la nada, alienada respecto de toda realidad exterior, incapaz de orientar sus pautas culturales de acuerdo a lo que, por razones evidentemente naturales, resulta auspicioso para su mantenimiento y crecimiento. Una sociedad podría moralizar como pauta cultural la ingesta de gasolina por ejemplo, pero las personas que se ajustaran a esta conducta no podrían evitar las consecuencias mortales de tal práctica. Del mismo modo, otra sociedad podría legislar la abolición de la maternidad, como a más de una feminista parecería agradarle, aunque aquélla no podría escapar al destino que, por la naturaleza finita del ser humano, le espera: la total extinción.

Va de suyo que esto no quiere decir que la historia y la cultura no moldeen una incontable cantidad de caracteres del ser humano. De ninguna manera pretenderíamos negar tamaña verdad. El hombre es cultura, pero también naturaleza. O mejor dicho, el hombre es naturaleza, pero también es cultura: en ese orden. Y tan cierto como ello es también el hecho de que su cultura triunfa cuando no va en detrimento de la naturaleza. ¿Puede concebirse el desarrollo de una sociedad humana que, por ejemplo, establezca el rito cultural de castrar a todos los varones recién nacidos? ¿Y qué hay de una sociedad cuyos miembros determinen, como en el experimento social de Alan Sokal[124], que la ley de la gravedad es también una "construcción dis-

124 Este doctor en física arremetió contra la paparruchada postmoderna con arreglo a una broma muy original: escribió un artículo pretendidamente académico titulado "Transgresión de las fronteras: hacia una hermenéutica transformadora de la gravedad cuántica", donde, con lenguaje rebuscado y plagado de citas rimbombantes, sostenía innumerables absurdos tales como que la gravedad cuántica era una construcción cultural. El escrito fue publicado en la revista especializada *Social Text* en 1996, y fue muy discutido por el mundo académico de entonces. De repente, Sokal reveló que todo se había tratado de una broma cuyo objetivo era poner en evidencia el pésimo manejo de las ciencias naturales que tienen aquellos que se dedican a las ciencias sociales y adhieren a las corrientes postmodernas. Ver Sokal, Alan. Bricmont, Jean. *Imposturas intelectuales*. Barcelona, Paidos, 1999.

cursiva" y, por añadidura, decidan que pueden arrojarse del rascacielos más alto sin esperar nefastas consecuencias de ello?

Volviendo al núcleo de nuestro tema, para explicar la génesis de la opresión, De Beauvoir va a ofrecer una explicación histórica y antropológica de la mujer, que se retrotrae a las primeras formas remotas de comunidad del ser humano: los grupos nómades que precedieron a la agricultura, posiblemente ubicados cronológicamente en la Edad de Bronce. La raíz de la opresión femenina, según su tesis, se encontraría en el hecho de que las mujeres primitivas no podían participar de actividades presuntamente valoradas por el grupo: fundamentalmente, la caza y la guerra. Es el peligro connatural a estas actividades el que le concede a las mismas toda su importancia social. Bajo una visión que anula el dato natural, la exclusión femenina debería ser buscada, a través de un movimiento circular, nuevamente en la cultura, y así hasta el infinito. Pero lo cierto es que la naturaleza explica muy claramente el hecho de que las mujeres hayan sido protegidas por el grupo de los peligros de la guerra y la caza: las condiciones naturales de la reproducción y la maternidad por un lado, y las características físicas de su cuerpo por el otro, estructuraron la división de tareas elemental de nuestros antepasados más lejanos. Y ello parece haber sido necesario para la conservación y reproducción de la especie.

Llamativamente, De Beauvoir reconoce este hecho que, por sí solo, bastaría para derrumbar su tesis fundamental de que en la mujer no hay nada más que cultura. "El embarazo, el parto, la menstruación disminuían su capacidad de trabajo y las condenaba a largos períodos de impotencia; para defenderse contra los enemigos, para asegurarse el sustento y el de su progenie, necesitaba la protección de los guerreros y los productos de la caza y de la pesca, a las que se dedicaban los hombres"[125], anota la escritora. Y es que si aquélla acepta que la fuerza física y la reproducción explican la primitiva exclusión de la mujer respecto de tareas que serían relevantes, la lógica más elemental nos anuncia que la naturaleza ha tenido parte en la formación cultural y no puede ser, por tanto, descuidada en un análisis sobre la mujer y su condición. Si fue el cuerpo femenino el que, con arreglo a sus condiciones y funciones biológicas, hizo de la mujer una mujer, entonces no parece tan convincente —e incluso, parece contradictoria— la célebre frase "no se nace mujer; llega una a serlo".

125 De Beauvoir, Simone. Ob. Cit., p. 64.

Las contradicciones de la mujer de Sartre son en muchos pasajes llamativas. El prestigio del hombre se deriva, nos dice aquélla, de que las actividades que les son propias encuentran su trascendencia en el hecho del peligro: "Para aumentar el prestigio de la horda, del clan a que pertenece, el guerrero pone en juego su propia existencia. (...) La peor maldición que pesa sobre la mujer es hallarse excluida de esas expediciones guerreras: no es dando la vida, sino arriesgando la propia, como el hombre se eleva sobre el animal".[126] Olvida aquí la autora los peligros intrínsecos de la maternidad, acentuados sobremanera en tiempos pasados, en los cuales el parto era causal de muerte con elevadísima frecuencia. En efecto, si es el riesgo ofrecido al grupo el que da sentido al prestigio del hombre, ¿no hay altos riesgos también en la actividad más específicamente femenina de todas: el parto? El problema, acaso, es que Simone de Beauvoir no considera que nada de lo que biológicamente es propio de la mujer, pueda ser considerado *actividad* en tanto que proyecto vital. Parece haber misoginia detrás de sus argumentos cuando decreta que "engendrar, amamantar, no constituyen *actividades*, son funciones naturales; ningún proyecto los afecta; por eso la mujer no encuentra en ello el motivo de una altiva afirmación de su existencia; sufre pasivamente su destino biológico".[127] Es llamativo que quien nunca engendró ni amamantó efectúe semejante declaración. ¿De dónde saca la escritora francesa que el hecho de traer una nueva vida al mundo y bregar por su cuidado y desarrollo no está afectado por ningún proyecto? No queda nada claro. Parece ser que su propia biografía afecta sus argumentos: ella nunca quiso parir hijos y, al contrario, escogió matarlos en su vientre.[128] Es paradójico que para De Beauvoir dar vida no sea un "proyecto", mientras que matar sí lo sea. Y todavía más: el autoritarismo en esta materia de De Beauvoir quedó a las claras en un diálogo de 1975, cuando ella argumentó que "No se debería permitir a ninguna mujer

---

126 De Beauvoir, Simone. Ob. Cit., p. 66.

127 De Beauvoir, Simone. Ob. Cit., p. 65.

128 Simone de Beauvoir fue la redactora del "Manifiesto de las 343", declaración publicada en 1971 que fue firmada por mujeres que admitían públicamente, y con orgullo, haber abortado. Así comienza el texto de Beauvoir: "Un millón de mujeres abortan cada año en Francia. Ellas lo hacen en condiciones peligrosas debido a la clandestinidad a la que son condenadas cuando esta operación, practicada bajo control médico, es una de las más simples. Se sume en el silencio a estos millones de mujeres. Yo declaro que soy una de ellas. Declaro haber abortado. Al igual que reclamamos el libre acceso a los medios anticonceptivos, reclamamos el aborto libre".

que se quedara en casa para criar a sus hijos. La sociedad tendría que ser completamente distinta. Las mujeres no deberían tener esa opción, precisamente porque si existe tal opción, demasiadas mujeres la van a tomar".[129] ¿Deberían entonces las mujeres tomar las opciones que De Beauvoir ordena?

Comoquiera que sea, lo más importante de la obra de Simone de Beauvoir es haber pincelado los primeros esbozos significativos de la ideología de género. La distinción entre sexo y género aparece, pues, bien clara en su trabajo: el sexo, como dato natural, no guarda ninguna relevancia; el género lo es todo. El hombre y la mujer se nos presentan como cuerpos cuya especificidad natural no guarda la menor importancia respecto de aquello que ellos mismos pueden ser; son como una hoja en blanco, una *tabula rasa*, lista para ser inscripta por el peso pretendidamente autónomo de la cultura. En efecto: "No se nace mujer: llega una a serlo". Dicho de otra forma, no importa lo que el cuerpo de uno trae naturalmente; importa exclusivamente cómo se socializa al individuo. Y como es evidente, todo ello entraña importantes cambios estratégicos. La estrategia que el feminismo debe elaborar tiene ahora un predominante carácter cultural: la liberación no sólo ha de concretarse con la incorporación de la mujer en el mundo económico del trabajo y la productividad, como pensaban los marxistas ortodoxos siguiendo a Engels, sino también, y tan importante como esto último, con la destrucción de la superestructura —moral, religiosa, ideológica, jurídica, familiar— vigente. La conclusión que De Beauvoir ofrece de toda su obra va en este sentido: "No hay que creer que basta con modificar su situación económica para que la mujer se transforme; este factor ha sido y sigue siendo el factor primordial de su evolución, pero en tanto no comporte las consecuencias morales, sociales, culturales, etc. que anuncia y que exige, no podrá aparecer la mujer nueva".[130] Cuando el feminismo asume una estrategia cultural y se da la mano con el marxismo en su cruzada contra la sociedad capitalista, la resultante es una de las diversas patas que sostienen a lo que acá hemos llamado "neomarxismo" o "marxismo cultural".

A Simone de Beauvoir le seguirá en los años '70 toda una corriente de feministas radicales que llevarán los argumentos y pretensiones un paso más allá. Una de ellas será la norteamericana Kate Millet, quien hará primordial hincapié en el concepto de "género" para re-

129 Citado en Pinker, Steven. *The blank slate*. Edición digital traducida, p. 278.
130 De Beauvoir, Simone. Ob. Cit., p. 719.

chazar los datos de la biología, y defenderá "el carácter cultural del género, definido como la estructura de la personalidad conforme a la categoría sexual".[131] Otra feminista especialmente controversial es la canadiense Shulamith Firestone, quien declarará que "Las feministas tienen que cuestionar, no sólo toda la cultura occidental, sino también la organización de la cultura en sí misma, e incluso la propia organización de la naturaleza".[132] (¿Recuerda el lector lo que ya advertía Ludwig von Mises en los años '20?)

Para el feminismo radical que nace en los años '70, el problema de la opresión de la mujer lo inunda todo; los ámbitos públicos y privados son escrutados por igual, pues es la cultura el objetivo clave. Millet inmortaliza en su obra *Política Sexual* (1969) una frase que se encarnará como lema de los grupos feministas de ayer y de hoy: "Lo personal es político".[133] La noción de "patriarcado" encontrará especial significación en este marco, como régimen político de dominación masculina que va mucho más allá de las dimensiones públicas. La familia pasa a ser considerada, pues, como la principal institución social que reproduce la "estructura patriarcal", y todas las municiones feministas se destinan fundamentalmente contra ella y el matrimonio: "La institución principal del patriarcado es la familia"[134], anota Millet. El objetivo marxista de abolición de la familia y la propiedad privada se mantienen; lo que cambia es el sujeto de la revolución y el análisis de las contradicciones.

Es de interés mencionar un poco más sobre las ideas de la citada Firestone, porque ilustran muy bien el pensamiento feminista radical-socialista de la tercera ola. Su obra *La dialéctica del sexo* (1970) fue furor en su época. Mezclando marxismo y freudianismo, Firestone desde el inicio supera el reduccionismo economicista que impidió a Engels ver un poco más lejos: "Hay un nivel de realidad que no viene directamente de la economía"[135], sentencia aquélla. Ese nivel proviene de la cultura, que es donde Firestone va a buscar penetrar.

---

131 Citado en Beltrán, Elena. Maquieira, Virginia. Álvarez, Silvina. Sánchez, Cristina. *Feminismos. Debates teóricos contemporáneos*. Madrid, Alianza Editorial, 2008, P. 106.

132 Firestone, Shulamith. *The dialectic of sex. The case feminist revolution*. New York, Bantam Book, 1971, p. 2.

133 Millet, Kate. *Sexual politics*. Illinois, University of Illinois Press, 2000.

134 Millet, Kate. Ob. Cit., p. 33.

135 Firestone, Shulamith. Ob. Cit., p. 5.

Firestone entiende que la raíz del problema de la mujer estriba en su función reproductora, y traza así un paralelismo con los problemas productivos del proletariado al punto de denominar a la mujer como "clase sexual". Así como este último —según las teorías marxistas— hace su revolución expropiando los medios de producción privados, las mujeres deben llevar adelante la suya poniendo bajo su control la *reproducción*. Y así como Engels entendió que de una revolución socialista se deriva la liberación de la mujer, Firestone entiende lo contrario: de una revolución feminista se puede esperar la abolición de las clases.[136]

De esta forma, Firestone va a proponer una suerte de programa mínimo para la revolución feminista, compuesto de cuatro puntos que, resumidamente, son los que siguen: 1) Abolir la función reproductiva de la mujer con arreglo a las tecnologías de la reproducción artificial y la legalización del aborto; 2) Lograr la absoluta independencia económica de mujeres y niños, lo cual supone abandonar la economía capitalista y adoptar un sistema socialista ("Es por esto que debemos hablar de feminismo socialista"[137], remarca Firestone); 3) Incluir a las mujeres y los niños en todos los aspectos de la sociedad, destruyendo todo aquello que resguarde la individualidad, y destruyendo "las distinciones culturales hombre/mujer y adulto/niño"[138]; 4) Lograr "la libertad de todas las mujeres y niños para hacer lo que sea que deseen sexualmente"[139].

El fin expreso de todo esto es la destrucción de la familia, dado que ésta sería "la fuente de la represión psicológica, económica y política"[140]. La tercera ola del feminismo, como vemos, hace de las relaciones de pareja un ámbito de lucha y odio permanente. Si puede considerarse que la de la URSS fue una "revolución fallida", fue precisamente por haber revolucionado sólo lo concerniente a la esfera económica y no haber implementado a fondo y sostenidamente esta revolución en el ámbito de las relaciones interpersonales y familiares.[141] Firestone está primordialmente preocupada, además de la cuestión

136 "Vamos a necesitar una revolución sexual en mucho mayor medida que (incluso) una socialista para erradicar verdaderamente todos los sistemas de clase". Firestone, Shulamith. Ob. Cit., p. 12.

137 Firestone, Shulamith. Ob. Cit., p. 207.

138 Firestone, Shulamith. Ob. Cit., p. 209.

139 Firestone, Shulamith. Ob. Cit., p. 209.

140 Firestone, Shulamith. Ob. Cit., p. 212.

141 "El fracaso de la Revolución Rusa es directamente adjudicable al fracaso de sus intentos de eliminar la familia y la represión sexual". Firestone, Shulamith. Ob. Cit., p. 212.

femenina, en la cuestión de los niños. Y es que entiende que el socialismo no puede ser construido si no se logra cortar los lazos de una generación con la anterior, para que el Estado pueda formatearla hasta la raíz misma.[142] "Legalmente los niños siguen bajo la jurisdicción de los padres quienes pueden hacer con ellos lo que les plazca"[143], se queja curiosamente Firestone. ¿Bajo qué jurisdicción deberían estar entonces? Pues queda claro que bajo la del Estado socialista.

El proceso de destrucción de la familia no se puede dar de un momento a otro, sino que conlleva cambios paulatinos, que involucran incluso la pedofilia. Firestone los describe de esta forma: "Al principio, en el período de transición, las relaciones sexuales serían probablemente monógamas, incluso si la pareja decide vivir con otros. (...) Sin embargo, después de muchas generaciones de vida no-familiar, nuestras estructuras psicosexuales podrán alterarse tan radicalmente que la pareja monógama se volvería obsoleta. Sólo podemos adivinar lo que podría reemplazarla: ¿quizás matrimonios por grupos, grupos maritales transexuales los cuales también involucran niños mayores? No lo sabemos".[144]

El proyecto de Firestone es lograr una sociedad socialista donde la familia sea reemplazada por *household*, una especie de hogar formado por personas que no guardan vínculo sanguíneo. Aquí, después de "unas pocas generaciones", se logrará que "las relaciones entre personas de edades muy dispares se conviertan en algo común".[145] Así las cosas, "el concepto de infancia ha sido abolido, los niños tienen plenos derechos legales, sexuales y económicos, sus actividades educativas/laborales no difieren de la de los adultos. Durante los pocos años de infancia, hemos reemplazado la psicológicamente destructiva 'paternidad' de uno o dos adultos arbitrarios, por la difusión de la responsabilidad del cuidado físico sobre un gran número de personas. El niño todavía puede formar relaciones íntimas de amor, pero en lugar de desarrollar una estrecha relación con una decretada 'madre' y 'padre', el niño puede ahora formar los lazos con gente de su propia elección, de cualquier edad o sexo. Por lo tanto todas las rela-

142 "La naturaleza de la unidad familiar es tal que penetra en el individuo más profundamente que cualquier otra organización social que tengamos" reconoce Firestone. Ob. Cit., p. 227.

143 Firestone, Shulamith. Ob. Cit., p. 218.

144 Firestone, Shulamith. Ob. Cit., p. 229.

145 Firestone, Shulamith. Ob. Cit., p. 233.

ciones entre adultos y niños se han elegido mutuamente".[146] Y poco después sentencia: "Si el niño puede elegir relacionarse sexualmente con los adultos, incluso si él debe escoger su propia madre genética, no habría razones *a priori* para que ella rechace los avances sexuales, debido a que el tabú del incesto habría perdido su función. (...) Las relaciones con niños incluirían tanto sexo genital como el niño sea capaz de recibir —probablemente considerablemente más de lo que ahora creemos—, porque el sexo genital ya no sería el foco central de la relación, pues la falta de orgasmo no presentaría un problema grave. El tabú de las relaciones adulto/niño y homosexuales desaparecerían"[147]. Pero las relaciones pedófilas tendrían dos límites, nos dice la buena Firestone pretendiendo moderarse: el límite del consentimiento del niño por un lado, y el límite biológico por el otro. De modo que si un hombre adulto desea tener relaciones sexuales con una niña o niño de cuatro años por ejemplo, sólo debe lograr su adhesión y comprobar que las dimensiones de su vagina o ano sean penetrables. La engañifa que usa Firestone para legitimar la pedofilia es muy evidente: pone par a par la capacidad de discernimiento y elección de un niño respecto de la de un adulto, como si ambos dispusieran de mismas cuotas de poder físico, manipulación psicológica y maduración emocional.

Como queda claro, Firestone otorga gran significancia a la legitimación de la pedofilia como parte de la revolución socialista. Pero no es la suya una opinión aislada dentro del feminismo de los '70: también la mencionada Millet ha escrito que los niños deberían "expresarse a sí mismos sexualmente, probablemente entre ellos en un principio, pero también con adultos".[148] Asimismo, la propia De Beauvoir, cuatro meses antes del surgimiento del Frente de Liberación de los Pedófilos en Francia, firmaba una solicitada en el diario *Le Monde* (26 de enero de 1977) en favor de la libertad de tres pedófilos que estaban compareciendo ante la justicia por mantener relaciones sexuales con niños y producir pornografía infantil —"Tres años de prisión por unas caricias y unos besos, ¡ya basta!", minimizaba el asunto—. Y a la cuestión de la pedofilia, las teóricas feministas suman también la reivindicación del incesto. Firestone, por ejemplo, recomienda que, a los fines

146 Firestone, Shulamith. Ob. Cit., p. 239.
147 Firestone, Shulamith. Ob. Cit., p. 240.
148 Citado en Serrano, Francisco. *La dictadura de género. Una amenaza contra la Justicia y la Igualdad*. España, Almuzara, 2012, p. 55.

de que los niños no crezcan "reprimidos sexualmente", sean los padres quienes los inicien en su vida sexual. De hecho, recomienda que la primera felación del niño sea practicada por su propia madre. ¿Y es que hay manera más determinante de reventar todo vínculo familiar que promoviendo relaciones sexuales entre adultos y niños, y entre padres e hijos? Ella sabe, a partir de Freud, la importancia que tiene para la cultura la represión del erotismo que presuntamente sentiría el niño respecto de su madre; y probablemente sepa también, a partir de Claude Lévi-Strauss, el papel que en la cultura de toda sociedad humana juega la prohibición del incesto. En efecto, no hay forma más efectiva de destruir la cultura y la familia que haciendo de la pedofilia y el incesto conductas aprobables; de los ´70 a esta parte, pues, el feminismo radical traerá, a veces más explícitamente, otras más implícitamente, estas horripilantes reivindicaciones dentro de su programa.

Ya ingresando en los años ´80, otra norteamericana, Zillah Eisenstein, desarrollará con mayor precisión esta síntesis entre feminismo radical y marxismo. La meta del feminismo sería, en una palabra, reventar tanto el "régimen patriarcal" como el sistema capitalista, pues existiría entre ellos una relación de coexistencia y dependencia mutua. La destrucción del primero se asegura con la destrucción de la familia y del matrimonio; la destrucción del segundo viene de la mano de una paulatina abolición de la propiedad privada. Ambas cosas deben darse al unísono. Lo que ofrece Eisenstein es, principalmente, un refinamiento de la teoría de Firestone en la que procura determinar de modo más específico la interrelación entre el supuesto "patriarcado" y el capitalismo, que echaría luz sobre la necesidad de que el feminismo sea socialista, y el socialismo sea feminista.[149] Asimismo, también trata de superar las propuestas teóricas de Millet, fundamentalmente cuando ésta arguye que "debemos hacer preguntas feministas pero intentar llegar a respuestas marxistas"; para Eisenstein, ello implicaría una dicotomía entre marxismo y feminismo que debe ser borrada en favor de una síntesis armónica entre las dos ideologías.

149 "El análisis marxista busca una explicación histórica de la existencia de las relaciones de poder en términos de relaciones económicas de clase, y el feminismo radical busca en la realidad biológica del poder. El socialismo feminista, por su parte, analiza el poder en términos de sus orígenes de clase y su raíz patriarcal. En tal análisis, capitalismo y patriarcado no son ni autónomos ni idénticos: son, en su presente forma, mutualmente dependientes". Eisenstein, Zillah. *Capitalist patriarchy and the case for socialist feminism*. New York, Monthly Review Press, 1979, p. 22.

Así, su argumento principal es que la institución familiar es funcional al mantenimiento del capitalismo, y lo explica en estos términos: "La familia bajo el capitalismo refuerza la opresión de la mujer. La familia apoya el capitalismo, proporcionando una manera para mantener la calma, lo cual es una parte muy importante del capitalismo. La familia apoya el capitalismo económicamente, proporcionando una fuerza de trabajo productiva y el suministro de un mercado de consumo masivo. La familia también desempeña un papel ideológico mediante el cultivo de la creencia en la libertad, el individualismo, y la igualdad básica de la estructura de creencias de la sociedad".[150] Por estas razones, los enemigos del capitalismo y la sociedad abierta deben enfocarse en destruir la familia: para destruir el orden y la calma que ella proporciona; para destruir la fuerza de trabajo que ella engendra para el mercado; para cortar en seco la socialización que ella logra en valores tales como la libertad y el respeto por el valor de los individuos. En una sociedad socialista, lo que en la capitalista lo genera la familia y el mercado por orden espontáneo, pasa a ser una responsabilidad del Estado: la socialización en determinados valores escogidos por la dirección política; la dirección de la actividad económica (consumo y producción), y el mantenimiento del orden, pasan a ser funciones estatales y, por tanto, totalitarias. El resultado de ello no puede ser jamás de liberación sino, al contrario, de inescrutable opresión y explotación, de cuya realidad dieron cuenta los experimentos comunistas del Siglo XX, sus genocidios, hambrunas y campos de concentración. Más adelante veremos cómo el capitalismo, al revés de lo que dicen estas teóricas que más que al servicio de la mujer se ponen al servicio del socialismo[151], ha generado condiciones económicas, tecnológicas y sociales profundamente liberadoras (en el sano sentido de la expresión) para la mujer.

---

150 Eisenstein, Zillah. Ob. Cit., p. 26.

151 Un ejemplo claro de estas prioridades lo brinda otra teórica norteamericana, Nancy Hartsock, quien anota: "Quiero sugerir que el movimiento de mujeres puede proveer la base para construir un nuevo y auténtico socialismo norteamericano. Puede proveer un modelo para construir una estrategia revolucionaria y caminos para desarrollar teorías revolucionarias que articulen con la realidad del capitalismo avanzado". Hartsock, Nancy. "Feminist theory and the development of revolutionary strategy". En Eisenstein, Zillah. Ob. Cit., p. 57. En este pasaje se ve claramente cómo la mujer y sus organizaciones terminan siendo apenas un puente para llegar al verdadero objetivo: teorías y prácticas socialistas revolucionarias viables en el marco de un estadio del capitalismo que ha ofrecido al proletariado un buen nivel de vida.

Es importante subrayar que además de mejorar la conjunción de feminismo y marxismo intentada por Firestone y Millet, no menos importante es el hecho de que Eisenstein da un paso más allá en la relativización del dato natural en favor de la teoría del género.[152] A diferencia de Firestone, quien encontraba en el dato biológico de la reproducción la raíz de la opresión de la mujer, Eisenstein concluirá, acercándose un poco más a De Beauvoir aunque con un marxismo más explícito, que "la clase sexual no es oprimida biológicamente, es culturalmente oprimida".[153] Y así añadirá como blanco de ataque del feminismo el modo de relación sexual que las feministas, de entonces hasta hoy, más desprecian y que con mayor ahínco pretenden destruir: la heterosexualidad. "El agente de opresión es la definición cultural y política de la sexualidad humana como 'heterosexual'. La institución de la familia y el matrimonio, y los sistemas de protección legal y cultural que refuerzan la heterosexualidad, son las bases de la opresión política de la mujer"[154], sentencia Eisenstein. La verdad es que no queda nada claro por qué la heterosexualidad resulta opresiva para la mujer; lo que ha de deducirse, en todo caso, es que al ser la heterosexualidad la base y la génesis de la unidad familiar, aquélla debe ser destruida como manera indirecta de destruir esta última, y como manera indirecta, a su vez, de derrumbar uno de los pilares del orden capitalista.

He aquí la razón por la cual tanto lesbianismo abunda en los movimientos feministas, derivado en muchísimos casos de un fuerte componente ideológico. El hombre se ha convertido en el blanco del desprecio absoluto, y el simple hecho de concebir una relación amorosa con él, equivale al hecho de "dormir con el enemigo". Imposible en este sentido no mencionar a la teórica feminista Andrea Dworkin (Universidad de Minnesota), también perteneciente al feminismo setentista, una de cuyas más elocuentes tesis nos afirma que todo coito heterosexual constituye una violación contra la mujer y que el

---

152 "La mujer no es oprimida por el hecho biológico de la reproducción, sino que es oprimida por el hombre que define esta 'capacidad' reproductiva como una función" dice Eisenstein. Eisenstein, Zillah. *Ob.* Cit., p. 44. De esto último podríamos preguntarnos: Si la reproducción no es una función biológica, ¿entonces qué es? ¿La reproducción no tiene consecuencias y exigencias naturales que generan efectos culturales?

153 Eisenstein, Zillah. *Ob*. Cit., p. 44.

154 Eisenstein, Zillah. Ob. Cit., p. 44.

matrimonio es una "licencia legal para la violación"[155]; o a la feminista australiana Sheila Jeffreys (Universidad de Melbourne), para quien el coito heterosexual es el fundamento que sostiene al "sistema patriarcal".[156] ¡O cómo olvidar a la francesa Monique Wittig —sobre quien ya profundizaremos en próximo capítulo—, que entendía que ser lesbiana "es el rechazo del poder económico, ideológico y político de un hombre"[157] dado que "el lesbianismo ofrece, de momento, la única forma social en la cual podemos vivir libremente"![158]

Hemos visto hasta aquí cómo la tercera ola del feminismo mantiene sus lazos con el socialismo, como ya ocurría en la segunda, aunque privilegiando una estrategia de batalla cultural en lugar del viejo economicismo que suponía que la modificación de las relaciones de producción traería consecuencias lineales en la modificación de las formas de vida. Ahora es la modificación de las formas de vida lo que conlleva modificaciones estructurales de los sistemas políticos y económicos (marxismo cultural). Y hemos visto, también, cómo la idea de género, como algo independiente del dato natural, es exacerbada como estrategia para destruir las instituciones sociales que serían funcionales al capitalismo: la familia monogámica, la prohibición del incesto y la pedofilia, la heterosexualidad, etcétera.

De aquí se levanta el puente existente entre esta tercera ola feminista, deconstructiva y culturalista, y lo que en los años '90 empezó a conocerse como "teoría queer", a la cual le dedicaremos el siguiente apartado.

***

155 Esta tesis puede leerse en sus *Cartas desde una zona de guerra*, publicado en 1989. Este tipo de teorías ridículas son tan insostenibles, que pueden ser elaboradas con el objetivo completamente opuesto: victimizar al hombre. Es el caso de la teoría de la misógina Esther Vilar: "No más tarde de los doce años —edad a la cual la mayoría de las mujeres ha decidido ya emprender la carrera de prostituta (o sea, la carrera que consiste en hacer que un hombre trabaje para ella a cambio de poner intermitentemente a su disposición, como contraprestación, la vagina)...". Vilar, Esther. *El varón domado*. P. 10. Edición digitalizada disponible en http://es.wikimannia.org/images/Esther-Vilar_El-Varon-Domado.pdf

156 Ver Jeffreys, Sheila. *La herejía lesbiana. Una perspectiva feminista de la revolución sexual lesbiana*. Madrid, Cátedra, 1996, p. 98.

157 Wittig, Monique. "No se nace mujer". En *El pensamiento heterosexual y otros ensayos*. Madrid, Egales, 2010, p. 36.

158 Wittig, Monique. "No se nace mujer". En *El pensamiento heterosexual y otros ensayos*. Cit, p. 43.

Antes de proseguir con nuestro análisis sobre la ideología "queer", permítasenos disponer de un breve espacio para efectuar esta digresión: lo que la izquierda comienza a hacer sobre el feminismo desde la segunda ola, y que luego se agudiza con la tercera, es generar una ideología según la cual el hombre y la mujer constituyen sujetos irreconciliables, cuyos intereses tanto objetivos como subjetivos no pueden ser armonizados sino a través de una lucha política, a menudo incluso violenta. No hay mejor forma para demostrar el carácter falaz de esta ideología que recurriendo a su opuesta. En efecto, si pudiera demostrarse que es posible llegar a las mismas conclusiones planteando no la opresión de la mujer, sino una presunta opresión del hombre, podríamos concluir que estamos frente a algo no mucho más profundo que una historieta maniquea de buenos contra malos fácilmente invertible.

Para nuestra sorpresa, este trabajo ha sido llevado adelante, y no precisamente por un hombre, sino por una mujer argentino-alemana, médica, psicóloga y socióloga de formación, que en su odio hacia las mujeres escribió un libro donde quiso mostrarle al mundo que en verdad el hombre era el "explotado". La reminiscencia al pensamiento marxista fue tan evidente en su obra, que el diario alemán *Kölner Stadtanzeiger* la calificó como "el Karl Marx de los hombres". Nos referimos a Esther Vilar y su libro *El varón domado*, publicado en 1973.

En una palabra, Vilar nos dice que el mundo le pertenece a las mujeres puesto que ejercen sobre el hombre una dominación cuyo más importante efecto es el hecho de que aquél ha trabajado para ella a lo largo de la historia. Vilar cree que el hombre es víctima de la mujer, y no al revés. Y tan así es, que "las mujeres se enriquecen constantemente mediante un sistema primitivo, pero eficaz, de explotación directa: boda, divorcio, herencia, seguro de viudedad, subsidio de vejez y seguro de vida".[159] Su teoría es tan maniquea como la feminista cuando nos dice que "la niña es educada para explotadora y el muchacho para objeto de explotación".[160] Suena increíblemente parecido a todas las teorías que hemos estado repasando, aunque invirtiendo la posición de los actores.

Pero la explotación sobre el hombre estaría sostenida, vaya casualidad, por una superestructura cultural que desde la cuna programa a aquél para sostener la vida de la mujer trabajando para ella. (¿Sigue oyéndose conocido todo este cuento?) Así, Vilar nos pone como

---

159 Vilar, Esther. Ob. Cit., p. 25.
160 Vilar, Esther. Ob. Cit., p. 30.

ejemplo incluso los juegos de los niños: "Se aplaude al niño varón por todo lo que hace, salvo si juega con hombres en miniatura. Construye modelos de escuelas, de puentes, de canales, desarma por curiosidad autos de juguete, dispara pistolas de juguete y se ejercita así en todo lo que luego necesitará para mantener a la mujer".[161] Lamentamos insistir, pero el paralelismo respecto de las feministas que rechinan los dientes contra las formas "sexistas" de los juegos de los niños es demasiado evidente. "Lo personal es político", parafraseando a Millet, podría ser también la consigna de una cruzada misógina.

Asimismo, es interesante advertir que esta socióloga usa las mismas armas que las feministas para mostrar lo inverso, y usa un léxico demasiado similar. En su obra pueden leerse frases como: "la mujer no atribuye al hombre más valor que su función alimenticia"[162]; para la mujer "el varón es una especie de máquina que produce valores materiales"[163]; la propiedad privada es "sólo útil para las mujeres"[164], entre otras de similar calibre. Al igual que el relato feminista, el relato misógino de Vilar pretende "deconstruir" esquemas culturales, y en consecuencia otorga una gran importancia a la cuestión de los conceptos y las palabras, como el caso de "honor viril", el "sexo bello", "dar la vida por la mujer", entre otros, que serían creaciones femeninas para someter al varón y mantenerlo bajo su yugo.

Lo más sorprendente es que invirtiendo el lugar de opresores y oprimidos, Vilar acaba brindándonos las mismas conclusiones que el feminismo radical: que la institución familiar es opresiva; que la propiedad privada es el fundamento de dominación de uno de los sexos; que el matrimonio es un disvalor; que tener hijos es superfluo y sólo acrecienta la opresión; que el hombre es, en una palabra, irreconciliable e incompatible con la mujer.

Llegar a la misma conclusión partiendo de una hipótesis exactamente inversa nos habla a las claras del carácter fantasioso de todos estos planteos, feministas y misóginos, por igual.

La ideología "queer"

No podríamos empezar este apartado sin responder antes a una pregunta que surge del propio subtítulo: ¿Qué es aquello que llama-

161 Vilar, Esther. Ob. Cit., p. 30.
162 Vilar, Esther. Ob. Cit., p. 15.
163 Vilar, Esther. Ob. Cit., p. 21.
164 Vilar, Esther. Ob. Cit., p. 25.

mos "queer"? La palabra "queer" es de origen inglesa; aparecida en el Siglo XVIII, por entonces emergió como un insulto para denominar a aquellos que corrompían el orden social: verbigracia, el borracho, el mentiroso, el ladrón. Pero pronto la palabra también empezó a utilizarse para referirse a aquellos a quienes no les cabía bien ni la caracterización de mujer ni de hombre. Como la filósofa queer Beatriz Preciado afirma, "eran 'queer' los invertidos, el maricón y la lesbiana, el travesti, el fetichista, el sadomasoquista y el zoófilo".[165]

Pero aquello que en sus inicios fue un insulto, a partir de mediados de los años ´80 del Siglo XX fue reapropiado políticamente por los mismos a quienes se pretendía injuriar. Grupos homosexuales como Act Up, Radical Furies o Lesbian Avangers, empezaron a utilizar la palabra "queer" como autodenominación, y pronto la etiqueta hizo furor al interior de este tipo de agrupaciones. El insultado tomaba con "orgullo" el insulto y se lo aplicaba, desafiantemente, a sí mismo, neutralizando y luego invirtiendo la carga valorativa del mismo.

Se dice que lo "queer" es parte de un movimiento "post-identitario", es decir, de un movimiento que pone en cuestión todo tipo de identidad. De modo que lo queer sería inclasificable dentro de las categorías de "hombre", "mujer", "gay", "lesbiana". Al contrario: lo queer rechaza de plano que exista algo como un hombre, una mujer, un gay o una lesbiana. De ahí que la citada Preciado afirme que "ser marica no basta para ser 'queer': es necesario someter su propia identidad a crítica".[166]

Sin embargo, lo queer no es sólo un movimiento político; también se ha convertido en una corriente teórica que ha ingresado con toda su fuerza en la vida académica, copando universidades y centros de estudios en todo el mundo. En Estados Unidos la primera Universidad que contribuyó al desarrollo de esta teoría fue la Universidad de Columbia, a la que le siguió el Centro de Estudios de Lesbianas y Gays de la Universidad de la Ciudad de Nueva York. Hoy día esta institución cuenta con el Centro de Estudiantes Lesbianas, Gays, Transgénero y Queer. Encontramos en este país también revistas académicas que han impulsado la temática, como *The Journal of Sex Research*, *Journal of Homosexuality*, *Journal of the History of Sexuality*, *A Journal of Les-*

---

165 Preciado, Beatriz. "Queer: historia de una palabra". Disponible online en http://es.scribd.com/doc/283973996/Queer-Historia-de-Una-Palabra-Paul-Beatriz-Preciado-en-Parole-de-Queer#scribd
166 Ídem.

bian and Gay Studies. (¿Recuerda el lector las confesiones del ex-agente de la KGB, Yuri Bezmenov, respecto de la importancia de irrumpir en el mundo académico de Occidente como forma de desmoralizar y alienar generaciones enteras?) En Canadá también es muy fuerte la presencia de lo queer en las Universidades; la Universidad de Toronto, por ejemplo, tiene un programa llamado "Orientación Queer", dependiente de la "Oficina de Diversidad Sexual y de Género". En este país podemos encontrar revistas como la *Journal of Queer Studies in Education*. En Europa, por su parte, la institución pionera en estos estudios fue la Universidad de Utrecht, sita en los Países Bajos, con su Departamento de Estudios Interdisciplinarios Gays y Lesbianos, que además edita el *Forum Homosexualität und Literatur*. En América Latina, la Universidad Nacional Autónoma de México tiene el Programa Universitario de Estudios de Género, donde se ha prestado atención a la temática. Y en Argentina, podemos encontrar otras tantas instituciones de la vida académica, como el Grupo de Estudios sobre Sexualidades de la Universidad de Buenos Aires, o el Centro de Estudios Queer de la Universidad Nacional de Río Cuarto (Córdoba). Hay un término en inglés que los movimientos queer han adoptado para referirse a todo esto: *Queering the Academy*, que sería algo así como "desestabilizar" o "subvertir" la Academia.

Si bien suele señalarse a la filósofa lesbiana Judith Butler como la referencia intelectual por excelencia de la ideología queer, en el pensamiento de la filósofa feminista (también lesbiana) Monique Wittig encontramos sólidos antecedentes que nos obligan a mencionarla aunque sea brevemente. En efecto, su producción intelectual, temporalmente ubicada sobre todo en la década del ´80, empieza ya a cuestionar la existencia del sexo y genera un puente bastante sólido entre el feminismo y los movimientos que, sin contener *mujeres*, tienen su eje en la cuestión del género. Una de sus ideas fundamentales es que la "opresión de la mujer" y la "opresión de la homosexualidad" son efectos de una misma causa: un régimen político de "heterosexualidad obligatoria". Así, en su ensayo "La categoría de sexo" nos dirá que "La categoría de sexo es el producto de la sociedad heterosexual que impone a las mujeres la obligación absoluta de reproducir «la especie», es decir, reproducir la sociedad heterosexual".[167] Curiosa falacia la de la escritora francesa: ninguna sociedad occidental ha legislado

---

167 Wittig, Monique. "La categoría de sexo". En *El pensamiento heterosexual y otros ensayos*. Cit., p. 26.

ninguna obligación reproductora al sexo femenino, y ni siquiera puede sostenerse seriamente que exista una norma cultural "absoluta" al respecto; la propia Wittig, que jamás fue madre, puede dar cuenta con su propio ejemplo de vida y con sus personales decisiones que ninguna obligación reproductiva existe en nuestras sociedades, algo que no podría constatarse en sistemas comunistas (afines a la ideología de Wittig[168]) como el maoísmo chino, el cual sí regulaba cuestiones vinculadas a la reproducción sexual pero que no parecen inquietar a la francesa en cuestión. En todo caso, es la biología la que dicta las condiciones bajo las cuales la humanidad en cuanto tal puede ser reproducida, y de aquella se deriva la categoría de sexo que Wittig endilga falazmente a la política.

Pero lo que nos interesa de Wittig son, sobre todo, sus ideas sobre cómo subvertir el orden establecido; y acá rastreamos lo "queer" de su pensamiento. En pocas palabras, su propuesta consiste en destruir al hombre y a la mujer como tales. ¿Cómo? El lesbianismo tendrá aquí un rol central: "Por su sola existencia una sociedad lesbiana destruye el hecho artificial (social) que constituye a las mujeres como un «grupo natural»."[169] Tal como Wittig nos dice, la lesbiana no es una mujer; es una subjetividad que rompe el binarismo, que mostraría que no hay siquiera sexo femenino. En efecto, Wittig entiende que "rechazar convertirse en heterosexual (o mantenerse como tal) ha significado siempre, conscientemente o no, negarse a convertirse en una mujer, o en un hombre. Para una lesbiana esto va más lejos que el mero rechazo del papel de «mujer». Es el rechazo del poder económico, ideológico y político de un hombre".[170] El giro de Wittig es llamativo: representa un feminismo cuyo objeto es, paradójicamente, destruir a la mujer, tal como ella misma lo reconoce de forma explícita: "Nuestra supervivencia exige que nos dediquemos con todas nuestras fuerzas a destruir esa clase —las mujeres— con la cual los hombres se apropian de las mujeres. Y esto sólo puede lograrse por medio de la des-

---

168 A esta altura esto no debiera sorprendernos: el pensamiento de Wittig es deudor en su mayor parte también del marxismo, y las referencias a Marx y al pensamiento marxista en sus trabajos son incontables.

169 Wittig, Monique. "No se nace mujer". *El pensamiento heterosexual y otros ensayos.* Cit., p. 31.

170 Wittig, Monique. "No se nace mujer". *El pensamiento heterosexual y otros ensayos.* Cit., p. 36.

trucción de la heterosexualidad como un sistema social basado en la opresión de las mujeres por los hombres".[171]

Si bien Wittig habla constantemente de lucha de clases entre hombres y mujeres, lo cual puede remitirnos al economicismo del marxismo clásico, ella es una fiel exponente del marxismo cultural toda vez que privilegia la subversión del lenguaje y la moral. En su ensayo "El pensamiento heterosexual" nos dice que "La transformación de las relaciones económicas no basta. Hay que llevar a cabo una transformación política de los conceptos clave, es decir, de los conceptos que son estratégicos para nosotras. Porque hay otro orden de materialidad que es el del lenguaje (...) este orden, a su vez, está directamente conectado con el campo político".[172] Su novela *El cuerpo lesbiano*[173] es un ejemplo de subversión del lenguaje, y de estas propuestas se derivan prácticas como las que actualmente vemos incluso en textos pretendidamente académicos que se enseñan en universidades de todo el mundo, de escribir eliminando el género, modificando la letra "a", la "e" y la "o" por la letra "x". Es que el maldito "patriarcado" estaría presente hasta en... nuestra forma de escribir.

Dejando a Wittig de lado, la más importante teórica queer es la ya mencionada Judith Butler, cuya obra *El género en disputa* (1990) es considerada como fundacional[174] de esta nueva corriente que busca "deconstruir" de manera aún más incisiva y absoluta (si cabe) la noción de género y sexualidad, hasta hacer de ellas piezas de museo, categorías inutilizables, espacios vedados políticamente por la ideología de género.

Este paso de la tercera ola a lo llamado "queer" es de alguna forma asumido por Butler cuando, en su prólogo a la edición de 1999 del citado texto, anota que "mientras lo escribía comprendí que yo misma mantenía una relación de combate y antagonista a ciertas formas de feminismo, aunque también comprendí que el texto pertenecía

---

171 Wittig, Monique. "No se nace mujer". *El pensamiento heterosexual y otros ensayos.* Cit., p. 43.

172 Wittig, Monique. "El pensamiento heterosexual". *El pensamiento heterosexual y otros ensayos.* Cit., p. 54.

173 Wittig, Monique. *The lesbian body.* Boston, Beacon Press, 1986.

174 En rigor, quien acuñó en la academia el concepto de "queer" fue, por primera vez, la feminista Teresa De Lauretis en un paper publicado en 1990 ("Queer Studies"). Pero el trabajo de Butler ha sido masivamente reconocido, y por tanto se le suele otorgar el lugar de "fundacional".

al propio feminismo".[175] Es decir, Butler consigue generar un nuevo punto de inflexión en el feminismo, pero no deja de estar dentro de él. Butler es feminista, pero de un nuevo tipo de feminismo que viene a señalar los "límites" que la teoría feminista en general ha asignado al género, encontrando que éstas han adolecido de un "supuesto heterosexual dominante" que estableció una cantidad limitada de géneros a definir. Lo que procura Butler por consiguiente es "facilitar una concurrencia política del feminismo, de los puntos de vista gay y lésbico sobre el género"[176] y las demás "modalidades" sexuales; en otras palabras, estirar tanto el concepto de género como para que en él quepan formas y gustos sexuales de lo más extrañas. Hegemonía, en otras palabras.

El libro de Butler, como buena postestructuralista que es, resulta sumamente complicado de leer, y probablemente más complicado de explicar en algunos pocos párrafos como aquí nos proponemos.[177] Todos sus esfuerzos podría decirse que van encaminados a modificar el "sujeto" político del feminismo, para recrear un área de representatividad mucho más extensa, que sea capaz de contener a todos aquellos que, además de ser potencialmente incorporados a la lucha contra el hombre, sean sumados a la lucha contra la sociedad heterosexual y la institución familiar. Pero para ello la filósofa deberá demostrar, en consecuencia, que no hay nada que pueda ser llamado "mujer". Así, ella nos dice que las mujeres deberían "comprender que las mismas estructuras de poder mediante las cuales se pretende la emancipación crean y limitan la categoría de 'las mujeres', sujeto del feminismo".[178] En consecuencia, agrega: "En lugar de un significante estable que reclama la aprobación de aquellas a quienes pretende describir y representar, *mujeres* (incluso en plural) se ha convertido en un término problemático, un lugar de refutación, un motivo de

---

175 Butler, Judith. *El género en disputa. El feminismo y la subversión de la identidad.* Barcelona, Paidós, 2007, p. 7.

176 Butler, Judith. Ob. Cit., p. 41.

177 Ella se excusa de la complejidad de su prosa en los siguientes términos: "Considerar que la gramática aceptada es el mejor vehículo para exponer puntos de vista radicales sería un error, dadas las restricciones que la gramática misma exige al pensamiento; de hecho, a lo pensable". Butler, Judith. Ob. Cit., p. 22. Popper diría que su complicación deliberada oculta una sencillez que, de otra manera, resultaría fácil de derribar.

178 Butler, Judith. Ob. Cit., p. 48.

angustia".[179] Sería bueno interrogarse: ¿De angustia y de refutación *para quién*? Tal vez para esa conflictuada minoría que integra el movimiento feminista y queer, pero no mucho más.

Hemos visto que para feministas de la tercera ola como De Beavouir, el género constituía el lado cultural del dato natural que representaba el sexo. Había pues, aunque de forma minúscula, una aceptación de las condiciones biológicas del cuerpo humano (¿No había sido el "origen" de la opresión las condiciones de la reproducción y la debilidad del cuerpo femenino? ¿Y qué decir de Firestone, donde la función reproductiva define la "clase social" de la mujer?). Pues para Butler, el sexo "siempre fue género, con el resultado de que la distinción entre sexo y género no existe como tal".[180] Es decir, el sexo es verdaderamente inexistente; es éste también una construcción del discurso, y el hecho de que asignemos determinada significación a determinadas características biológicas es un hecho arbitrario que, en todo caso, sirve a intereses políticos. ¿Pero parece realmente arbitraria la distinción de los sexos a la luz de las diferencias anatómicas, fisiológicas y funcionales-reproductivas que ambos presentan? De ninguna forma como se verá con más profundidad luego; en efecto, la diferencia de los cuerpos y sus funciones constituyen un dato primario para la categorización del binomio hombre-mujer, que ha sido utilizado a lo largo de todas las sociedades humanas que ha visto este mundo, en término primero, a la hora de la división social del trabajo.[181] (Butler pretende rebatir esta realidad postulando el caso de los hermafroditas; pero ellos son, guste o no, un caso anómalo dentro de la configuración prototípica humana).

Lo importante para Butler es romper el binarismo que, según ella, la sociedad heterosexual generó[182]: "La reglamentación binaria de la sexualidad elimina la multiplicidad subversiva de una sexualidad que trastoca las hegemonías heterosexual, reproductiva y médico-jurídica"[183] anota la filósofa siguiendo a su colega Michel Foucault

179 Butler, Judith. Ob. Cit., p. 49.
180 Butler, Judith. Ob. Cit., p. 55.
181 La división del trabajo apareció incluso en una cultura en la que todos tenían la obligación de erradicarla: el kibbutz israelí.
182 "Instituir una heterosexualidad obligatoria y naturalizada require y relamenta al género como una relación binaria en la que el término masculino se distingue del femenino, y esta diferenciación se consigue mediante las prácticas del deseo heterosexual" dice Butler, siguiendo a Monique Wittig. Butler, Judith. Ob. Cit., p. 81.
183 Butler, Judith. Ob. Cit., p. 75.

—sobre quien Nicolás Márquez profundizará más adelante—, introduciéndonos al *quid* de la cuestión: hay que lograr una multiplicidad de géneros que subvierta el presunto "régimen heterosexual", para desmantelar ciertas instituciones sociales que, como vimos, feministas anteriores vincularon al sostenimiento y reproducción del capitalismo. Así, Butler nos dice que: "Si la sexualidad se construye culturalmente dentro de relaciones de poder existentes, entonces la pretensión de una sexualidad normativa que esté 'antes', 'fuera' o 'más allá' del poder es una imposibilidad cultural y un deseo políticamente impracticable, que posterga la tarea concreta y contemporánea de proponer alternativas subversivas de la sexualidad y la identidad dentro de los términos del poder en sí".[184] Todo ello se desprende, como queda claro, de la falacia de que nuestro sexo no es naturaleza sino también, como el "género", cultura.

¿Y por qué la filósofa queer nos plantea esta necesidad de "deconstruir" (desarmar) incluso la categoría "mujer", tan cara al feminismo? Pues por las necesidades mismas de la *batalla cultural* que ella misma, de forma explícita, reconoce: "Si lo que aparece como fin normativo de la teoría feminista es la vida del cuerpo más allá de la ley o la recuperación del cuerpo antes de la ley [esto quiere decir: la mujer como naturaleza], tal norma realmente aleja el centro de atención de la teoría feminista de los términos específicos de la batalla cultural contemporánea".[185] Una batalla cultural, para Butler, es entonces aquella en la que se busca aniquilar cualquier consideración de una naturaleza propiamente humana. (Una vez más: ¿recuerda el lector lo que advertía Mises en los años ´20 sobre el socialismo y la deconstrucción de la naturaleza?)

Butler pretende, entonces, la emergencia múltiple de géneros que rompan la coherencia existente entre el sexo, el género y el deseo. Ellos serían los sujetos "queer", aquellos cuyo cuerpo no tiene que ver ni con su género, ni con su deseo. Podríamos poner como ejemplo, el caso de un hombre que se cree mujer, y que desea mantener relaciones sexuales con menores de edad. Sexo, género y deseo correrían de esta forma por carriles distintos. Así se enfrentan las "ficciones reguladoras que refuerzan y naturalizan los regímenes de poder convergentes en la opresión masculina y heterosexista".[186] Entre esta

---

184 Butler, Judith. Ob. Cit., p. 94.
185 Butler, Judith. Ob. Cit., p. 106.
186 Butler, Judith. Ob. Cit., p. 99.

"multiplicidad" de deseos, tiene lugar también el caso del incesto. En efecto, estas reivindicaciones se ponen también de manifiesto en la obra de Butler: "Ya hemos descrito los tabúes del incesto y el tabú anterior contra la homosexualidad como los momentos generativos de la identidad de género, las prohibiciones que generan la identidad sobre las rejillas culturalmente inteligibles de una heterosexualidad idealizada y obligatoria".[187] Volvemos pues, a los mismos objetivos que la izquierda planteó para el feminismo en las dos olas anteriores —destrucción de la familia y el matrimonio como forma de derrumbar la superestructura que sostiene al capitalismo— pero ahora, con una vuelta de tuerca más: aniquilando la misma concepción de "mujer". Y para aniquilar el sexo, hay también que aniquilar incluso la idea de una "identidad de género", pues ésta brindaría al sexo una aureola de naturalidad precisamente como su contraparte cultural.

De tal suerte que Butler pondrá en primer plano la importancia de los travestis, los transexuales, las distintas modalidades de lesbianismo y de homosexuales, entre otras yerbas. Ella entiende que en la "actuación" que estos sujetos llevan adelante para parecerse a determinados sexos o géneros, se encuentran las pistas que la llevan a declarar que el género se reproduce bajo una estructura "imitativa". De modo que es la parodia que aquellos sujetos provocan donde hay que hallar la tan ansiada "subversión" del sistema: "la multiplicación paródica impide a la cultura hegemónica y a su crítica confirmar la existencia de identidades de género esencialistas o naturalizadas"[188], dice Butler, a lo cual cabría preguntarse si no es precisamente la parodia y la percepción de una imitación el hecho que corrobora que hay originales, y la diferencia existente entre, por ejemplo, una mujer y un travesti, no corrobora precisamente la naturaleza de una y la artificialidad del otro.

Pero Butler insiste diciéndonos que el travesti "se burla del modelo que expresa el género, así como de la idea de una verdadera identidad de género"[189], lo cual podría ser nuevamente leído en términos exactamente inversos: la naturaleza es en verdad la que se burla del travesti, quien a pesar de su insistencia en "ser" o al menos "parecer" mujer, debe llevar una agotadora e inacabable lucha contra sus propias condiciones biológicas que jamás podrá vencer.

---

187 Butler, Judith. Ob. Cit., p. 265.
188 Butler, Judith. Ob. Cit., p. 269.
189 Butler, Judith. Ob. Cit., p. 267.

El fin al que conduce la estrategia butleriana queda plasmado en la conclusión del libro: "La pérdida de las reglas de género multiplicaría diversas configuraciones de género, desestabilizaría la identidad sustantiva y privaría a las narraciones naturalizadoras de la heterosexualidad obligatoria de sus protagonistas esenciales: «hombre» y «mujer»"[190]. En otras palabras, el objetivo consiste en la destrucción sexual del hombre y la mujer como productos de la heterosexualidad, la cual es, curiosamente, la forma de vinculación sexual que permite la conservación de nuestra especie. ¿No es verdaderamente autodestructiva no ya del sujeto, sino de la humanidad como tal, la propuesta teórica del feminismo "queer"?

Antes de continuar con la evolución de este pensamiento de la mano de ideólogos posteriores y su correlato en la práctica, nos detengamos un momento a pensar sobre lo fundamental de la propuesta teórica de Butler, esto es, la idea de que el sexo "siempre fue género". Al respecto, el investigador del Centro de Estudios LIBRE, Fernando Romero, ha escrito un brillante ensayo donde contesta aquel argumento. En Butler hay una evasión total, como ya hemos dicho, de las condiciones biológicas de la existencia; se nos presenta al sujeto suspendido en la nada misma, como un semidios que se hace a sí mismo, que es portador de condiciones que nada tienen que ver con un marco natural distinto de lo que su propia cultura le impone. Romero acusa los argumentos butlerianos de "monistas" precisamente por este reduccionismo manifiesto y, así, nos explica: "El sexo en biología se corresponde con la capacidad de los entes biológicos para generar gametos a través de los cuales se combinan caracteres genéticos mediante la reproducción sexual. Esta forma de reproducción se da en el reino animal, pero también en los reinos plantae (vegetal), fungi (hongos) e incluso en algunos protozoos (bacterias). En algunas especies, la capacidad de producir gametos se encuentra dada dentro de un mismo espécimen que posee simultáneamente órganos 'femenino' y 'masculino' o un solo gameto (meiosis monogamética). Esta condición se aplica tanto al hermafroditismo como a la partenogénesis. Sin embargo, en la mayoría de animales y buena parte de las plantas, los órganos productores de gametos se encuentran distribuidos en especímenes separados, dando como resultado una alteración mor-

190 Butler, Judith. Ob. Cit., p. 284.

fológica diferenciada de los cuerpos sexuados que es denominada dimorfismo sexual".[191]

Así las cosas, las diferencias estructurales, anatómicas y fisiológicas de las especies que se caracterizan por el dimorfismo sexual son siempre constatables, y en algunos casos realmente llamativas. En el reino animal se pueden observar diferencias funcionales, como en la producción de veneno, enzimas, hormonas, pigmentos, diversos sonidos, y anatómicas, como las diferencias hallables en lo referente a la constitución de los propios órganos, incluyendo órganos no-sexuales. En estas especies, dentro de las cuales podemos ubicar al propio hombre, los dos sexos producen distintos componentes químicos, y cuentan con órganos sexuales anatómica y fisiológicamente diferenciados, diseñados para que, al complementarse, puedan generar una nueva vida. Muchísimas especies animales no-humanas incluso han desarrollado diferencias etológicas, es decir, diferenciadas formas de comportamientos entre los sexos, que conducen y posibilitan el acto del apareamiento: sonidos, modos de caminar, danzas, performances, etcétera.[192] A la luz de esta realidad, y considerando que para Butler el sexo es otro producto más del "discurso heteronormativo", Romero se pregunta: "¿Cómo se explicaría desde una postura lingüística las diferencias sexuales en organismos carentes de lenguaje?".[193]

Podría respondérsenos que el problema estriba en que la realidad biológica no puede ser abordada sino discursivamente; que la ciencia crea sus propias categorías de identificación de sus propios objetos de estudio y, así, los pervierte. En otros términos, la realidad biológica no sería realidad, sino también una contaminación discursiva de nuestra cultura. Pero tal argucia no tendría en cuenta las lógicas

---

191 Romero, Fernando. "Teoría de género, su práctica discursiva y sus consecuencias políticas y sociales". P. 7. Disponible online en: http://www.libertadyresponsabilidad.org/wp-content/uploads/2013/12/genero.pdf

192 Romero se refiere a estas condiciones naturales del mundo animal y, problematizando la relación cultura/naturaleza, e invirtiendo el sentido del argumento butlereano, se pregunta: "De esta manera, y considerando una vez más al hombre como perteneciente al reino animal, y, por lo tanto, sujeto al principio de adaptación, ¿no se inscribirían acaso, las diversas construcciones culturales de género dual como respuestas de adaptación etológica formulada por el animal humano? Si así fuera, el género dejaría de ser algo alienado de lo natural, y por lo tanto, como derivación de un principio inherente a todas las especies, el género (hombre, mujer) sería tan natural como el despliegue de las plumas de un pavo real, o el canto de las gaviotas." Romero, Fernando. Ob. Cit., p. 16.

193 Romero, Fernando. Ob. Cit., p. 9.

propias de las ciencias naturales y, de hecho, supondría la abolición de cualquier posibilidad de conocimiento humano próximo a la objetividad, que curiosamente es lo que las ciencias naturales, dado su particular objeto de estudio, han logrado en mucha mayor medida que las sociales desde las cuales provienen este tipo de críticas.[194]

Nosotros podríamos cerrar preguntándonos: si tan imposible, ficcional e incluso absurdo es el conocimiento para las ciencias biológicas y médicas, ¿habría perdido algo la humanidad si el ser humano nunca hubiera contado con una ciencia de la naturaleza y del cuerpo humano? La respuesta que el lector brinde a esta interrogante debería ser contrastada con la que se ofrezca a esta otra pregunta: ¿Habría perdido algo la humanidad si el ser humano nunca hubiera contado con las teorías de Judith Butler?

***

En lo que refiere a la ideología queer, en el caso de Argentina destaca la filósofa Leonor Silvestri, una militante que además de escribir libros y ensayos, tiene una considerable presencia en el mundo académico y brinda cursos queer desde su casa, muchos de los cuales se pueden ver en YouTube. Asimismo, integra "colectivos" llamados "Ludditas Sexxxuales" y "Manada de Lobxs", autores de un libro que no podemos dejar de mencionar: *Foucault para encapuchadas* (2014).

Este texto empieza con una pregunta clave que, en su propia formulación, revela las intenciones de la ideología que representan: "Ahora que comprendemos que no hay sujetos de la revolución ¿quién combate el heterocapitalismo?".[195] Y la respuesta está en el propio enunciado, pues lo que ha de hacerse es destruir toda identidad como tal, "borrar

194 A este argumento que acá analizamos, Romero responde: "Esta neutralización del campo biológico no se efectúa teniendo en cuenta las lógicas propias de la ciencia en cuestión, sino desde una presunción externa a la categoría que niega. Pone en duda la posibilidad del conocimiento, al no disponer las ciencias de un metalenguaje impoluto y absolutamente objetivo a través del cual se pudiese aprehender la realidad libre de todo condicionamiento cultural; suponiendo que eso verdaderamente pudiera existir, o como si en eso consistiera el conocimiento. Es decir, se trata de una negación sobre la base de un modelo de referencia implícito, absolutamente ideal y ficcional, pero que sin embargo opera para neutralizar y reducir aquellos campos que dispersan los factores más allá del monismo semiótico-lingüístico presente en esta obra. Además de que esta concepción se mueve implícitamente entre dos extremos que sólo contemplan un predominio absoluto del lenguaje o un determinismo que lo niega". Romero, Fernando. Ob. Cit., p. 9.

195 Manada de Lobxs. *Foucault para encapuchadas*. Bs. As., Colección (im)pensados, 2014, p. 23.

las denominaciones 'masculino' y 'femenino' según estén conforme a las categorías de asignación biopolítica 'varón/mujer'. Los códigos de la masculinidad son susceptibles de abrirse para que operemos sobre ellos en una suerte de *gender hacking* perfo-protésico-lexical mediante la utilización de juegos lingüísticos que escapen a las marcas de género, o que al menos las desquicien: proliferar hasta el absurdo las anomalías psicosexuales".[196] Lo que debe lograrse es "invalidar el sistema heteronormativo de producción humana y de las formas de parentesco —siempre *a priori* heteronormales— por medio del desistir de prácticas tales como el matrimonio y todos sus sucedáneos".[197]

La ideología queer busca subvertir lo que llama "vínculos sexuales heteronormativos", que no sólo incluyen la vinculación heterosexual como tal, sino el propio protagonismo que tienen los órganos sexuales biológicamente determinados en la relación sexual (pene y vagina). Así pues, las teóricas queer argentinas explican que "la renuncia a mantener relaciones sexuales naturalizantes heteronormales habilita la resignificación y deconstrucción de la centralidad del pene y critica las categorías 'organos sexuales' (cualquier parte del cuerpo u objeto puede devenir en juguete sexual)"[198]. En efecto: "La abolición de la práctica de la sexualidad en pareja, mediante prácticas de placer en grupo con afines sexoafectivos resignifica el cuerpo como barricada de insubordinación política, de desobediencia sexual, de desterritorialización de la sexualidad heteronormativa, sus regímenes disciplinarios naturalizados y sus formas de subjetivación para la subsecuente creación de espacios de afinidad anti-género y anti-humanos: destruir hasta los cimientos la heterosexualidad como régimen político. Ése es nuestro destino".[199] Todo esto amerita una traducción: lo que se nos quiere decir entre tanto palabrerío, es que renunciar a las relaciones heterosexuales evitaría la "naturalización" de este vínculo, es decir, evitaría que, dada su reiteración, aparezca como algo propio del orden natural. Pero no sólo la relación heterosexual debe ser sometida a esta "subversión", sino el propio uso de los órganos sexuales en el marco de las relaciones sexuales hasta el punto de, también, "desnaturalizarlos" como tales.

---

196 Manada de Lobxs. Ob. Cit., p. 24.
197 Manada de Lobxs. Ob. Cit., p. 25.
198 Manada de Lobxs. Ob. Cit., p. 25.
199 Manada de Lobxs. Ob. Cit., p. 25.

El odio con el que está escrito este texto es llamativo; no sólo odio a los heterosexuales, sino al hombre y a la humanidad en términos generales. Las dosis de violencia que se incorporan en las páginas son de alta tensión. He aquí algunos pasajes que pueden ilustrar al lector: "Sin nombre, sin prestigios, sin pasaportes, sin familias, experimentamos el sabor de la molotov, de la nafta, el humo de la goma quemada cortando el puente y abriendo el camino como quien experimenta un maracuyá, un mango, o un *fisting* [práctica sexual de introducir el puño en el ano]";[200] "El mundo les pertenece a los heteros que alardean esa libertad en nuestras caras. ¿Por qué tienen que venir a nuestros cumpleaños, nuestras fiestas, nuestros rituales, nuestras marchas, nuestras ceremonias? No queremos tolerarlos, ni deseamos su asquerosa dádiva *gay-friendy* llamada 'apoyo', 'integración', 'respeto', 'diversidad'... No queremos sus leyes anti-discriminación. No los queremos a ellos. El mundo les pertenece a los heteros, y estamos en guerra contra su régimen. (...) Esto es apología de la violencia, vamos a devolver el ataque, vamos a combatir al enemigo con nuestra violencia (...) El mundo les pertenece a los heteros y no lo cederán voluntariamente. Habremos de tomarlo por la fuerza. Habremos de forzarles el culo para que lo abran";[201] "Un ejército de puños no puede ser derrotado, metete en el culo todo lo que en él quepa. Y para afuera, en sus caras de heterosexuales consternados: mierda y pedos, lluvias doradas de *squirt* [eyaculación femenina]. Una carcajada negra que suena diabólica y alegre brota de nuestras tripas promiscuas. (...) No nos identificamos con ustedes, heterosexuales, no nos gustan, los despreciamos, ustedes son el despreciable desperdicio del capitalismo que impulsan"[202]; "Con mucha alegría afirmamos: no tendremos hijxs, adoramos la soledad, celebramos, acompañamos e insistimos en la destrucción de toda relación de pareja, monogamia, uniones sentimentales, hetero-compromisos, enamoramientos, amor romántico o relaciones agazapadas bajo la mierda de amor libre. Todas establecen territorios y jerarquías de opresión".[203]

Este tipo de ideas sobre cómo deconstruir la sexualidad pueden encontrarse también en la ya citada filósofa queer española Beatriz Preciado (profesora de la cátedra Historia Política del Cuerpo y Teo-

200 Manada de Lobxs. Ob. Cit., p. 27.
201 Manada de Lobxs. Ob. Cit., p. 67.
202 Manada de Lobxs. Ob. Cit., p. 68.
203 Manada de Lobxs. Ob. Cit., p. 72.

ría del Género en la Universidad París VIII), quien llama a practicar la "contra-sexualidad", estrategia inspirada en nada menos que Foucault: "El nombre de contra-sexualidad proviene indirectamente de Foucault, para quien la forma más eficaz de resistencia a la producción disciplinaria de la sexualidad en nuestras sociedades liberales no es la lucha contra la prohibición (como la propuesta por los movimientos de liberación sexual anti-represivos de los años setenta), sino la contra-productividad, es decir, la producción de formas de placer-saber alternativas a la sexualidad moderna".[204] Así, lo que se busca, otra vez, es negar la realidad biológica de nuestros cuerpos para inventar excentricidades que "subviertan" las funciones eróticas del pene y la vagina: "La contra-sexualidad afirma que el deseo, la excitación sexual y el orgasmo no son sino los productos retrospectivos de cierta tecnología sexual que identifica los órganos reproductivos como órganos sexuales, en detrimento de una sexualización de la totalidad del cuerpo. (...) El sexo es una tecnología de dominación heterosocial que reduce el cuerpo a zonas erógenas en función de una distribución asimétrica del poder entre los géneros (femenino/masculino), haciendo coincidir ciertos afectos con determinados órganos, ciertas sensaciones con determinadas reacciones anatómicas".[205] Y a continuación, Preciado nos ofrece un pintoresco ejemplo de cómo resistir el "sistema heterocapitalista": "La práctica del *fist-fucking* (penetración del ano con el puño), que conoció un desarrollo sistemático en el seno de la comunidad gay y lesbiana de los años 70, debe considerarse como un ejemplo de alta tecnología contra-sexual. Los trabajadores del ano son los proletarios de una posible revolución contra-sexual"[206], dice la profesora dejando ver las raíces marxistoides de su pensamiento.

Todo esto puede sonar a broma, pero es una palpable realidad con correlatos concretos en la práctica. Preciado pretende innovar en lo que respecta a "actuaciones contra-sexuales", y brindará entonces un manual de prácticas denominadas "dildotectónicas", pues se implementarían con ayuda de un "dildo" (consolador) y contribuirían a "sexualizar" otras partes del cuerpo en la lucha contra la "hegemonía del pene y la vagina" que instauró el "heterocapitalismo". Una de ellas consiste en atar un consolador a un taco de aguja, e introducír-

---

204 Preciado, Beatriz. *Manifiesto contra-sexual. Prácticas subversivas de identidad sexual.* Madrid, Opera Prima, 2002, p. 19.

205 Preciado, Beatriz. *Manifiesto contra-sexual.* Cit., pp. 20-22.

206 Preciado, Beatriz. *Manifiesto contra-sexual.* Cit., p. 26.

selo en el ano. Pero no basta con la práctica en sí; hay todo un ritual que recomienda Preciado para que la práctica sea verdaderamente "contra-sexual": "Desnúdese. Prepare una lavativa anal. Túmbese a lo largo, y repose desnudo durante 2 minutos después de la lavativa. Levántese y repita en voz alta: dedico el placer de mi ano a todas las personas portadoras del VIH. Aquellos que ya sean portadores del virus podrán dedicar el placer de sus anos a sus propios anos y a la abertura de los anos de sus seres queridos. Póngase un par de zapatos con tacón de aguja y ate dos dildos con cordones a los tobillos y a los zapatos. Prepare su ano para la penetración con un lubricante adecuado. Túmbese en un sillón e intente darse por culo con cada dildo. Utilice su mano para que el dildo penetre su ano. Cada vez que el dildo salga de su ano, grite su contra-nombre viciosamente. Por ejemplo: «Julia, Julia». Después de siete minutos de auto-dildaje, emita un grito estridente para simular un orgasmo violento. (...) La simulación del orgasmo se mantendrá durante 10 segundos. A continuación, la respiración se hará más lenta y profunda, las piernas y el ano quedarán totalmente relajados."[207].

Notemos lo siguiente: la profesora universitaria debe recurrir a la simulación del orgasmo, pues en virtud de la naturaleza biológica y siguiendo este absurdo procedimiento, difícilmente aquél sea obtenido de manera real. Exactamente lo mismo debe prescribir cuando recomienda "masturbarse el brazo con un consolador": "La duración total debe controlarse con la ayuda de un cronómetro que indicará el final del placer y el apogeo orgásmico. La simulación del orgasmo se mantendrá durante 10 segundos. Después, la respiración se hará más lenta y profunda, los brazos y el cuello quedarán totalmente relajados".[208] Y al mismo recurso de simulación debe recurrir una y otra vez, en cada una de las prácticas propuestas, pues no otra acción que el fingir puede surgir de un acto que no va acompañado por las reglas que nuestro cuerpo natural establece. Nótese, en fin, lo patético de la propuesta queer en cuestión. Aclaremos que estos argumentos ya estaban presentes en el pensamiento de la propia Butler, cuando esta argüía que "el hecho de que el pene, la vagina, los senos y otros elementos del cuerpo sean llamados partes sexuales es tanto una res-

207 Preciado, Beatriz. *Manifiesto contra-sexual*. Cit., pp. 46-47.
208 Preciado, Beatriz. *Manifiesto contra-sexual*. Cit., p. 51.

tricción del cuerpo erógeno a esas partes como una división del cuerpo como totalidad".[209]

Aunque parezca ridículo tener que detenernos a demostrar que hay naturaleza tras la designación del pene y la vagina como órganos sexuales y erógenos, veamos rápidamente los datos que nos brinda la anatomía del cuerpo humano. En el caso de la vagina, la sensibilidad que se halla en esta zona es extrema: allí, el nervio pudendo, ramo del plexo sacro, recoge y conduce las impresiones sensitivas a través del nervio dorsal del clítoris y de los labios vaginales mayores. Asimismo, los nervios vasomotores acompañan a las arterias que, en el marco de la excitación, irrigan las formaciones eréctiles. Se sabe que la vagina contiene más de ocho mil terminaciones nerviosas. Durante el orgasmo femenino, los músculos perineales se contraen rítmicamente, debido a reflejos de la médula espinal, y las intensas sensaciones sexuales se dirigen al cerebro produciendo tensión muscular en todo el cuerpo. En el pene, la mayor sensibilidad se encuentra en el glande, posibilitada y conducida por los nervios genitofemonal e ilioinguinal, ramos del plexo lumbar. La erección es viable gracias a los ramos que provienen del plexo hipogástrico inferior en el cual participan los nervios esplácnicos pélvicos. Otros importantes nervios que posibilitan las funciones sexuales y de excitación son aquellos ramos que emergen de la hoja neurovascular lateroprostática, a la altura de la uretra membranosa. Se sabe que el pene cuenta con cuatro mil terminaciones nerviosas. La erección es la consecuencia de un aporte sanguíneo masivo al seno de los tejidos eréctiles que rodean la uretra bulbar y peneana, con la ayuda de los músculos bulboesponjosos e isquiocavernosos que comprimen los plexos venosos, impidiendo el retorno de la sangre.[210] ¿Podemos hallar estas mismas condiciones anatómicas en, digamos, para seguir con la propuesta de Preciado, un brazo humano? Si la respuesta es evidentemente negativa: ¿No será entonces que la designación de los órganos sexuales y erógenos es una consecuencia de los datos de nuestra realidad anatómica y fisiológica desentrañados por las ciencias naturales, y no de una "conspiración heterosexual" que el capitalismo montó para oprimirnos, argüida por algunos vendedores de humo de las ciencias sociales?

---

209 Butler, Judith. Ob. Cit., p. 230.
210 Ver Latarej-Ruiz, Liard. *Anatomía humana*. Buenos Aires, Editorial Panamericana, 2007. Guyton, Arthur. *Tratado de fisiología*. Madrid, Elsevier, 2006.

El psicólogo Andrés Irasuste ha seguido de cerca importantes estudios sobre las perversiones, que han llevado adelante psicoanalistas y psiquiatras de renombre como Charles Socarides, Masud Khan, Joyce McDougall, Christopher Bollas, Albert Ellis, entre otros. Irasuste entiende que prácticas sexuales como las aquí mencionadas constituyen *perversiones* en tanto que quienes las practican se relacionan con el otro como objetos transicionales: "El otro ya no es alguien con quien se haga el amor por deseo, es un objeto al que se lo inviste de una sádica voluntad, o es una parcialidad susceptible de llenar pulsiones parciales: un ano que anule el dique de la sexualidad limpia y decorosa, un cuerpo dador de excremento (o comedor de excremento), un recipiente de esperma, una piel, superficie a la cual flagelar para hacer sangrar, para ser mordida (incluso comida), un cuerpo con el cual practicar la masturbación letal o el coito con ahorcamiento y asfixia".[211]

Sólo bajo los marcos ideológicos que estamos describiendo puede leerse el fenómeno del llamado "Posporno", que desembarcó en muchos países de América Latina, y cuyas performances incluso han sido presentadas en instituciones académicas, como la Facultad de Ciencias Sociales de la Universidad de Buenos Aires, ante la complicidad o asentimiento de las autoridades. Las militantes feministas practicaron en aquella oportunidad, julio del año 2015, rituales sadomasoquistas en los pasillos públicos de la Facultad y otras prácticas que Preciado consideraría "contra-sexuales". Como nota de color, la izquierda más ortodoxa y "retrógrada" desaprobó la presunta performance "artística", porque dejaron excremento y orina humano en los espacios públicos, dado que incluyeron prácticas coprofílicas en el mentado "show". Los medios de comunicación estuvieron analizando y discutiendo el hecho durante dos días enteros, siendo la pusilanimidad, expresión arquetípica de la dictadura de género y de lo políticamente correcto, lo que caracterizó las reflexiones de los "bienpensantes" periodistas que dejaban entrever su temor por resultar "anticuados" en sus consideraciones.

¿Pero en qué consiste concretamente una performance "posporno"? ¿Dónde se presentan? ¿Cuál es su objeto? A menudo suelen ofrecerse espectáculos "posporno" en antros concurridos por un puñado de gente, que raramente supera las cincuenta personas. Definir la

211 Irasuste, Andrés. *La revolución sexual anglosajona y la psiquiatría hoy. El ascenso de Gamínedes.* Montevideo, Edición de autor (Licencia Creative Commons), 2015, p. 246.

performance es complicado, porque el objetivo de la misma es precisamente la indefinición. La práctica contra-sexual es anti-identitaria y, por lo tanto, difícil de caracterizar de forma determinante. Digamos, en todo caso, que el "posporno" ofrece prácticas sexuales en vivo y en directo que procuran involucrar actos sumamente morbosos —*perversos* en los términos psicoanalíticos de Irasuste— que superan en mucho los límites de nuestra imaginación, siguiendo las teorías queer que ya hemos visto. El mencionado *fist-fucking* es lo más moderado que uno puede llegar a ver allí. Lo que más suele excitar al público queer es el involucramiento de excremento y orina en las relaciones sexuales y, por supuesto, el llamado *squirting*, la "eyaculación femenina", al cual se le da un significado político igualitario (no sólo el hombre eyacularía). Pero el público no es un agente pasivo; generalmente recibe en sus propios cuerpos los fluidos antedichos y hasta sangre por parte de quienes llevan adelante el espectáculo. En efecto, la mutilación también juega un papel importante en la performance: hay uno particularmente llamativo que tuve que ver para esta investigación, en el cual la teórica queer Diana Torres (autora del libro *Pornoterrorismo*[212]), se traspasaba seis agujas en su cara, mientras practicaba actos de masturbación. Cabe agregar, no obstante, que el espectáculo no se reduce a lo que acontece en el escenario: mientras la performance se desarrolla, todos los sentidos son atacados al mismo tiempo, por una pantalla gigante que al fondo de todo suele reproducir videos de mutilaciones humanas y abortos[213], por una lec-

212 En este libro también, por si faltara más, se reivindica la sexualización de los niños y se relativiza el mal de la pedofilia. En efecto, aparece la misma falacia que Firestone había usado varias décadas antes para justificar el sexo entre adultos y menores siempre que se cumpla el requisito del "consentimiento": "Lo realmente traumático del hecho de que un adulto se folle a un niño o a una niña no reside en el acto en sí, sino en el modo impositivo en que el adulto se acerca a la sexualidad infantil (...).sobra decir que tenemos sexualidad desde edad muy temprana en tanto que seres vivos y que esta no esté sometida a las normas sociales o condicionada por la experiencia no es motivo legítimo para negar su existencia." Torres agrega luego: "Nunca me he acostado con un menor (salvo cuando yo también lo era) y no sé desde mi experiencia cómo se debe sentir, quizás no suceda nada malo si la mente del adulto está lo suficientemente sana o si la del menor es lo suficientemente despierta como para canalizar las sensaciones". Torres, Diana. *Pornoterrorismo*. Tafalla, Editorial Txalaparta, 2011, pp. 100-102.

213 Diana Torres cuenta que en sus performances hay gente que vomita porque "yo pongo videos de autopsias, de abortos, de decapitaciones, de eyaculaciones". La entrevista donde Torres explica los elementos de su performance puede escucharse en: http://www.ivoox.com/ludditas-sexuales-7-audios-mp3_rf_243191_1.html

tora de poesía posmoderna, y por piezas de música llamada "atonal" (carente de ritmo, armonía y melodía) que, vaya casualidad, era considerada por teóricos de la Escuela de Frankfurt como portadora de efectos revolucionarios.[214]

El grupo que integra la argentina Leonor Silvestri ha redefinido el "posporno" como "PornoTerrorismo" siguiendo a Torres —pues el objeto es aterrorizar a la gente a través del sexo—, y entiende que "como anti-arte, como arma de acción directa, como ritual mágico de encantamiento, como exorcismo público, como máquina de guerra contra el aparato de captura de la norma social hetero, como potencia visual —contra/semiosis— el PornoTerrorismo es un modo de, un cómo construir un nuevo uso de los placeres y reprogramar nuestros deseos (...). Un cómo destruir también los celos y la propiedad privada. (...) El PornoTerrorismo es una forma de insurgencia, divergencia, contrahegemonía, subversión, una insurrección sexual, y una objeción de género".[215] Y a continuación, refuerza lo que ya hemos explicado más arriba, presentando al lector un listado de aquello que compone una performance de este tipo: "Elementos de los juegos extremos BDSM[216] como flagelación, agujas, o asfixias; Piel descubierta en la superficie del cuerpo, cara cubierta por el pasamontañas típico del insurreccionalismo (...) Fluidos y escatologías de toda índole: *squirt*, flujo, semen, sangre humana sobre todo menstrual, mierda; Prótesis como por ejemplo, cuellos y caderas ortopédicas, dildos y arneses; Yuxtaponerlos y jugar con ellos como más absurdo les parezca".[217]

Posiblemente el arquetipo humano más fiel a las prácticas contrasexuales, al posporno y al pornoterrorismo, no sea otro que Armin Meiwes, mejor conocido como el "caníbal de Rotenburg", quien buscaba por Internet personas de su mismo sexo que estuvieran dispues-

---

214 En YouTube los videos de posporno suelen ser eliminados rápidamente. No obstante, hay uno que ha perdurado porque no llega a verse de manera explícita nada y porque resulta más moderado que lo común, pero puede darle una idea al lector sobre cómo se desarrolla la performance (su protagonista no es otra que Leonor Silvestri): https://www.youtube.com/watch?v=XxGWk5U6aCc. Fuera del marco de YouTube, pueden verse los videos pornoterroristas de Diana Torres aquí: http://pornoterrorismo.com/mira/video-de-performances/

215 Manada de Lobxs. Ob. Cit., p. 116.

216 Se trata de una sigla creada para agrupar prácticas sexuales vinculadas al sadomasoquismo, cuyo significado es: Bondage y Disciplina; Dominación y Sumisión; Sadismo y Masoquismo.

217 Manada de Lobxs. Ob. Cit., p. 117.

tas a dejarse comer sus genitales. El final de la historia, acaecida en Alemania, es bien conocida: Meiwes encuentra a alguien que accede a dejarse extirpar el pene para ser freído y posteriormente devorado por ambos participantes. Esta historia de deseo "contra-sexual" pone de manifiesto los límites de nuestras prácticas culturales respecto de nuestras condiciones naturales: el sujeto mutilado morirá a los pocos minutos desangrado en una bañera. La realidad puede ser negada, pero los efectos de la realidad no pueden ser evitados.

Lo que sí es inevitable concluir, es que la ideología queer genera un cóctel explosivo de odio, violencia y frustración individual. La interminable lucha contra la naturaleza que los movimientos queer llevan adelante, está perdida de antemano; y las frustraciones de esa derrota inevitable se canalizan en sentimientos de ira contra la sociedad en general, y el hombre heterosexual en particular. Hay, en efecto, muchas teóricas queer que han llamado a practicar de forma abierta la violencia. Pero también existen teóricos afines al movimiento queer que han hecho lo propio, como es el caso del comunista norteamericano Peter Gelderloose, arrestado por las fuerzas de seguridad de su país por participar precisamente en actos de violencia política. Este ha escrito un libro titulado *Cómo la no violencia protege al Estado* (2007), donde propone al feminismo acciones como las que siguen: "Matar a un policía (...) prenderle fuego a la oficina de una revista que conscientemente publicita un estándar de belleza que conduce a la anorexia y a la bulimia o secuestrar al presidente de una empresa que trafica con mujeres. (...) Atacar a los más notables y probablemente incorregibles ejemplos del patriarcado es una manera de educar a la gente en la necesidad de una alternativa".[218]

Existen, asimismo, libros y publicaciones queer donde se relatan experiencias violentas reales como triunfos políticos contra la "heteronormatividad" y el capitalismo. Uno de estos libros de reciente aparición fue titulado *Espacios peligrosos. Resistencia violenta, autodefensa y lucha insurreccionalista en contra del género* (2013), de autoría colectiva. La deuda de la ideología queer con la izquierda se hace explícita aquí: "Los movimientos de la Nueva Izquierda con sus declaraciones nos han empujado hacia el hecho que la lucha se encuentra en muchos más frentes, que la simple lucha de clases".[219] Y

---

218 Gelderloose, Peter. *Cómo la no violencia protege al Estado*. Barcelona, Anomia, 2010, p. 83.

219 Anónimo. *Espacios peligrosos. Resistencia violenta, autodefensa y lucha*

su introducción arranca así: "Hay una violencia que libera. Es el asesinato de un homófobo. (...) Es el incendio y la liberación de visiones. Es romper ventanas para expropiar comida. Es el madero [policía] quemado y disturbios detrás de las barricadas. Es rechazar el trabajo, ocupar amistades criminales y el rechazo completo de compromisos. Es el caos que no puede ser parado".[220] Los objetivos del texto, por su parte, se hacen expresos al cierre del mismo prólogo: "Esperamos que esta publicación pueda contribuir de alguna manera a la huelga de género que quemará totalmente este mundo".[221]

La publicación en cuestión recoge testimonios de queers que vale la pena citar, para dimensionar al lugar al que nos ha conducido el feminismo y la ideología de género: "Yo nunca he sido pacíficx. El mundo me violenta y yo sólo deseo violencia hacia el mundo. Cualquiera que intente quitarme mi pasión para la sangre y el fuego, quemará junto con el mundo al que se aferraba de manera tan desesperada"[222], nos advierte un queer de manera amenazante. Representativo de la lucha imposible que estos sujetos emprenden contra la naturaleza, y las frustraciones que de ella se derivan, es la siguiente narración de otro travesti queer: "Con algo de tristeza, reconozco a mi padre en mi reflejo. Tanto mi 'spiro' como mis píldoras de estrógenos se acaban hoy y yo me estoy enloqueciendo. Probablemente iban a llegar el lunes, pero quizás se han perdido en correos (...). Quiero gritar. Estoy a punto de estallar. Estoy controlando el deseo de abofetearme, así empiezo sueños a ojos abiertos en mi cubículo gris. Veo un avión de línea secuestrado girar y apuntar directamente a mi escritorio. (...) Hay un flash cegador, yo desaparezco, y todo quema".[223] Otro queer, en similar sentido, admite: "Hay algo dentro de mí que a veces desea volverse sordo a este ritmo, pero yo sé que no sería bastante como para calmar los ecos del género en mi cuerpo y en mi vida diaria, que he intentado silenciar incesantemente a través de hormonas, alcohol, drogas, y escribiendo ensayos estúpidos".[224]

Otros queer han usado esas páginas para contar y celebrar los actos de violencia perpetrados. Uno de ellos nos relata que un veci-

---

insurreccionalista en contra del género. Distribuidora Coños como Llamas, 2013, p. 5.

220 Anónimo. *Espacios peligrosos...*, Cit., p. 3.

221 Anónimo. *Espacios peligrosos...*,. Cit., p. 4.

222 Anónimo. *Espacios peligrosos...*, Cit., p. 3.

223 Anónimo. *Espacios peligrosos...*, Cit., p. 25.

224 Anónimo. *Espacios peligrosos...*, Cit., p. 29.

no que había osado manifestarse públicamente contra una marcha queer fue atacado por los miembros de este movimiento: "Acababa de celebrar su cuadragésimo primer cumpleaños el 9 de junio (de 2009), así que pensamos entregarle unos regalos atrasados en forma de fuertes puñetazos. El grupo le golpeó hasta que aparecieron los maderos [policías] y nos fuimos por la parte trasera del parque sin ningún arresto".[225] Otro sujeto festeja el ataque preferido de todos, el que se perpetra contra la Iglesia Católica: "La pasada noche le hice una visita a la Iglesia Católica. Cerré con super glue [pegamento] varias de sus cerraduras y reventé unas pocas ventanas. Estoy segurx de que toda persona que haya cometido un acto de sabotaje sabe lo increíble que se siente. Si no lo has hecho, realmente deberías experimentarlo por ti mismx".[226] Y con el espíritu tolerante y democrático que caracteriza a esta gente, agrega: "La Cristiandad necesita ser prendida, empalada en una estaca".[227]

La pregunta es: ¿Puede esperarse otra cosa de quienes han sido formateados políticamente en el odio y el resentimiento? En efecto, hemos visto cómo la ideología de género construye discursivamente una guerra entre hombres y mujeres primero, y una guerra entre heterosexuales y homosexuales después, para desembocar al final de todo en la idea de que no existe siquiera el sexo como tal y, todavía más, no existe la identidad como tal. Así, quienes son colocados en un lugar sexual o de "género" por el "discurso heteronormativo", estarían siendo víctimas de una violencia que está diagramada para mantener el capitalismo; y a la violencia ha de respondérsele con una violencia mayor. La ideología, por tanto, les cierra perfecto; ofrece a esta gente conflictuada sexual e identitariamente una explicación que promete aliviar su frustración, y que ofrece una salida a tanto malestar interno. Y esa salida no tiene que ver con procesos de auto-reflexión, de superación, de inclusión; esa salida no es individual, sino que es política y, todavía más, esa salida es de violencia política. Pues el queer está incapacitado para problematizar su propia situación, su propia responsabilidad; para el queer, la responsabilidad es siempre del fantasmático sistema en el que los teóricos de la ideología de género le hicieron creer y odiar, llámese "falocracia", "heteronormatividad", "heterocapitalismo", o comoquiera que los imaginativos "académicos" de estas corrientes inventen.

225 Anónimo. *Espacios peligrosos...*, Cit., p. 39.
226 Anónimo. *Espacios peligrosos...*, Cit., p. 40.
227 Anónimo. *Espacios peligrosos...*, Cit., p. 41.

El testimonio de otro queer nos revela en qué medida la praxis es una consecuencia de la ideología que se les inyecta: "El jueves por la noche, siguiendo un discurso radical queer motivador acerca de hacer disturbios, un bloque negro apareció como cuarto asalto de un día de lucha en las calles. Este particularmente feroz bloque (...) se movió a través de Pittsburgh destrozando innumerables cristaleras, volcando contenedores y prendiéndoles fuego. Un colega hizo una observación: ¿dónde está lo queer en todo esto? La gente sólo vestía de negro y quemaba cosas en la calle. Le contestamos: la práctica de vestir de negro y destrozar todo es el mejor y más queer gesto de todos. De hecho, eso nos lleva al meollo de la cuestión: lo queer es la negación. Al encontrarse nuestros desviados cuerpos nos convertimos en una turba, convirtiendo nuestras fronteras corporales en un gran problema. (...) Nuestros límites desaparecieron totalmente ante un suelo cubierto de cristales y un terreno de contenedores en llamas".[228] Y a continuación recurre a la teoría de Butler del "género performativo", de la cual ya algo hemos expuesto, para dar sentido al acto delictual: "Si es correcta la idea de que el género es siempre performativo, entonces las performances que realizamos resonaron con el género más queer de todos: el de la total destrucción".[229] Ante los destrozos queer en la ciudad, un vecino pretendió detenerlos pero "antes de que pudiera darse cuenta de su error, recreamos una escena particularmente sádica y a sangre fría sobre el idiota. Se dio cuenta de su error bajo una lluvia de patadas, puñetazos y una nutrida razón de spray de pimienta".[230] Nuestro "democrático" queer cierra su narración con la siguiente conclusión: "Ofrecemos una forma de vida que podría ser entendida como la conjunción de barricadas y piernas sin afeitar. Pero qué mejor que la mezcla de arneses con dildos, martillos, pelucas estrafalarias, ladrillos, fuego, palizas, fisting y, cómo no, ultraviolencia".[231]

Existe una infinidad de testimonios como los hasta aquí citados que fueron seleccionados por azar para ilustrar al lector. No pretendemos abundar en ello, pues creemos que el objetivo fue cumplido. Ahora bien, es dable finalizar aquí con la siguiente conclusión.

---

228 Anónimo. *Espacios peligrosos...*, Cit., p. 42.
229 Anónimo. *Espacios peligrosos...*, Cit., p. 43.
230 Anónimo. *Espacios peligrosos...*, Cit., p. 43.
231 Anónimo. *Espacios peligrosos...*, Cit., p. 44.

Hay un hilo conductor que atraviesa al feminismo desde la segunda ola, pasando por la tercera, hasta llegar a la ideología queer. Ese hilo está dado por un proyecto en común, que tiene que ver con la destrucción de la superestructura familiar y matrimonial heterosexual que en teoría contribuiría a la reproducción del sistema capitalista (estrategia de batalla cultural). Este hilo, no obstante, ha ido recorriendo un progresivo camino teórico que fue del materialismo dialéctico, pasó por el culturalismo del género, y terminó en la destrucción del mismísimo sexo. El asunto determinante aquí, pues, no tiene que ver con elecciones voluntarias individuales, sino con la voluntad expresa de transformar, incluso violentamente, el sistema económico y político que, paradójicamente, les ha permitido a estas tribus existir (¿o alguien puede probar que éstas existen o existieron en algún país comunista?). El asunto no es que una mujer piense que su cuerpo no tiene existencia natural; el asunto tampoco es que un hombre crea ser una mujer "encerrada" en un cuerpo masculino. Nada debería importarnos los desvaríos de cada quién, mientras no afecten nuestros derechos individuales. El problema es que afectarnos es el objetivo de estas ideologías y sus consecuentes militancias, tal como sobradamente hemos visto. Nada debería importarnos, por ejemplo, que determinado sujeto se considere a sí mismo, inclusive, un cocodrilo o la mismísima chita encerrada en un cuerpo humano, víctima de la tiranía de la "construcción social del discurso"; el problema es que la presión ideológica ejercida sobre el Estado lleve a éste a obligarnos al resto a compartir dicha locura y pagar los gastos de la misma, bajo la amenaza de la coerción. En efecto, tal y como reconocen las propias teóricas feministas, "desde el feminismo lo que se reclama una y otra vez es una mayor intervención estatal"[232]. Nada debería importarnos, sigamos diciendo con el fin de despejar dudas, que en un marco privado se practique "posporno" si quienes lo practican y quienes voluntariamente lo observan, gozan mutilándose o viendo a la gente mutilarse; lo que efectivamente nos importa, es que estas prácticas se realicen en espacios públicos, de manera invasiva y hasta coactiva, y que el feminismo radical haya llegado a promover el incesto y la pedofilia, como parte de una lucha política e ideológica por imponernos formas de sexualidad degradantes.

Nada nos importa, en una palabra, lo que a cada uno atañe en su personalidad y vida privada. Lo problemático es, en todo caso, y pa-

232 Beltrán, Elena. Maquieira, Virginia. Álvarez, Silvina. Sánchez, Cristina. *Ob.* Cit., p. 93.

rafraseando uno de los eslóganes más arquetípicos del feminismo radical, cuando "lo personal se hace político".

El Dr. Money, el niño sin pene y algunas consideraciones científicas

Como hemos insistido a lo largo de este capítulo, las teorías tienen correlatos prácticos; la forma en que entendemos e interpretamos el mundo incide en la manera en que nuestras acciones en él se desenvuelven. Así pues, existe un caso que nos muestra de manera concreta la aplicación de la ideología de género en el campo de la medicina y la psiquiatría y sus consecuencias.

En 1965 nacieron los niños gemelos monocigóticos[233] Bruce y Brian Reimer. El primero de ellos, con menos de un año de edad, a causa de fimosis fue sometido a una fallida circuncisión que mutiló su pene. Sus padres, desesperados por el accidente que había sufrido su hijo, pronto se contactaron con un famoso psicólogo llamado John Money, quien había trascendido en el mundo académico precisamente por haber llevado al terreno médico las teorías de género que escinden la identidad sexual respecto de cualquier determinación natural. Como muchas de las feministas contemporáneas a él mismo, Money estaba enrolado en la militancia por la despatologización de la pedofilia y de prácticas sexuales que Preciado consideraría "contra-sexuales", como la coprofilia (juegos e ingesta de excremento con fines sexuales).[234] Además, Money era Profesor de la Universidad John Hopkings, fue fundador del *Gender Identity Institute* —financiado por esta última—, trabajaba en el negocio de las reasignaciones sexuales, y el caso en cuestión se presentó frente a sus ojos como una posibilidad excepcional de llevar adelante un experimento social que comprobara la teoría de que la sexualidad no tiene que ver con la naturaleza, sino con la crianza: esto es, que un ser humano puede ser educado como hombre o mujer con independencia de la realidad cromosómica o gonadal o genital que pueda tener. En efecto, el doctor Money contaba con un niño de pocos meses de vida que ya no tenía pene, y con su variable de control perfecta: Brian, el hermano gemelo.

Así fue que con diecisiete meses de edad, Bruce se convirtió en "Brenda", y cuatro meses más tarde, fue sometido a castración. A los

---

233 Son gemelos monocigóticos aquellos que se originan a partir de un único óvulo y un único espermatozoide y por tanto comparten la misma carga genética.

234 Colapinto, John. *As Nature made him. The boy who was raised as a girl.* New York, HarperCollins, 2001, pp. 29-30.

padres se les encomendó la tarea más importante de todas: criar a Bruce como "Brenda", y bajo ninguna circunstancia revelar la verdad de los hechos a los gemelos. Las instrucciones eran estrictas, pues de ellas dependía el éxito del experimento social. "Pensé que sí era simplemente una cuestión de crianza, que podía criar a mi hijo como mujer"[235], se lamentó posteriormente la madre.

Pero pronto el plan empezó a desviarse de los resultados que Money esperaba. A pesar de todos los tratamientos hormonales y las características de la crianza, "Brenda" no parecía adaptarse a la identidad femenina. El padre ha contado *a posteriori* que "era tan evidente para todos, no sólo para mí, que era masculino".[236] En una de las desgrabaciones de los archivos de Money, se lo escucha quejarse: "La niña tiene muchas características de 'marimacho'"[237]. La cuestión se empezaba a ir de las manos del célebre profesor, y éste decidió que era tiempo de intervenir en la crianza con mayor ahínco desde sus conocimientos psicológicos. Así fue que comenzó haciendo hincapié en que "Brenda" asentara su nueva identidad femenina comprendiendo la diferencia existente entre los órganos sexuales de los hombres y las mujeres, recurriendo de esta forma a las diferencias naturales para negar... lo natural. Pero a medida que la "niña" se negaba a adoptar su nuevo género, el doctor se veía obligado a aplicar enfoques cada vez más extremos. Pidió tener sesiones conjuntas con los gemelos, a quienes les hacía quitarse la ropa, mirarse mutuamente, ensayar poses sexuales y someterse a sesiones fotográficas. Los dos niños cumplían un papel no muy diferente del que pueden cumplir dos ratas de laboratorio. El citado psicólogo Andrés Irasuste ha reflexionado al respecto: "Nosotros nos preguntamos qué tanta distancia existe acaso en verdad entre un John Money y un Josef Mengele".[238]

El último intento de Money consistió en intentar convencer a "Brenda" de someterse a una cirugía que perfeccionara su vulva rudimentaria y se le pudiera construir una vagina artificial. A los trece

---

235 Documental "El Dr. Money y el niño sin pene". Se puede ver online en: https://www.youtube.com/watch?v=ytincaGVe7s

236 Ídem.

237 Ídem.

238 Irasuste, Andrés. "Género: reseña de un concepto ficticio". Consultado online en: http://prensarepublicana.com/genero-resena-de-un-concepto-ficticio-por-andres-irasuste/. Mengele fue un médico y antropólogo alemán, oficial de las SS. En Auschwitz, se dedicó a realizar experimentos genéticos con los prisioneros, otorgando especial atención a los gemelos.

años de edad, llegó a entrevistarla con un transexual para que éste la persuadiera respecto de las bondades de la cirugía. Pero "Brenda" se negó, y pidió a sus padres no volver a ver nunca más al doctor Money.

El experimento social no dejó de ir a contrapelo de lo que su mentor había predicho. "Brenda" tuvo varios intentos de suicidio, y sus padres, desesperados, decidieron que era hora de dar marcha atrás y contarle la verdad sobre su propia historia. Así fue como esta "niña" de laboratorio decidió ser lo que siempre había sido: un niño. Y se llamó a sí mismo "David", en referencia a la lucha de David contra Goliat. De inmediato, David dejó los tratamientos hormonales y se hizo un implante de pene, pero jamás pudo superar los daños psicológicos creados por el experimento de género. Su familia, tampoco. Brian, el hermano gemelo, jamás pudo aceptar la verdad y terminó cayendo en la esquizofrenia, muriendo en el año 2002 de una sobredosis.

La frustración de David se incrementó cuando descubrió que Money había presentado al mundo académico su experimento social como un éxito rotundo que probaba la veracidad de la ideología de género. En efecto, éste había publicado un libro de gran trascendencia que se tituló *Hombre y niño, mujer y niña*. "Su conducta es tan normal como la de cualquier niña y difiere claramente de la forma masculina como se comporta su hermano gemelo", podía leerse en aquellas páginas sobre "Brenda". Así, el caso de Bruce, o Brenda, o David, fue a su vez presentado como un éxito en los textos médicos y psicológicos sobre tratamiento de hermafroditas. Clara prueba de cómo funciona el campo científico cuando la ideología se filtra en él, y son los hechos los que se deben acomodar a lo que se piensa, y no lo que se piensa a los hechos.

En el año 2004, víctima de una depresión producto de sus traumas psicológicos y existenciales, David Reimer se quitó la vida con una escopeta, habiendo dejado antes, no obstante, un premonitorio testimonio en un filme documental que se interesó por su historia: "Soy la prueba viviente [del fracaso de la ideología de género], y si no vas a tomar mi palabra como evangelio, porque yo he vivido esto, ¿a quién más vas a escuchar? ¿Quién más pasó por esto? Yo lo he vivido. ¿Tiene alguien que dispararse en la cabeza y morir para que la gente lo escuche?"[239]

---

239 Documental "El Dr. Money y el niño sin pene". Se puede ver online en: https://www.youtube.com/watch?v=ytincaGVe7s

Años después de que Money vendiera el supuesto éxito de la conversión de Bruce en Brenda, otro científico, Milton Diamond, revelará la verdad sobre el experimento de Money al descubrir que la testosterona orienta a cada ser humano incluso antes de nacer. El sexo, pues, no podía reducirse a la variable "crianza". Afortunadamente, hay todavía hombres y mujeres[240] de ciencia que se atreven a mostrar y demostrar que la sexualidad no puede ser explicada sólo recurriendo a factores culturales, sino que hay todo un trasfondo natural que, en todo caso, crea el espacio donde la cultura puede inscribirse.

El psicólogo de Harvard Steven Pinker, por ejemplo, ha escrito una reveladora obra titulada *The blank slate* (2002), donde se dedica a refutar a los negacionistas de la naturaleza humana con arreglo a los aportes de la psicobiología y la neurociencia, y nos muestra cómo la ideología de género del feminismo es un estorbo para la ciencia en tanto que niega que el "género" posea una ontogénesis, una psicogénesis y una base que no depende exclusivamente de lo sociocultural. Y es que como nos explica el propio Irasuste, "hoy la neurociencia ha podido ya comprobar que eso que llamamos 'género' posee un núcleo biológico bien duro y profundo que ya comienza a configurarse por distintos influjos hormonales intrauterinos, responsables de la sexuación cerebral."[241] Es sabido que tanto el andrógeno como el estrógeno, hormonas masculina y femenina respectivamente, tienen efectos diferentes sobre el cerebro durante el desarrollo fetal.[242] El biólo-

240 "Los estudios de base biológica de las diferencias de sexo los han dirigido mujeres. Como se dice tan a menudo que estas investigaciones son un complot para mantener sometidas a las mujeres, tendré que dar nombres. Entre las investigadoras sobre la biología de las diferencias de sexo están las neurocientíficas Raquel Gur, Melissa Hines, Doreen Kimura, Jerre Levy, Martha McClintock, Sally Shaywitz y Sandra Witelson, y las psicólogas Camilla Benbow, Linda Gottfredson, Diane Halpern, Judith Kleinfeld y Diane McGuinness. La sociobiología y la psicología evolutiva, a la que muchas veces se le aplica el estereotipo de «disciplina sexista», tal vez sean el campo académico de más doble género de los que me son familiares. Entre sus principales figuras están Laura Betzig, Elizabeth Cashdan, Leda Cosmides, Helena Cronin, Mildred Dickeman, Helen Fisher, Patricia Gowaty, Kristen Hawkes, Sarah Blaffer Hrdy, Magdalena Hurtado, Bobbie Low, Linda Mealey, Felicia Pratto, Marnie Rice, Catherine Salmon, Joan Silk, Meredith Small, Barbara Smuts, Nancy Wilmsen Thornhill y Margo Wilson". Pinker, Steven. Ob. Cit., pp. 546-547.

241 Irasuste, Andrés. Ob. Cit., p. 56.

242 Existen problemas de desarrollo hormonal que afectan conductas posteriores. Pinker brinda un ejemplo interesante: "Las niñas con hiperplasia adrenal congénita producen un exceso de androstenediona, la hormona andrógena que hizo famosa el magnífico bateador de béisbol Mark McGwire. Estas niñas, aunque sus hormonas

go Edward Wilson lo ha dicho de forma muy clara: "La neurobiología no puede ser aprendida a los pies de un gurú. Las consecuencias de nuestra historia genética no pueden ser elegidas por legislaturas".[243]

Hay un pasaje muy interesante en la obra de Pinker, en la cual examina un estudio que nos recuerda al caso del Dr. Money y los gemelos Reimer. En efecto, en aquél se analizan los casos de "veinticinco niños que habían nacido sin pene (un defecto de nacimiento conocido como extrofia cloacal) y a los que posteriormente se castró y educó como niñas. Todos mostraron unos patrones masculinos, se dedicaban a juegos bruscos y tenían unas actitudes y unos intereses típicamente masculinos. Más de la mitad de ellos declararon espontáneamente que eran niños, uno cuando sólo tenía cinco años".[244] Esto tiraría por la borda la posibilidad de que el caso de David Reimer sea una simple excepción o un accidente. Y a ello deberíamos añadir el hecho de que la educación de niños y niñas cada vez difiere menos, si se la analiza de manera histórica.

Hace relativamente poco que existe una rama dentro de la neurociencia denominada "neurobiología del sexo", la cual se concentra en dos áreas centrales: la estructura cerebral y la genética. Esta disciplina ha contribuido en mucho también a hacernos ver que la sexualidad es mucho más que cultura: es también naturaleza. Gracias a científicos como el embriólogo Charles Phoenix y otros que han llevado adelante investigaciones al respecto, sabemos por ejemplo que la hormona testosterona juega un rol inexorable en la definición sexual desde mucho antes que la criatura salga del cuerpo de su madre y, por lo tanto, mucho antes de sus primeros contactos culturales: "Si retiramos los genitales a un embrión genéticamente masculino durante un momento clave del desarrollo embrionario, éste desarrollará genitales femeninos. Es decir, la testosterona actúa como un elemento diferenciador clave en el proceso de individuación biológica sobre una base prenatal don-

---

alcanzan un nivel normal poco después de nacer, inician un desarrollo de características poco femeninas, con mucho juego brusco, (...) cuando se hacen mayores, más fantasías y deseos sexuales en los que intervienen otras niñas. Las que no reciben un tratamiento con hormonas hasta las últimas fases de la infancia muestran unos patrones sexuales masculinos al llegar a la juventud, entre ellos una rápida excitación ante imágenes pornográficas, un instinto sexual autónomo centrado en la estimulación genital y lo equivalente a las poluciones nocturnas". Pinker, Steven. Ob. Cit., p. 558.

243 Wilson, Edward. *On human nature.* Massachussetts, Harvard University Press, 1978, pp. 6-7.

244 Pinker, Steven. Ob. Cit., p. 559.

de lo femenino —en ausencia de dicho elemento— predominará".[245] Algo similar encontró el neurólogo Simón Le Vay cuando concluyó que una diferencia en los niveles hormonales androgénicos en períodos críticos del desarrollo —como la etapa intrauterina— tiene efectos sustantivos en los rasgos sexuales.[246] Incluso se han detectado síndromes que afectan la sexualidad del nacido, como el llamado "síndrome por déficit de 5-alfa reductasa", siendo esta última una enzima que interactúa con la testosterona para el desarrollo de los genitales. De modo tal que quienes padecen este síndrome, nacen con genitales de apariencia femenina, pero el sexo genético es masculino, con lo cual son criados como mujeres durante su niñez pero al llegar a la adolescencia los niveles de testosterona aumentan drásticamente y estas presuntas niñas empiezan a ver cómo sus cuerpos van tomando forma masculina: voz gruesa, bello facial, mayor musculatura, y su "clítoris" va aumentando de tamaño hasta tener un aspecto más o menos similar al de un pene. ¿Podría decirse con seriedad que fue la "cultura" la que provocó semejantes modificaciones?

No obstante, no es el tema de este libro la neurociencia y la genética; sólo pretendemos en estas breves líneas dar un botón de muestra al lector sobre que, en lo que a sexualidad refiere, la ciencia ha dado enormes pasos que están muy alejados de lo que las ideólogas del feminismo pretenden, esto es, reducir todo a una explicación cultural que permita, a la postre, la llamada "deconstrucción" (o mejor dicho, destrucción) de nuestra cultura. Pero si bien los neurocientíficos, como hemos visto, tienen muy en claro que el cerebro, además de guardar condicionamientos pre-natales en términos de sexualidad, efectúa toda una serie de operaciones muy complejas cuyas pautas no están ubicadas en los marcos culturales, no caen tampoco en el monismo explicativo reduciendo todo a cuestiones biológicas: al contrario, tienen muy presente la relevancia de la cultura para el ser humano, pero sin hacer de ella el factor explicativo exclusivo y excluyente. El antropólogo y sociólogo Roger Bartra ha propuesto por ejemplo una "antropología del cerebro" en la cual el pensamiento es una herramienta que nos sirve para reencontrarnos con el objeto y, para ello, naturalmente el cerebro debe poseer conexiones con lo cultural: "El cerebro depende de usos de procesos simbólicos, mediante

---

245 Irasuste, Andrés. Ob. Cit., p. 265.

246 Le Vay, Simon. *Gay, straight, and the reason why. The science of sexual orientation.* New York, Oxford University Press, 2011.

los cuales las redes neuronales se van imbrincando con los productos de la cultura: es que el cerebro, si es pensado como espacio topológico, es a la vez un *adentro* y un *afuera*".[247] Así, la sexualidad en el ser humano ha de entenderse como un complejo entrecruzamiento de naturaleza y cultura; ni naturaleza con prescindencia de cultura (porque la sexualidad sería puro instinto, desprovisto de particularidad y función social), ni cultura con prescindencia de naturaleza (porque se haría inaprensible la universalidad del sexo, sus reglas y su función natural). Pero en la dialéctica cultura-naturaleza, las formas culturales que triunfan son aquellas que van de la mano con las condiciones y límites que la naturaleza establece; caso contrario terminaremos fingiendo orgasmos masturbando brazos con consoladores de colores y pretendiendo salvar el mundo con utopías lésbicas.

La mujer y el capitalismo

Si se asume que la inmensa mayoría de las feministas son "de izquierda", eso es porque sus prédicas suelen estar vinculadas a las luchas contra el capitalismo, al menos desde lo que nosotros hemos definido como segunda ola hasta nuestros días, tal como ya hemos visto. Esto se vuelve todavía más visible si, procurando definir qué es el capitalismo, recurrimos a uno de sus máximos exponentes intelectuales, el premio Nobel de economía Milton Friedman, quien en *Capitalismo y libertad* simplificó el asunto diciendo que hay que llamar capitalismo al modo de organizar el grueso de la actividad económica por medio del sector privado operando en un mercado libre.[248] En efecto: ¿No había sido el nacimiento de la propiedad privada el origen del "patriarcado"? Si bien muchas feministas de la tercera ola entendieron que había reduccionismo en Engels, lo cierto es que no dejaron de ver en el capitalismo un pilar que sostiene el "régimen patriarcal" y, por añadidura, uno de los blancos más importantes de su cruzada política.

No está entre los objetivos de este libro brindar una teoría acabada sobre los vínculos de la mujer y el capitalismo, pero es nuestro interés esbozar al menos una hipótesis en este breve subcapítulo, que en un futuro puede (debería) ser profundizada.

Hubo un tiempo en el que el poder derivaba fundamentalmente de la fuerza física. La opresión de la mujer, por las condiciones na-

247 Irasuste, Andrés. Ob. Cit., p. 203.G

248 Ver Friedman, Milton. *Capitalism and freedom*. Chicago, The University of Chicago Press, 1982.

turales de su cuerpo, no debió haber estado exenta de sinsabores en esos momentos de nuestra especie. Tratada como esclava y como objeto sexual, la autonomía le estaba completamente negada. Ella podía ser obtenida por el macho por concesión, rapto, compra o intercambio, daba igual.[249] Su estatus de *cosa* era el mismo. En muchos de los llamados "pueblos originarios", paradójicamente idolatrados por la misma izquierda que se dice feminista, la mujer era el objeto preferido de sacrificio a los dioses.[250] Y es que la diferencia de los cuerpos fue moldeando pautas culturales e instituciones que simplemente consolidaban las relaciones de poder ya existentes, dadas por la asimetría física, sustantiva diferenciación inicial. Es así que resulta imposible pensar un factor de poder anterior a la mismísima naturaleza física, pues todo otro factor original que podamos pensar al margen de aquélla, cae dentro de los dominios de la cultura.

El problema que se nos presenta es, entonces, el de cómo la mujer pudo ir rompiendo las cadenas que su condición física le impuso al comienzo (y una parte muy importante) de la historia. E intuyo que el capitalismo ha tenido mucho que aportarle en este proceso.

Es posible, y puede ir incluso de la mano con las teorías de Engels, que la propiedad privada nos haya liberado de la poligamia en primer término. Pero no de esa poligamia utópica y quimérica (en términos correctos, llamada "poliadria"), que habría tenido lugar bajo improbables regímenes matriarcales, negados a esta altura por im-

---

249 Lehmann ha documentado cómo los llamados "pueblos originarios" usaban a la mujer como mercancía de intercambio, las usaban como prostitutas o, en el mejor de los casos, las ofrecían como concubinas. Henri Lehmann, *Las culturas precolombinas*, Buenos Aires, Eudeba, 1986. Cristian Iturralde agrega sobre estos pueblos indígenas que "de la muerte no se salvaban muchas veces ni las empleadas domésticas que trabajaban en casa de los nobles, donde comenta Diego Duran que cuando morían sus amos, a veces las mataban a las molenderas *para que fuesen allá a molerle pan al otro mundo*". Iturralde, Cristian. *1492: Fin de la barbarie. Comienzo de la Civilización en América.* Tomo II (próximo a ser publicado por Unión Editorial), p. 41.

250 María J. Rodríguez Shadow en su obra *La mujer azteca* cuenta por ejemplo que "al estar las mujeres sometidas a la dominación masculina ellas no ocupaban ningún puesto relevante en los cargos religiosos, al contrario, dada su posición relegada un gran número de mujeres eran llevadas a la piedra sacrifical". *La Mujer Azteca,* México, Universidad Autónoma del Estado de México, 2000, p. 41. Citado en Iturralde, Cristian. *Ob.* Cit., p. 40. Algo interesante al respecto es constatar que las mujeres a sacrificar no eran necesariamente salidas de los sectores sociales más deprimidos. Entre las familias de los nobles se solían escoger dos doncellas vírgenes para sacrificar en honor a Xochiquetzal. En dicha ceremonia "mataban a aquellas doncellas cortándoles el pecho y sacándoles el corazón". Henri Lehmann. Ob. Cit., p. 86.

portantes feministas como la propia De Beauvoir y por la evidencia antropológica más reciente.[251] Es más probable, al revés, que la poligamia haya sido no la cristalización del poderío de la mujer, sino la del varón: tomar cuantas mujeres su fuerza fuera capaz de mantener frente a la competencia de otros hombres, constituía la lógica imperante. El derecho de pernada[252] europeo, cuyos beneficiarios fueron los señores feudales, viene a confirmar esta hipótesis. En los pueblos precolombinos, igual función tuvo el *pacto de los macehualtin.*[253] Muchos pueblos indígenas, como los mapuches o los diaguitas —donde la cantidad de esposas estaba limitada por la posibilidad de mantenerlas apartadas de la ambición de los demás— por mencionar sólo dos ejemplos, pueden dar cuenta a su vez de aquéllo. Es ampliamente sabido también que en el pueblo Azteca la poligamia estaba reservada exclusivamente a algunos hombres,[254] y en honor a la verdad, los ejemplos no son pocos aunque exceden el espacio naturalmente reducido del que contamos en estas páginas.

Pero las exigencias de la propiedad privada y la acumulación de capital han sido en el ser humano un factor fundamental para arremeter contra este esquema relacional. Las mujeres y sus padres —especial-

---

251 El antropólogo Marvin Harris documenta que tres cuartas partes de los aldeanos y de las tribus tenían linajes patrilineales, y sólo un décimo seguían un linaje matrilineal. A su vez, la poligamia era 100 veces más común que la poliandria. Marvin Harris, *Caníbales y Reyes. Los orígenes de la cultura*, Barcelona, Salvat, 1986.

252 Derecho según el cual los señores feudales podían mantener relaciones sexuales con cualquier sierva de su feudo.

253 "En la época de Itzcoatl -cuarto emperador azteca- se estableció el llamado *pacto de los macehualtin*, donde se obligaba al pueblo a dar a sus hijas, hermanas y sobrinas a los nobles para que se sirvieran de ellas. El historiador indígena Poman confirma lo expuesto, señalando además que el emperador podía tomar como concubina a cualquier mujer, tanto de las clases privilegiadas como del pueblo". Iturralde, Cristian. *Ob. Cit.* P. 41. En otra tribu, los chibchas, era costumbre que el tributo a caciques se pagara con mujeres.

254 Iturralde, Cristian. *Ob. Cit.* Garcilaso de la Vega ha contado en *La Florida* sobre una frecuente costumbre practicada por varios pueblos preincaicos, en la cual los parientes del novio tenían derecho a tomar sexualmente a la mujer antes de ser entregada al esposo. El cronista indígena Felipe Poma de Ayala, por su parte, ha dejado documentado los terribles castigos que se aplicaban sobre las mujeres que violaban sus votos de castidad, los que incluyen la pena de ofrecer el cuerpo de la mujer a los indios Anti para que éstos la coman viva. Henri Lehmann documenta que entre los chimúes -cultura andina- se arrojaba a la mujer adúltera desde un precipicio. Los ejemplos ayudan a desterrar el mito de que la poligamia era practicada por hombres y mujeres en igualdad, sino que, como hemos afirmado, se trataba de un sistema relacional basado en la fuerza del hombre.

mente de estratos materialmente elevados—, celosos de cuidar los propios bienes familiares en los sistemas conyugales —que eran traspasados al marido por regla general—, empezaron a presionar en el sentido de la monogamia, para así evitar que lo propio terminara distribuido y fragmentado entre otras muchas eventuales mujeres que el hombre pudiera tomar. Y vale subrayar: todo esto no como resultado del valor amor —que se vinculará al matrimonio mucho más adelante, como otro importante resultado de la institución del contrato— sino por un primitivo cálculo capitalista. A estas fuerzas materiales deberían sumársele otras de orden espiritual, que vinieron de la mano del cristianismo: "no desear a la mujer ajena", importante mandamiento cristiano, habla a las claras de una nueva moral que apuntala la monogamia.

Es interesante, y del mismo modo afirmativo de lo anterior, lo que ocurre con el mundo feudal. En efecto, es el esquema de propiedad feudal y el primitivo cálculo capitalista que de él deriva, el que dio cabida a nuevos espacios de poder y protagonismo a las mujeres (de la nobleza, claro). En efecto, la lógica de acumulación se enfrentó en muchos casos, bajo esquemas de herencia reservada a los hijos varones, a la posibilidad de perderlo todo si una familia sólo había engendrado mujeres. Así fue que la herencia, por necesidades materiales dadas por el sistema de propiedad vigente, se fue extendiendo en algunos casos a herederas femeninas. Lo mismo ocurrió con el poder político: a falta de hijos varones, se fue haciendo necesaria la extensión de lo que hoy llamaríamos "derechos políticos" a las mujeres para mantener a determinadas familias en el poder. La monarquía de la Casa de Trastámara de Castilla es apenas un ejemplo al respecto. Y el importante rol que las mujeres empezaron a jugar en las cortes es bien conocido: Isabel la Católica, Isabel de Inglaterra, Catalina de Rusia, Cristina de Suecia, esta última claro ejemplo de cómo se transformó el esquema de sucesión masculina del poder a una femenina a partir de la ausencia del hijo varón. Es dable agregar que, contrario a lo que el sentido común sobre la edad medieval nos indica, en ésta se lograron algunos avances si la comparamos con el mundo antiguo y pueblos indígenas: en Inglaterra, el sur de Francia y en la zona centro-europea, se impusieron severas multas y castigos (conocidos como *legerwite*) al abuso y la violencia sexual contra la mujer, por ejemplo.[255]

255 Ver Otis-Cour, Leah. *Historia de la pareja en la Edad Media. Placer y amor*. Madrid, Siglo XXI, 2000. Citado en Irasuste, Andrés. "La opresión de la mujer en la historia occidental: una mirada revisionista". Publicado online en: http://debatime.com.ar/

Pero volviendo a la situación original de la mujer, Ludwig von Mises, uno de los padres de la Escuela Austríaca de Economía, llamaría al tipo de relaciones sociales basadas en la fuerza "principio despótico"[256], el cual va desapareciendo con la introducción de la mencionada institución del contrato en las sociedades, institución cuya expansión efectivamente viene de la mano de la consolidación de la propiedad privada. En efecto, el contrato se sale de la lógica de la fuerza física; establece un intercambio pautado por reglas que han de cumplirse precisamente para evitar relacionarnos a través de la fuerza. El papel que se reserva a la coacción queda depositado en un tercero, que vigila el cumplimiento del contrato. El capitalismo, como sistema basado en el reconocimiento y protección de la propiedad privada más que ningún otro y parte del origen de nuestro Estado moderno —como organización que vela por el cumplimiento de nuestros contratos—, es por ello un sistema donde el contrato se nos muestra como elemento fundante de las más importantes relaciones sociales.

Puestos al margen de las relaciones basadas en la fuerza física, el capitalismo introduce en la sociedad lo que podríamos llamar la "lógica de mercado", basada en la posibilidad de beneficiarse sirviendo a los demás.[257] Si la fuerza física ha de estar eliminada de mis posibilidades, la forma de obtener algo que deseo ya no es dando con un garrotazo en la cabeza del otro, sino ofreciendo algo a cambio que la otra parte desee en mayor medida respecto de lo que se desprende. El "maldito mercado" al que la izquierda tanto nos llama a temer, pues, no es otra cosa que una abstracción de nosotros mismos y nuestras valoraciones; el mercado es simplemente el modo de denominar al momento y el lugar en el que nosotros, las personas de carne y hueso, podemos intercambiar libremente con otros para nuestro propio beneficio, quedando sujeto nuestro éxito en el intercambio a nuestra capacidad de beneficiar a los demás. De ahí que los grandes nombres de la historia, con el capitalismo, hayan pasado de ser guerreros, caciques y tiranos, a inventores, científicos y empresarios.

Con el asentamiento progresivo de esta lógica que hemos descrito, la mujer fue encontrando mayores espacios en la vida social. En efec-

---

psic-andres-irasuste-la-opresion-de-la-mujer-en-la-historia-occidental-una-mirada-revisionista/

256 Ver Von Mises, Ludwig. *Ob*. Cit., pp. 95-112.

257 Ver Friedman, Milton. *Libertad de elegir*. Madrid, Ediciones Orbis, 1983. Sobre todo el primer capítulo.

to, el mercado es ciego —debe ser ciego para lograr eficiencia— a datos no-económicos como la raza, la religión, la etnia y, por supuesto, el sexo. No va de la mano de la lógica del mercado pagar más por un bien simplemente porque quien lo ofrece sea hombre, en detrimento del mismo bien ofrecido más barato por una mujer. En el mercado, cualquier empresa que sea lo bastante estúpida como para prescindir de mujeres cualificadas o para pagar en exceso a hombres no cualificados vería más rápido que tarde hundirse en el negocio, y ser desplazada por otra empresa que no discrimine en función del sexo.

De la propia lógica de mercado puede entenderse por qué las sociedades han tenido un antes y un después, un verdadero punto de inflexión, con la introducción del capitalismo en todos los aspectos materiales de la vida que, valga aclararlo, nos sigue transformando a ritmos cada vez más acelerados. La Revolución Industrial fue hija de esta nueva forma de organizarnos y pensarnos. En efecto, se crearon incentivos sin precedentes para que las personas pudieran elevarse económica y socialmente ya no oprimiendo a los demás, sino sirviéndolos. Y así, los inmensos avances tecnológicos que desde la consolidación del capitalismo hasta nuestros días la humanidad ha vivido son fundamentalmente productos de esta lógica. Aunque suene políticamente incorrecto, nuestro bienestar material parece depender fundamentalmente del egoísmo de los demás, como ya en el Siglo XVIII lo decía nada menos que Adam Smith.

Sería absurdo ignorar el hecho de que la tecnología ha ayudado a liberar a la mujer en muchos sentidos. En primer término, compensó la debilidad física de aquélla. Lo que antes eran trabajos reservados exclusivamente al hombre por razones físicas, como la construcción, gracias a las cada vez más avanzadas maquinarias se abrió —y se sigue abriendo— al mundo femenino, pues la tecnología reduce la necesidad física en el trabajo y, además, crea nuevos tipos de trabajo todo el tiempo y a toda escala.[258] Hoy no existe prácticamente ningún trabajo basado de manera exclusiva en la fuerza física. Ya no el cuerpo, sino el conocimiento, ha pasado a ser el factor más importante de la producción. De ahí que se diga que vivimos en "sociedades del co-

258 Para un análisis interesante sobre el rol del riesgo en el capitalismo liberal y los espacios cada vez más crecientes que la mujer fue encontrando gracias a éste, ver Romero, Fernando. "Las mujeres y el riesgo", publicado en http://www.libertadyresponsabilidad.org/?p=1329

nocimiento". La antropóloga Helen Fisher, en su libro *El primer sexo*[259] (1999), ha expuesto una interesante idea: la cultura de empresa, en nuestra economía capitalista globalizada y basada en el conocimiento, pronto va a favorecer incluso más a las mujeres que a los hombres (de ahí el título de la obra, que invierte el sentido del de la de Simone de Beauvoir). Hay datos contundentes que parecen validar la tesis de Fisher: hoy las mujeres viven en promedio diez años más que los hombres, egresan de las universidades un 33% más que los hombres, controlan el 70% de los gastos de consumo a escala mundial y —según la revista *Fortune*— son propietarias del 65% de todos los bienes nada menos que en Estados Unidos.[260]

Pero la tecnología no sólo ayuda a la mujer en lo que hace a su relevancia social y laboral, sino que todo tipo de avances, pequeños y grandes, que desde los inicios del capitalismo hasta nuestros días se han experimentado, han contribuido también a hacer de su vida cotidiana una vida mucho mejor. El agua potable, la higiene y la medicina moderna nos ayudaron a bajar sustantivamente la mortalidad infantil y, así, se redujo el trabajo empleado a la salubridad y cuidado de los hijos. Las bondades de la maquinaria, asimismo, fueron cambiando el lugar de la propia prole: antes concebida como un factor elemental de la producción, ahora las mujeres pueden traer hijos al mundo bajo otros criterios bien distintos. Los biberones y la leche de vaca pasteurizada primero, y poco más tarde la leche en polvo, los extractores de leche materna y los congeladores, redujeron con mucho la carga que la madre tenía respecto de la alimentación de su bebé. La producción industrial de alimentos, de ropa y artículos para el hogar hicieron que comprarlos resultara más barato que producirlos artesanalmente, y así se redujo increíblemente las tareas domésticas de las mujeres; los electrodomésticos terminaron de liberar a la mujer de lo que poco tiempo atrás, habían sido grandes cargas laborales domésticas. Pero

---

259 "A medida que las mujeres pasan a integrar la población activa y alcanzan posiciones de poder crea, a su vez, oportunidades laborales para otras mujeres. Las mujeres ya son más numerosas que los hombres en el sector servicios, en empleos en los que se prefiere personal del sexo femenino. Y al mismo tiempo que la participación femenina en prácticamente todos los sectores del mercado laboral no cesa de aumentar, la presencia del hombre entre la población activa está declinando en casi todos los países". Fisher, Helen. *El primer sexo. Las capacidades innatas de las mujeres y cómo están cambiando el mundo.* Madrid, Santillana, 2001, p. 314.

260 http://www.lanacion.com.ar/1814990-critica-al-feminismo-radical-despues-de-niunamenosensayo

esta realidad —tal vez incluso más importante que lo anterior— también contribuyó a relajar los duros esquemas de división sexual del trabajo de otrora, en los que el hombre, por su trabajo fuera del hogar, no le competía hacer prácticamente nada dentro de él. Hoy la cocina, por ejemplo, es también un espacio masculino —basta ver programas y publicidades relativas a la gastronomía—; y de ninguna manera el hombre se encuentra eximido de la limpieza, el cuidado de los niños y otras tareas tradicionalmente femeninas. El crecimiento económico que vino de la mano del capitalismo creó asimismo las condiciones materiales para que las niñas, en lugar de ser retenidas en el hogar con tareas domésticas y trabajo no cualificado como solía ocurrir, fueran también enviadas cada vez en mayor proporción a recibir instrucción en instituciones educativas (no es casualidad que hayan sido los liberales decimonónicos los que mayormente pelearon por este derecho). Los distintos productos que en el mercado se han generado para asistir a la mujer durante sus ciclos menstruales, han logrado que esos días, que antes eran días muertos en los que la mujer debía resguardarse en el hogar, fueran cada vez más similares a cualquier otro momento del mes. La impresionante extensión de la esperanza de vida de nuestra especie[261], de igual manera, le asegura a la mujer que su paso por este mundo no se reducirá a la crianza de los hijos como en antaño. Los ejemplos nos llevarían todo un libro aparte. (Deberíamos agregar a modo de digresión: ¿No son acaso las mismísimas condiciones materiales e ideológicas que trajo el capitalismo las que posibilitaron el nacimiento nada menos que del propio pensamiento feminista que hoy lo combate?).

Actualmente sabemos gracias a los índices económicos internacionales que aquellos países donde se cuenta con mayor libertad y apertura económica —es decir, con mayores grados de capitalismo de la manera en que lo hemos definido con Friedman—, es donde la mujer puede gozar de más amplios márgenes de libertad e igualdad

261 Hasta justo antes de la Revolución Industrial, la esperanza de vida era de 30 años. En el año 2010 ya estaba en 70 años, siendo mucho mayor en los países donde el capitalismo está mayormente consolidado, como Estados Unidos (73 años), Suiza (80,5 años), Japón (82 años), entre otros. El caso de China es impresionante: desde el giro hacia el capitalismo, la esperanza de vida no ha parado de crecer para ambos sexos (más para las mujeres que para los hombres). Desde 1990 a 2013 creció 8,5 años, ubicándose en 75,35 años promedio. Recordemos que en el año 1978, cuando empieza la reforma económica capitalista, la esperanza de vida bajo el comunismo era tan solo de 66,51 años.

respecto de los hombres. Un ejemplo de esto es el Índice de Libertad Económica en el Mundo (2011) que lleva adelante el *Fraser Institute*. El *Cato Institute* ha cruzado los datos de este último con indicadores sociales relativos a las mujeres, que se desprenden del Índice de Desigualdad de Género (IDG) del Programa de las Naciones Unidas para el Desarrollo (2010), y ha encontrado cosas asombrosas.[262] Entre otras, ha comprobado que la desigualdad entre hombres y mujeres es dos veces más baja en los países con una economía capitalista (0,34) que en aquellos que mantienen una economía cerrada y reprimida (0,67). Asimismo, otros indicadores nos resultan significativos: en los países económicamente más libres el 71,7% de las mujeres ha terminado la educación secundaria, mientras en los menos capitalistas sólo el 31,8% ha podido pasar por ella y finalizarla; los Parlamentos de los países económicamente más libres tienen una media de 26,8% representantes mujeres, mientras en los menos capitalistas esa representación es del 14,9%; la mortalidad maternal en los países económicamente más libres es de 3,1 por cada 100.000 nacimientos, mientras en los países menos capitalistas ese valor se encuentra en 73,1 muertes; la tasa de fecundidad de adolescentes en los países económicamente más libres es de 22,4 por cada 1.000 mujeres de entre 15 y 19 años, mientras en los países menos capitalistas encontramos 87,7 casos.

Pero a pesar de toda la evidencia expuesta, no debiera extrañarnos que nuestras feministas radicales detesten el capitalismo; después de todo, como hemos visto a lo largo de este libro, el feminismo parece servir cada vez menos a las mujeres y cada vez más a la revolución cultural izquierdista. Ya lo decía nada menos que Chantal Mouffe, cuando anotaba que "la política feminista debe ser entendida no como una forma de política, diseñada para la persecución de los intereses de las mujeres *como* mujeres, sino más bien como la persecución de las metas y aspiraciones feministas dentro del contexto de una más amplia articulación de demandas".[263] Es decir: el feminismo debe ser parte del proyecto del socialismo del Siglo XXI, y debe usar estos banderines como pantalla para ocultar esa "más amplia articulación" que no aparece frente a los ojos de los bienintencionados que apoyan sus causas.

---

262 El informe puede leerse en: http://www.elcato.org/pdf_files/efw2011/capitulo4-efw2011.pdf

263 Mouffe, Chantal. *El retorno de lo político. Comunidad, ciudadanía, pluralismo, democracia radical.* Barcelona, Paidós, 1999, p. 125.

De la teoría a la praxis

Nos hemos concentrado en este capítulo fundamentalmente en la teoría, haciendo hincapié sin embargo en que aquélla resulta imprescindible para la práctica. ¿Qué queremos decir con esto? Pues que las construcciones ideológicas, al margen de sus distorsiones de la realidad, guardan consecuencias bien reales en nuestras sociedades; de eso se trata, en última instancia, la batalla cultural: generar cambios reales a partir del cambio cultural.

De modo que consideramos apropiado dar un cierre a este capítulo recogiendo algunos ejemplos de lo que es y puede ofrecer y lograr la militancia feminista de nuestros tiempos a través de su lucha política. Haremos foco especialmente en el feminismo argentino, pero dado que la cocina ideológica del feminismo está instalada con mayor ahínco en otros lugares, no economizaremos referencias a organizaciones de otros puntos del globo.

Los "colectivos feministas" en Argentina son bien variados en lo que hace a nombres y siglas, aunque todos son en última instancia adeptos a la izquierda ideológica y política, y en las más importantes demostraciones de fuerza actúan en conjunto. Uno de los más relevantes es "Pan y Rosas", apéndice feminista nada menos que del ultraizquierdista Partido de Trabajadores Socialistas (PTS). En su carta de presentación esta organización define la esencia ideológica sobre la que tanto hincapié aquí hemos hecho: "Pan y Rosas considera que la lucha contra la opresión de las mujeres es, también, una lucha anticapitalista, y que por eso, sólo la revolución social encabezada por millones de trabajadoras y trabajadores en alianza con el pueblo pobre y todos los sectores oprimidos por este sistema, que acabe con las cadenas del capital, puede sentar las bases para la emancipación de las mujeres".[264] Este grupo promueve una serie de cursos llamados "Talleres de Género y marxismo", algunos de cuyos módulos son titulados "La intersección entre el género y la clase", donde estudian a referentes del feminismo pedófilo como Kate Millet, y "Marxismo y feminismo pos-marxista", donde destacan las teorías de Laclau, Mouffe y, por supuesto, la teoría queer de Butler. Pan y Rosas está dedicado principalmente a la militancia callejera y la formación de cuadros feministas.

---

264 Esta información se puede leer online en el sitio oficial de la organización: http://www.panyrosas.org.ar/

Otra organización argentina que destaca es "La Revuelta", en cuyo sitio web[265] pueden leerse consignas como "Abortamos hermanadas, abortamos en manada". Se dedican fundamentalmente al disturbio urbano, estropeando con pintadas espacios públicos y privados.[266] "Insumisas al servicio familiar obligatorio", "No quiero tu piropo quiero que te mueras", "Yo aborté, tu mamá también", "El aborto no se toma vacaciones", "¡Hagamos huelga de vientres contra el capital!", "Putas o santas, las mujeres abortan hasta en semana santa", son algunos ejemplos de los *graffitis* preferidos. Una de las dirigentes nos explica el porqué del nombre de esta organización: "Alboroto, vocerío causado por una o varias personas, sobresalto, inquietud, motín, sedición, alzamiento contra la autoridad, segunda vuelta o repetición de la vuelta, revolución". Y luego, la misma charlatanería neomarxista de siempre: "denunciamos esta construcción patriarcal y capitalista del mundo, hegemónicamente masculina, en la que nuestros cuerpos de mujeres ha sido y es el territorio sobre el que se ha edificado, imponiéndonos sus saberes androcéntricos"[267]. Como no podía ser de otra manera, la organización promueve el lesbianismo como forma de resistir el "heterocapitalismo", celebrando los 7 de marzo el día de la "visibilidad lésbica" bajo el slogan "no somos hermanas, nos comemos la concha".[268]

La Revuelta es parte a su vez de una red feminista en la que confluyen varias organizaciones, llamada "Socorristas en Red".[269] El objetivo principal de ésta es promover los abortos caseros y, así, difunden por ejemplo manuales sobre cómo matar al hijo que la mujer lleva en su vientre de maneras artesanales, como uno titulado "Cómo hacerse un aborto con pastillas. Instructivo paso a paso".[270] Además, dejan en su sitio web vías de contacto telefónicas para informarse de las modalidades existentes a los fines de realizarse un aborto. En el año 2014 ayudaron a abortar a 1650 mujeres.[271] Cuentan además con un

265 http://larevuelta.com.ar/

266 Ellas mismas suben las fotografías en su página de Facebook: https://www.facebook.com/larevuelta.colectivafeminista/

267 http://larevuelta.com.ar/2014/09/26/experiencias-de-resistencias-de-la-colectiva-feminista-la-revuelta/

268 Las imágenes de difusión pueden verse en su página de Facebook, citada arriba.

269 http://socorristasenred.org/

270 Puede verse en http://sincloset09.wix.com/aborto-misoprostol

271 http://socorristasenred.org/index.php/2015/12/11/declaracion-de-la-4ta-reunion-plenaria-nacional-de-socorristas-en-red-feministas-que-abortamos/

programa de radio virtual llamado "Experiencias corpo-aborteras"[272], cuyo eslogan es "hacer visibles las prácticas aborteras como gesto político"; los relatos nos resultan irreproducibles, pero todos ellos están estructurados por un discurso según el cual matar al hijo no nacido sería una situación de "enorme alivio" y "felicidad femenina".

En Argentina contamos también con la presencia de la asociación civil "Católicas por el derecho a decidir", cuyo nombre contiene desde el vamos dos grandes falacias: la primera es que el mentado "derecho a decidir" queda incompleto sin hacer explícito a decidir *qué*. No es igual "por el derecho a decidir *quiénes serán nuestros representantes políticos*", o "decidir *qué tipo de educación recibir*", que decidir matar a una persona en gestación. Y es que los derechos de uno acaban donde empiezan los del otro; nadie puede arrogarse el derecho de terminar con una vida que no es suya, y la persona por nacer que la mujer lleva en su vientre, tal como en el próximo capítulo lo explica *in extenso* Nicolás Márquez, es por razones científicas un ser distinto de su madre. ¿Podemos imaginar una banda de secuestradores seriales que constituyan una asociación civil "por el derecho a decidir... secuestrar personas", por ejemplo? Algo así parece ser el grupo "Católicas por el derecho a decidir", pues están pidiendo decidir sobre la integridad física del ser que la mujer lleva en su vientre, tal como queda claro con sólo asomarse a ver su sitio web:[273] "¿Cómo hacerse un aborto en el hospital y no morir en el intento?", "Derecho al aborto: decálogo para el tratamiento periodístico", "El aborto en debate", son algunas de las publicaciones y libros producidos por este grupo que allí se pueden descargar. Y la segunda falacia que contiene el nombre, es aquello de "Católicas". En efecto, estas mujeres no sólo van a contrapelo de la doctrina católica más elemental, sino que incluso sus objetivos nucleares apuntan directamente al fomento de la violación de uno de los más importantes mandamientos del Dios cristiano: "No matarás". Si más razones nos hacen falta, la Biblia enseña que lo que hay en el seno de una madre embarazada es un ser humano (cf. Salmo 139:13, 15; Jeremías 1:5; Lucas 1:13; Mateo 1:21). Además, la Biblia condena el homicidio directo de los inocentes (cf. Éxodo 23:7; Deuteronomio 27:25; Mateo 18:10 y 14). ¿Qué hay más inocente que un niño o una niña que todavía se encuentra en el vientre materno? Y podemos seguir agre-

272 http://larevuelta.com.ar/2015/03/23/audios-del-simposio-narrativas-sobre-experiencias-corpo-aborteras/

273 http://www.catolicas.com.ar/

gando razones: para los católicos un hijo es parte del plan de Dios, y aquél es enviado por Él a la Tierra, de modo que interrumpir la vida de este hijo enviado por Dios es interrumpir los Planes del mismo Dios. Y es de tal gravedad el pecado del aborto, que la encíclica *Evangelium Vitae* del Papa Juan Pablo II establece la excomunión como pena: "La excomunión afecta a todos los que cometen este delito conociendo la pena, incluidos también aquellos cómplices sin cuya cooperación el delito no se hubiera producido". Es curioso advertir que esta agrupación, a pesar de decirse "católica", no tiene ningún tipo de actividad parroquial más que la promoción del pecado del aborto.[274] Pero a esta altura debería quedarnos claro que el nombre de la asociación "Católicas por el derecho a decidir" incurre en una contradicción tan absurda como haberle llamado "Católicas por el derecho a no creer en Dios y seguir llamándose católicas". Sin embargo, el nombre en cuestión no es de ninguna manera inocente: lo que se procura con él es instalar en la opinión pública la idea de que existen personas que, pertenecientes a la misma Iglesia católica que las feministas atacan, creen y apoyan todas las demandas de estas últimas. Asimismo, se trata de corroer la unidad discursiva de la propia Iglesia, dando la ilusión de que sus posturas más fundamentales no son contempladas por todos los fieles y que hay "otra vía", confundiendo a la comunidad católica. En una palabra, se trata de la vieja táctica del "entrismo".

Volteando nuestra mirada hacia otro lado, un caso de organización feminista exclusivamente lésbica en Argentina es "Las Fulanas", quienes en la carta de presentación de su sitio web dicen: "Ser feministas significa para nosotras reconocer la existencia de un sistema patriarcal heteronormativo (...). Creemos en el socialismo como sistema de organización política-económica, porque consideramos justa la posesión pública de los medios de producción y su administración en pro del interés de la sociedad en general, y no a favor de clases o grupos particulares".[275] Nótese que el tema de la lucha anticapitalista es una constante que parece no tener excepción en este tipo de agrupaciones. A Las Fulanas también les gustan las pintadas en los espacios públicos: "Qué difícil es ser mariposa en un mundo de gusanos capitalistas"[276] es una de sus "reflexiones" predilectas.

---

274 Véase la actividad de su página de Facebook como ejemplo ilustrativo: https://www.facebook.com/cddargentina

275 http://www.lafulana.org.ar/quienes-somos-main/

276 S Ver su página de Facebook en https://www.facebook.com/151324701611005/

Resulta curioso advertir, no obstante, que muchas de estas organizaciones feministas y *think tanks* promotores de la ideología de género y del aborto están muy bien financiadas nada menos que por el ala izquierdista del poder financiero mundial. Así por ejemplo, encontramos que muchas de ellas reciben periódicamente abultadas sumas de dinero nada menos que del International Planned Parenthood Federation (IPPL), organización que maneja un presupuesto anual de 125 millones de dólares, suma compuesta en gran parte por las jugosas donaciones de la Ford Foundation y la Bill & Melinda Gates Foundation. El dinero proviene también del magnate Warren Buffett, quien ya ha donado aquí más de 289 millones de dólares.[277] Recientemente se ha descubierto que la filial estadounidense de IPPL, el Planned Parenthood Federation of America, lleva adelante millonarios negocios con los fetos abortados, vendiéndoles este "producto" a la industria cosmética, especialmente el colágeno, y traficando órganos. La investigación fue realizada por el Center for Medical Progress[278], y se ha encontrado, además, evidencia de abortos realizados hasta el último trimestre de embarazo, y la utilización de herramientas que permitirían aumentar las probabilidades de sacar al bebé entero e incluso vivo, con el objetivo de recolectar "mejor y mayor tejido", como admitió uno de los altos directivos de la Planned Parenthood. En una de las cámaras ocultas, la ginecóloga Deborah Nucatola, directora de los servicios médicos de la banda criminal en cuestión, reconoce el cuidado que ha de tenerse para no dañar ciertos órganos que tienen alto valor de mercado y agrega: "Hemos sido muy buenos en conseguir corazón, pulmón e hígado, porque cuidamos no aplastar esas partes (...). Para la bóveda craneal, se extrae al bebé de nalgas. Así puede conseguirse una bóveda craneal intacta".[279] Pues bien, el IPPL tiene en su sitio web información financiera hasta el año 2014. Revisando esas planillas puede encontrarse que, sólo ese año, varias organizaciones argentinas recibieron interesantes sumas de dinero: FUSA Para la Salud Integral con Perspectiva de Género y Derechos recibió 451.718 dólares; Cató-

277 Ver diario AciPrensa, "Warren Buffett dona más de mil 200 millones de dólares a industria del aborto", disponible online en https://www.aciprensa.com/noticias/warren-buffett-dona-mas-de-mil-200-millones-de-dolares-a-industria-del-aborto-80543/

278 http://www.centerformedicalprogress.org/

279 Los videos de cámara oculta pueden verse en el sitio web del Center for Medical Progress, y una versión subtitulada de ellos está disponible en https://www.youtube.com/channel/UC74zBGLz2jVx8a3Rj2tDmXA/videos

licas por el Derecho a Decidir recibió 244.320 dólares; Pro Amnistía recibió 44.850 dólares; Centro de Estudios Legales y Sociales (dirigido por el ex montonero Horacio Verbitsky) recibió 32.500 dólares.[280]

***

Las organizaciones feministas argentinas tienen su gran evento anual, el llamado "Encuentro Nacional de Mujeres", una reunión de tres días (donde se imparten talleres como los titulados "Estrategias para el acceso legal, seguro y gratuito al aborto" o "Las mujeres y el activismo lesbiano") que congrega a las feministas del país y que se caracteriza por los fuertes disturbios y hechos de violencia que éstas protagonizan al cierre de la actividad, cuando participan de una multitudinaria marcha. A fines del año 2015 por ejemplo, la ciudad escogida para el XXX Encuentro Nacional de Mujeres fue Mar del Plata, en la cual las feministas se condujeron hacia la Catedral escoltadas por hombres y mujeres del Partido Revolucionario Marxista Leninista y la agrupación H.I.J.O.S (que congrega a hijos de guerrilleros y terroristas izquierdistas de los años ´70), con el objeto de arrojar contra aquélla y contra los católicos que allí se encontraban bengalas, artefactos incendiarios y botellas de vidrio. Quienes pretendieron impedir que las feministas continuaran destruyendo el templo, luego relataron a la prensa que se trató de "Una violencia jamás vista. Rompieron las rejas de la Catedral y nuestras mujeres y niños debieron correr al interior a rezar por todos... Gracias a la Virgen que nos protegió, nosotros pudimos resistir el intento de incendiar la Catedral. Y cuando eran al menos 5.000 o 6.000 manifestantes de partidos de izquierda marxistas, troskistas, leninistas, etc., los que nos agredían sin asco, llegó finalmente la Infantería".[281] Se supo también que una célula feminista atacó a un anciano que estaba rezando dentro de la Catedral, golpeándolo con un objeto contundente en la cabeza.

En rigor de verdad, los actos de violencia en estos eventos feministas no son la excepción sino la regla. En el 2014 la ciudad que vio pasar esta marcha por sus calles fue Salta, donde prendieron fuego banderas

---

280 Ver el reporte financiero de IPPF en http://www.ippf.org/sites/default/files/financialreport_2014-2015.pdf

281 Diario digital Infobae, "Mar del Plata: incidentes en la marcha central del XXX Encuentro Nacional de Mujeres", 12/10/15. Consultado online en: http://www.infobae.com/2015/10/12/1761663-mar-del-plata-incidentes-la-marcha-central-del-xxx-encuentro-nacional-mujeres

papales, símbolos cristianos, se pintaron consignas en calles y edificios públicos, privados y religiosos. "María quería abortar", "Jesús no existe, María abortó", "Aborto es dar vida", "Yo aborté y me gustó", "Abortá al macho", "Somos malas, podemos ser peores", "Muerto el macho se terminó la rabia", "Ni Dios, ni amo, ni marido ni patrón", "Machete al machote", son algunos ejemplos de las consignas con las que ensuciaron toda la ciudad.[282] Un grupo de católicos que se pararon frente a una Iglesia y, agarrados de las manos, rezaban el Rosario, fueron agredidos por las militantes feministas que les arrojaban cosas, les pintaban sus cuerpos, los escupían e insultaban mientras éstos, sin responder las agresiones, continuaban rezando.[283] Las feministas terminaron quemando una imagen de la Virgen María mientras mantenían relaciones sexuales entre ellas frente al templo.[284] Un año atrás este mismo encuentro había sido en San Juan, y las feministas otra vez se condujeron a la Catedral de la ciudad donde encontraron a católicos rezando el Rosario, y se dispusieron a dibujarles en sus propios cuerpos cruces esvásticas y bigotes en sus caras con aerosol, sin que éstos se inmutasen.[285] En Córdoba en el 2007, exactamente lo mismo: piedrazos contra personas que rezaban en la Catedral, pintadas e incluso se arrojó botellas con orina humana y otros desechos contra los católicos.[286] En Tucumán en el 2009, de nuevo: atacaron edificios públicos, privados y religiosos y, según luego contó a la prensa la Policía tucumana, "arrojaron pintura; después hubo algunas que hicieron sus necesidades ahí donde estábamos nosotros y tiraron materia fecal al personal policial".[287]

---

282 Imágenes disponibles en http://www.cronicadelnoa.com.ar/congreso-de-mujeres-el-dia-despues/

283 Ver diario *El Tribuno de Salta*, "Mirá los incidentes que se produjeron en la Catedral", 12/10/14. Consultado online en: http://www.eltribuno.info/mira-los-incidentes-que-se-produjeron-la-catedral-n454059

284 Ver imágenes en diario digital Notifam, "Feministas radicales queman a la Virgen Maria en Argentina", disponible online en https://notifam.com/2014/feministas-radicales-queman-la-virgen-maria-en-argentina/

285 Ver diario digital *La Rioja*, "Bochornoso: Mujeres agreden a fieles católicos en marcha a favor del aborto", consultado online en http://www.riojalibre.com.ar/nacionales-internacionales/7227-san-juan-marcha-a-favor-del-aborto-agresion/

286 Se puede ver un informe del noticiero cordobés "Telenoche" en https://www.youtube.com/watch?v=RMaEboSX_mA

287 Diario La Gaceta, "Mujeres les tiraron materia fecal a policías y fueron reprimidas ", 12/10/15, Tucumán, consultado online en http://www.lagaceta.com.ar/nota/657086/sociedad/mujeres-les-tiraron-materia-fecal-policias-fueron-reprimidas.html

(Como vemos, la escatología no sólo sería un recurso de placer sexual para los ideólogos de género, sino también de combate callejero). En el encuentro del año 2010, con sede en Paraná, las feministas agredieron verbal y físicamente a otras mujeres por el simple hecho de ser católicas, provocándoles a muchas de ellas considerables heridas.[288] Lo mismo ya había sucedido también en Salta, cuando en un taller en favor del aborto un grupo de asistentes osaron cuestionar esa práctica y fueron sacadas literalmente a puñetazos de la sala.

En estas marchas, que el lector puede ver en innumerables videos que han sido subidos en YouTube, las banderas de los distintos partidos izquierdistas y comunistas están siempre presentes y bien visibles. Es que el feminismo es apenas una nueva máscara de algo bien viejo; a menudo es exactamente la misma gente. Es curioso advertir también que existen universidades que financian los viajes en autobús de las militantes que viven en otros puntos del país para que puedan engrosar el evento.[289] Prácticamente todo el "encuentro" se basa en reclamar el derecho a matar al niño por nacer y, encima, peticionar que el Estado financie ese genocidio. El símbolo de la hoz y el martillo es un clásico de estas manifestaciones. Y otro clásico son las mujeres con los senos al aire, todas ellas en la mayoría de los casos cultoras de la repugnancia estética.

Aquí queremos hacer una digresión: al igual que en muchos casos el feminismo lleva a entender al lesbianismo como una opción sexual conforme a las exigencias ideológicas de sus propias convicciones políticas, el culto a la fealdad es también otro fenómeno que aparece con increíble frecuencia en las militantes feministas. Tanto así, que hay muchos chistes que la sabiduría popular ha ido inventando al respecto, y suele decirse que no hay nada menos femenina que una feminista. Todo esto por supuesto que tiene sus raíces en la teoría, y no fue otra que la feminista radical Naomi Wolf quien en los años ´90 publicó *El mito de la belleza*, donde precisamente le dijo al feminismo que la belleza femenina era otra de las tantas opresiones que había creado el omnipresente y maldito "patriarcado". Ideas como éstas contribuyen a entender por qué solemos encontrar que, independientemente de lo que cada una trae por naturaleza, existe

---

288 Ver video al respecto en https://www.youtube.com/watch?v=asrhKInQCiI

289 Ver http://www.panyrosas.org.ar/Conquistamos-que-las-autoridades-subsidien-los-viajes-al-Encuentro-Nacional-de-Mujeres

un esfuerzo por acentuar la fealdad[290] como modo de construir una identidad estética personal en las mujeres que militan y se comprometen con la causa del feminismo radical de nuestros tiempos. Y es que el propio feminismo termina presentándose como una ideología sumamente totalitaria, en tanto que subordina las múltiples dimensiones de la vida personal (¡incluyendo la manera en que presentan rostros y cuerpos a la sociedad!) a un único criterio político-ideológico que ordena todo lo demás.

Volviendo a nuestro tema central, otra cuestión que ha servido al feminismo argentino para visibilizarse y lograr convocatorias realmente importantes, es la de la llamada "violencia de género", una problemática que está en boca de todos y que es motivo de multitudinarias manifestaciones en todo el mundo. Así fue que en 2015 se convocó a la marcha #NiUnaMenos, en la cual miles de personas concurrieron con el expreso y excluyente objeto de repudiar la violencia de determinados hombres hacia las mujeres y peticionar por una reacción estatal (lo cual consideramos muy loable), pero que en gran medida se transformó en la excusa de organizaciones feministas para impulsar su lucha por el genocidio contra el niño por nacer. En efecto, la manifestación rápidamente fue invadida de carteles en favor del aborto que rezaban "Para decir ni una menos hay que legalizar el aborto". Además, entre las peticiones más destacadas de la manifestación, se encontró la "reglamentación de la totalidad de los artículos de la Ley Nacional 26.845, de Protección Integral de las Mujeres, con asignación de presupuesto acorde". Dicha ley, desconocida por la inmensa mayoría de quienes a la manifestación concurrieron, en su artículo 3 inciso e) establece el derecho de la mujer a "Decidir sobre la vida reproductiva, número de embarazos y cuándo tenerlos". Lo que evidentemente incluye decidir matar o no matar al ser que, portador de un ADN diferente del suyo, eventualmente se encuentre en su vientre. Miles de personas firmaron peticiones con aquél título, sin conocer en detalle lo que estaban avalando.

290 No otra que Eva Perón ya había notado en sus tiempos lo propio: "Confieso que el día en que me vi ante el camino feminista, me dio un poco de miedo. (...) ¿Caer en el ridículo? ¿Integrar el grupo de mujeres resentidas con la mujer y con el hombre, como ha ocurrido con innumerables líderes feministas? Ni era soltera entrada en años, ni era tan fea, por otra parte, como para ocupar un puesto así... que, por lo general, en el mundo desde las feministas inglesas hasta aquí, pertenece casi en exclusivo derecho a las mujeres de este tipo... mujeres cuya primera vocación debió ser, indudablemente, la de ser hombres". Citado en Celli, Anselmo Francisco. *Feminismo radical y genocidio mundial*. Buenos Aires, Edición de autor, 2015, p. 100.

Pero al margen de esta manifestación en concreto, reflexionemos brevemente sobre la llamada "violencia de género". Sería interesante preguntarse en primer término: ¿Por qué la violencia habría de tener género? Plantear la pregunta bajo ningún concepto implica reivindicar la violencia contra la mujer, ejercida por bestias que se dicen hombres; ante el fanatismo de los eslóganes, siempre es bueno dejar algunas cosas claras. Plantear la pregunta tampoco conlleva la intención de relativizar la problemática en cuestión; al contrario, lo que encierra la pregunta es la intención de complejizar la problemática. Y es que sólo admitiendo que la violencia no tiene género, podemos empezar a ver una situación mucho más completa de la que presenta una visión que recorta la realidad social por los bordes del género: el problema es la violencia en cuanto tal.

Por empezar, en Argentina el 83,6% de los asesinados son hombres y el 16,4% mujeres.[291] ¿Esto evidencia que tenemos que preocuparnos entonces más por los primeros que por las segundas? La pregunta es tan ridícula como el mismo hecho de analizar el problema de la violencia desde una perspectiva de género. Y es que el problema es la violencia, independientemente del género. Porque si no, lo que se instala es una falsa idea tal la que de hecho se ha instalado en nuestras sociedades: que violencia de género es simplemente la agresión del varón hacia la mujer, y que esta agresión está motivada en todos los casos por un odio de género. En efecto, desde las mismas Naciones Unidas se ha definido a la violencia de género como "aquella que se dirige a individuos o grupos sobre la base de su género"[292], aunque la aplicación cotidiana que se le da es sencilla y exclusivamente la violencia del hombre hacia la mujer que, sin importar los verdaderos móviles de la misma, se da por descontado el odio al sexo femenino como tal. Una agrupación feminista, por ejemplo, define la violencia de género como "la violencia endémica en las relaciones íntimas entre los dos sexos, iniciada por el varón sobre la mujer con el objetivo de perpetuar una serie de roles y estereotipos creados con el fin de continuar con la situación de desigualdad entre varones y mujeres".[293] Esto es lo que se ha inyectado en el sentido común de

---

291 http://www.datosmacro.com

292 United Nations High Commissioner for Refugees (mayo, 2003). *Sexual and Gender-Based Violence against Refugees, Returnees and Internally Displaced Persons: Guidelines for Prevention and Response.*

293 Toldos Romero, María de la Paz. *Hombres víctimas y mujeres agresoras. La cara*

nuestras sociedades. Pero dicho planteo es completamente ideológico, pues no sólo carece de respaldo empírico, sino que existen varios estudios que prueban que la mujer también puede iniciar la violencia contra el varón y que de hecho a menudo lo hace.

He aquí un breve recorrido sobre algunos de ellos: en un estudio longitudinal realizado en Estados Unidos por Murray Straus y Richard Gelles con más de 430 mujeres maltratadas, se encontró que el hombre daba el primer golpe en el 42,6% de los casos mientras la mujer lo hacía en el 52,7%[294]. En la Encuesta Nacional de Violencia Familiar de Estados Unidos (1990) se encontró que hombres y mujeres tenían mismas probabilidades de dar el primer golpe a su pareja en el marco de un conflicto[295]. El Departamento de Justicia de Estados Unidos analizó los 75 mayores condados judiciales y halló que, de 540 asesinatos entre cónyuges, en 318 (59%) casos era mujer la víctima, y en 222 (41%) casos quien terminaba muerto era el hombre[296]. Martín Fiebert, de la Universidad de California Long Beach, en base a 117 estudios que reunieron 72.000 casos, concluyó que "la violencia doméstica es mutua, y en los casos en que hay un solo miembro abusador, éste es un hombre o una mujer, por igual".[297] En la Universidad de Hampshire, estudios concretados por el Laboratorio de Investigaciones de la Familia en 1975, 1985 y 1992, hallaron que "las tasas de abuso eran semejantes entre esposos y esposas".[298] En el clásico estudio de Alice Eagly y Valerie Steffen sobre la violencia, se encuentra que los hombres son apenas más violentos que las mujeres[299]. En una encuesta realizada en la Universidad de Lima se encontró que las mujeres atacan psicológicamente en el 93,2% de los casos mientras los hombres en el 88,3%, y físicamente las primeras en el 39,1% de los casos frente a un 28% en los hombres. La Universidad Nacional de México, con la ayuda de datos del Centro de Atención a la Violencia Intrafamiliar en México, halló que 2 de cada 50 hombres son víctimas

---

oculta de la violencia entre sexos. Alicante, Ed.Cántico, 2013, E-book, Pos 551.

294 Straus, M.A. (1993): "Physical assaults by wives: A major social problema". Citado en Toldos Romero, María de la Paz. Ob. Cit., pos 599.

295 Citado en Toldos Romero, María de la Paz. Ob. Cit., pos 607.

296 Citado en Toldos Romero, María de la Paz. Ob. Cit., pos 1935.

297 Celli, Anselmo Francisco. *Ob*. Cit., p. 57.

298 Celli, Anselmo Francisco. Ob. Cit., p. 57.

299 Eagly, A.H. y Steffen, V.J. (1986): "Gender and aggressive behavior: A meta-analytic review of the social psychological literature", Psichological Bulletin, 100, 3, pp. 309-330. Citado en Toldos Romero, María de la Paz. Ob. Cit., pos 706.

de violencia física y psicológica por parte de su pareja (algo similar se encontró en Corea, Japón, India, y otros países latinoamericanos)[300]. En España, según cifras del año 2000 del Ministerio del Interior, el número que la violencia entre cónyuges dejó en ese año fue de 64 mujeres (59,26%) y 44 hombres (40,74%)[301], aunque los casos en los que la persona terminó muriendo son bastante más altos para las mujeres (44 contra 7), no obstante lo cual, si agregamos en este análisis parejas de hecho y noviazgos, los números se vuelven a acercar (67 mujeres asesinadas y 44 hombres asesinados)[302]. La socióloga Suzanne Steinmetz publicó un artículo donde demostraba que los hombres también podían ser víctimas de violencia en el hogar, lo que le valió recibir "amenazas de muerte hacia ella y sus hijos"[303]. Daniel O'Leary *et al.*, usaron una muestra nacional representativa de jóvenes adultos y hallaron que el 37% de los hombres y el 43% de las mujeres informaban haber sido violentos contra su pareja al menos una vez durante el año anterior[304]. En Kentuky (Estados Unidos) el Law Enforcement Asistance Administration estudió a parejas con problemas de violencia, encontrando que el 38% de los ataques eran de las mujeres hacia los hombres. En Inglaterra y Gales, la British Crime Survey reveló que el 4,2% de las mujeres y el 4,2% de los hombres informaban haber sido agredidos físicamente por su pareja[305]. Otro estudio en Inglaterra, el de Michelle Carrado *et al.* examinó a 1.955 personas y halló que el 18% de los hombres y el 13% de las mujeres decían haber sido víctimas de violencia física por parte de sus parejas en algún momento de su vida[306]. En Canadá, Reena Sommer de la Universidad de Manitoba llevó adelante una investigación de varios años y encontró que el 26,3% de los hombres admitió haber sido violento físicamente contra su pareja en algún momento, frente al 39,1% de mujeres que admitió lo mismo respecto del hombre[307]. En Nueva

300 Citado en Toldos Romero, María de la Paz. Ob. Cit., pos 714.
301 Citado en Toldos Romero, María de la Paz. Ob. Cit., pos 778.
302 Citado en Toldos Romero, María de la Paz. Ob. Cit., pos 778.
303 Toldos Romero, María de la Paz. Ob. Cit., pos 1293.
304 Citado en Toldos Romero, María de la Paz. Ob. Cit., pos 1904.
305 Mirriess-Black, C. (1999): "Domestic Violence: Findings from a new British Crime Survey self-completion question-naire". A Research, Development and Statistics Directorate Report. Home Office Research Study 191. Citado en Toldos Romero, María de la Paz. Ob. Cit., pos 1952.
306 Citado en Toldos Romero, María de la Paz. Ob. Cit., pos 2041.
307 Citado en Toldos Romero, María de la Paz. Ob. Cit., pos 1919.

Zelanda está el "estudio Dunedin", en el cual 1.020 personas fueron examinadas durante veintiún años, y donde se encontró que el 37% de las mujeres declararon haber sido violentas con sus parejas, mientras el 22% de los hombres admitió lo mismo[308].

Es llamativo que, a la luz de estos datos que prueban que la violencia no es exclusiva de un sexo, exista sin embargo tanto desequilibro entre el interés que se le da al caso de la violencia del hombre contra la mujer en comparación de la que se le otorga a la violencia de la mujer contra el hombre (de hecho, esta última es causa de humor en nuestras sociedades). La academia no parece estar muy interesada cuando la víctima es de sexo masculino. Las investigadoras Ann Frodi, Jacqueline Macaulay y Pauline Thom han revelado por ejemplo que de 314 estudios sobre violencia realizados a lo largo de siete años, sólo el 8% se preocupaba sobre la violencia femenina.[309] En otros casos, cuando los números no cierran como se hubiera querido, directamente se los suprime, como fue el caso de un estudio realizado por Leslie Kennedy y Donald Dutton en Canadá para investigar la violencia en la pareja, quienes trabajaron sobre 707 hombres y mujeres a quienes se les hacían preguntas para determinar cuántas veces habían ejercido violencia contra su pareja. Curiosamente los datos relativos a las respuestas de las mujeres se omitieron en el trabajo publicado en la revista *Canadian Journal of Behavioural Science*, siendo extensamente citado luego en un informe de la Cámara de los Comunes, llamado "La guerra contra las mujeres", el que fue utilizado para justificar onerosos programas y políticas públicas de género. Pero algunos años más tarde se obtuvieron los datos que no habían sido publicados deliberadamente, pudiéndose constatar que las tasas de violencia eran similares: un 12,8% de los hombres admitieron haber ejercido violencia contra la mujer, mientras un 12,5% de mujeres admitieron lo propio contra el hombre.[310] En Argentina es interesante echar un vistazo al *Manual Masculinidades*, un libro producido y distribuido por el Estado argentino en tiempos de Cristina Kirchner, donde se nos explica: "La llamamos [violencia] 'de género' porque son violencias que se ejercen contra alguien en función de su género, es decir, porque es mujer, o porque es un varón afeminado, o porque

308 Citado en Toldos Romero, María de la Paz. Ob. Cit., pos 1969.
309 Fordi, A., Macaulay, J. y Thome, P. R. (1997): "Are women always less aggressive than men? A review of the experimental literature", Psychological Bulletin, 84, pp. 634/60.
310 Ver Toldos Romero, María de la Paz. Ob. Cit., pos 1285.

es una persona transexual"[311]. Es decir, se ejerce contra cualquiera con la excepción del varón heterosexual. ¿Existe algo más sexista que pedir justicia para un solo sexo? El que pide justicia para unos y no para otros, no está clamando justicia en absoluto.

Por último, hemos explicado que si bien se define la violencia de género como aquella que está motivada por el odio hacia el otro sexo, actualmente el uso de esta categoría se ha extendido a todos los casos en los que una mujer resulta agredida por un hombre, creándose la falsa sensación de que la violencia que va en este sentido está siempre determinada por el odio sexual y que estamos inmersos en una "guerra de hombres contra mujeres". Pero este reduccionismo no podría explicar, por ejemplo, porqué en Estados Unidos se ha encontrado que la violencia en parejas lesbianas y homosexuales es tan o más frecuente como la que ocurre en parejas heterosexuales.[312] ¿No será que son móviles un poco más complejos y variantes, que la simple aversión por el otro sexo, los que desencadenan comportamientos violentos? De ahí que sería mucho más interesante cambiar la palabra "violencia de género" por una mucho menos ideologizada, que no limite los móviles de la violencia a uno solo, como podría ser la categoría "violencia familiar" o "violencia en la pareja". Y es que entendiendo la violencia como un todo, teniendo en cuenta que tanto hombres como mujeres pueden ser violentos entre sí y a raíz de las más variadas causas, podremos avanzar de manera mucho más contundente en la erradicación de la violencia en cuanto tal.

***

Algo hemos visto hasta aquí sobre algunas organizaciones locales y sus principales banderas y demandas políticas e ideológicas. Éstas son una constante en la mayoría de los grupos feministas del mundo aunque, naturalmente, cuando en determinado país se consigue por ejemplo la legalización del aborto, el feminismo, lejos de desaparecer con el cumplimiento del objetivo en cuestión, pasa a una etapa nueva donde se redobla la apuesta. En efecto, parece ser que el feminismo tiene, en términos generales, una agenda cuya realización se va dando de a pasos graduales, donde cada paso logrado las lleva a una reivin-

311 *Manual Masculinidades. Y con los varones... ¿Qué?.* P. 14. Disponible online en http://www.cnm.gov.ar/Varios/ManualMasculinidades.pdf

312 Ver Toldos Romero, María de la Paz. Ob. Cit., pos 591.

dicación más radical. De modo que no en todos los países el estadio de radicalidad es el mismo. En Argentina por ejemplo, no es frecuente encontrar *todavía*, al menos no de manera realmente visibilizada, la articulación que el feminismo ha realizado, desde la teoría y también muchas veces desde la praxis, con prácticas como la pedofilia en otros países donde objetivos como la legalización del aborto (central en el feminismo latinoamericano) son ya del pasado porque ya han sido cumplimentados. Un caso destacado a mencionar al respecto es el de la Asociación Feminista Holandesa, la cual ha firmado peticiones públicas para conseguir la legalización de la pedofilia. En rigor, no son pocas las organizaciones feministas europeas y norteamericanas que tienen estrechos vínculos con organizaciones pedófilas como la NAMBLA (North American Man/Boy Love Association) y con el IPCE (International Pedophile and Child Emancipation). A nivel de referentes en el activismo feminista que han empezado a articular sus demandas con las de la pedofilia, sobresalen los casos de Pat Califia[313], Camille Paglia[314], Katharina Rutschky y Gisela Bleibtreu-Ehrenberg.

La cuestión no es menor en vistas del impresionante lobby para normalizar la pedofilia que se está llevando adelante, utilizando las herramientas conceptuales de la ideología de género que, como hemos visto, nos repite que todo lo relativo a nuestra sexualidad es una simple "construcción social" que debe ser destruida. ¿Por qué habríamos de reprimirnos de tener relaciones sexuales con niños por un criterio tan "arbitrario" y "cultural" como la edad? Esto ya se preguntaban muchas feministas radicales de la tercera ola como vimos. Algunos hechos ilustran el estado de situación actual: importantes instituciones académicas como la Queen's University (Canadá) ya tienen "educadores" como el profesor emérito de psicología Dr. Vernon Quinsey que sostienen que la pedofilia es apenas "una orientación sexual más", comparable a la heterosexualidad o a la homosexualidad;

---

313 Esta escritora lesbiana y activista feminista anotó en *The Advocate* (1980) que "Los *boylovers* y las lesbianas que tienen amantes jóvenes son las únicas personas que echan una mano a los jóvenes para ayudarles a atravesar el dificultoso terreno entre la sociedad heterosexual y la comunidad gay. No son abusadores de menores. Los abusadores de menores son los sacerdotes, profesores, psiquiatras, policías y padres que imponen su rancia moral a los jóvenes que tienen a su cargo. En lugar de condenar a los pedófilos por tener relaciones con jóvenes gays y lesbianas, deberíamos apoyarles".

314 Brega por la despenalización de la pornografía infantil argumentando que los griegos en la antigüedad lo hacían (¿también creerá que porque los griegos tenían esclavos sería auspicioso despenalizar eso en nuestro mundo también?).

sistemas judiciales han empezado a sentar jurisprudencia en beneficio de la pedofilia, como el caso del reciente pronunciamiento de la Corte Suprema de Apelación de Italia que benefició a un hombre de sesenta años que había mantenido en numerosas ocasiones relaciones sexuales con una niña de once, sobre la base de que esta última habría consentido el coito (nos recuerda a los desopilantes argumentos de Firestone); en otros países se está buscando reducir legalmente la edad mínima de consenso sexual, como en el Reino Unido, donde se está debatiendo la propuesta de Barbara Hewson de bajarla a trece años (edad legalizada en Irán); la Asociación Americana de Psiquiatría (APA) en una de las recientes ediciones de su conocido "Manual diagnóstico y estadístico de los trastornos mentales" (2013), desclasificó a la pedofilia como "trastorno" (nótese la estrategia: hace diez años se la consideraba "enfermedad") y la ubicó en la categoría de "orientación sexual", aunque en edición posterior hubo una rectificación (¿no estaban dadas todavía las condiciones para dar este paso?); el prestigioso *Psyichological Bulletin*, publicación de la misma APA, algunos años antes ya había publicado también el estudio titulado *A Meta-Analytic Examination of Assumed Properties of Child Sexual Abuse Using College Samples* (1998), llevado adelante por profesores de la Universidad de Michigan, la Universidad de Temple y la Universidad de Pennsylvania, donde se encontraba que los abusos sexuales sobre menores son "no causantes de consecuencias negativas de larga duración" y por tanto concluían que "el sexo consensual entre niños y adultos, y entre adolescentes y niños, debería ser descrito en términos más positivos, como 'sexo adulto-menor'" (nótese el sentido de la batalla cultural al nivel del lenguaje); en Holanda incluso se ha legalizado un partido político declaradamente pedófilo ("Caridad, Libertad y Diversidad")[315], y hay un grupo de sexólogos que piden legalizar la pornografía infantil, entre los cuales se encuentran Erik Van Beek y Rik van Lunsen, quienes sugirieron que sea el Estado el que controle, produzca y distribuya contenido erótico a pederastas, argumentando que "si se produce pornografía infantil virtual bajo el

---

315 Ad van den Berg busca legitimar la pedofilia con todos los recursos discursivos de la ideología de género, y termina concluyendo: "hay gente mayor de 16 años que no está preparada para tener relaciones sexuales y, sin embargo, seguro que hay personas de 10 años deseosas de experimentar". Diario digital Forum Libertas, "Legalizar el sexo con niños y animales, objetivo de un nuevo partido político en Holanda", 31/5/06, disponible online en http://www.forumlibertas.com/legalizar-el-sexo-con-ninos-y-animales-objetivo-de-un-nuevo-partido-politico-en-holanda/

control estricto del gobierno, con una especie de sello que muestre con claridad que ningún niño ha sufrido abusos, se podrá ofrecer a los pederastas una forma de regular sus pulsiones sexuales"[316]; el izquierdista Partido Verde de Alemania también apoyó durante mucho tiempo la causa del movimiento pedófilo, y se ha descubierto que un actual euro-diputado de esta facción política confesó en un libro de su autoría (editado en 1975) haber tenido relaciones sexuales con varios niños mientras trabajaba en una guardería; en Estados Unidos un grupo pedófilo declaró el 23 de junio como el "Día internacional de amor a los niños", y todos los años se lo celebra también en el resto del mundo. Todo esto se está llevando adelante, subrayemos, con arreglo a las herramientas de la ideología de género que tuvo origen en la teoría feminista. De hecho, existen reconocidos militantes e ideólogos de género que han sido involucrados e incluso condenados por relacionarse sexualmente con menores, como es el caso del psicólogo Jorge Corsi, ex profesor de la Universidad de Palermo, quien daba seminarios como el titulado "La construcción del género masculino y la violencia" y, además, fue convocado por una comisión para elaborar un proyecto de ley sobre "violencia de género". El hecho fue que Corsi terminó en la cárcel por integrar una red de pedófilos que realizaba fiestas sexuales con niños; frente a las acusaciones, aquél se defendía argumentando: "muchas de las cosas que se están juzgando tienen que ver con miradas discriminatorias"; "la pedofilia no es delito"; "si estamos evolucionando hacia la despatologización de cosas que antes considerábamos patológicas, podría ser que esto también ocurra".[317] ¿No es esto último una confesión de parte sobre la estrategia progresiva que ya hemos explicado?

Otras excentricidades que afectan libertades individuales también se han insertado en el plexo de demandas políticas del feminismo de los países desarrollados. El Partido de Izquierda de Suecia[318], por ejemplo, ha presentado una propuesta de ley que obliga a los hombres a orinar sentados, como lo tienen que hacer las mujeres.[319] El Partido

---

316 Diario Publicable, "La trama secreta de la pedofilia", 20/11/13, consultado online en http://www.diariopublicable.com/sociedad/2035-activismo-pedofilo.html

317 Ver diario *Perfil* (Argentina), "Jorge Corsi con Fontevecchia: 'La pedofilia no es delito'", 17/3/12, video disponible online en http://www.perfil.com/contenidos/2011/03/17/noticia_0016.html

318 El partido se define en su página de Facebook conforme a estos objetivos: "queremos una mejor Suecia, construida sobre una base socialista, feminista y ecológica".

319 Ver diario online Periodista Digital, "En Suecia quieren ahora que los hombres

Liberal de este mismo país, por su parte, ha propuesto legalizar el incesto y la necrofilia (tener sexo con muertos).[320] La presión ideológica y política sobre la empresa de juguetes TOP-TOY ha sido tan fuerte, que la condenaron socialmente por presentar en sus catálogos a los niños vestidos de superhéroes y a las niñas de princesas; debieron a la postre reacomodarse a las exigencias hegemónicas y ahora ilustran sus publicidades con niños jugando con muñecas y niñas disparando ametralladoras. En Suecia podemos también encontrar una fuerte presión para cambiar el lenguaje mismo desde el Estado: recientemente se incluyó un nuevo artículo "neutro" en la lengua sueca, *hen*, el cual no tendría carga de género como *han (él) y hon* (ella). En Alemania no sólo se está experimentando con el lenguaje en los centros de educación preescolar, sino también con el modo de vestir y, así, se insta a los niños a que elijan ropa de niña y a las niñas a que escojan ropa de niños, a quienes además no se los puede tratar de "él" o "ella" para no "inculcar estereotipos de género".[321] En Canadá, el primer ministro Justin Trudeau dice que las familias deben "criar hijos feministas"[322] y se está considerando un proyecto para cambiar el mismísimo himno nacional con el fin de extirparle elementos "patriarcales". Además, de este país es la famosa activista feminista Anita Sarkeesian, quien querría prohibir videojuegos de Nintendo argumentando que la compañía "usó las fantasías de poder de los adolescentes y hombres heterosexuales para vender más videojuegos"; el célebre "Mario Bros" sería uno de los más "patriarcales" puesto que "de todos los juegos de la saga Mario, la princesa aparece en 14 escenas y es secuestrada en 13".[323] Vale agregar que Sarkeesian se suele pasear por la ONU peticionando que Internet sea censurada para luchar contra quienes no adhieren al feminismo.[324]

---

orinen sentados y no de pie", 8/7/12, disponible online en http://www.periodistadigital.com/mundo/europa/2012/07/08/suecia-donde-quieren-que-los-hombres-orinen-sentados.shtml

320 Ver diario *Correo* (Perú), "Suecia: Polémica por pedido de legalizar la necrofilia y el incesto", 25/2/16, disponible online en http://diariocorreo.pe/mundo/suecia-polemica-por-pedido-de-legalizar-la-necrofilia-y-el-incesto-656269/

321 Irasuste, Andrés. *La revolución sexual anglosajona*... Cit., p. 74.

322 Diario digital *La Red 21* (Uruguay), "El primer ministro canadiense habla de la importancia de criar hijos feministas", 7/2/16, disponible online en http://www.lr21.com.uy/mujeres/1275219-justin-trudeau-criar-hijos-feministas-importancia-canada

323 Diario *La Nación* (Argentina), "Feministas contra los videojuegos: ¿es Súper Mario machista?", 1/1/16, disponible online en http://www.lanacion.com.ar/1856542-feministas-contra-los-videojuegos-es-super-mario-machista

324 Ver portal *El Acontecer* (Chile), "La ONU va a censurar el Internet para proteger

Acusaciones similares a las del patriarcal Mario Bros fueron endilgadas contra el dibujante del cómic Spider-Woman ("la mujer araña") de Marvel, acusado de ser "sexista" en su manera de retratar a la mujer; a causa de la polémica desatada por la revista en cuestión, el artista terminó siendo desplazado por la empresa.[325] En España encontramos a los chavistas del partido "Podemos", donde milita la dirigente feminista Beatriz Gimeno (diputada autonómica), quien ha declarado que "la heterosexualidad no es la manera natural de vivir la sexualidad, sino que es una herramienta política y social con una función muy concreta que las feministas denunciaron hace décadas: subordinar las mujeres a los hombres", con lo cual la diputada llama a fomentar "la no heterosexualidad" dado que "la heterosexualidad provoca daños en la mujer"[326]. ¿Faltará mucho para que los izquierdistas de Podemos propongan prohibir la heterosexualidad? No lo sabemos. Lo que sí se sabe es que en este país ya se ha presentado un proyecto para prohibir el "piropo", estableciendo una pena hasta de cárcel y sanción económica de 3.000 euros para quien ose piropear a una mujer[327] —en Bélgica ya rige una ley al respecto y condena los piropos con multa de entre 50 y 1.000 euros y hasta penas de un año de prisión; en Argentina ya hay algunos proyectos similares en camino—. Andalucía, a su turno, ya cuenta con inspectores estatales que vigilan celosamente que profesores, profesoras y estudiantes no usen lenguaje impregnado de género: obligatoriamente se debe usar "alumnado" en lugar de "alumnos"; "profesorado" en lugar de "profesores"; "la adolescencia" en lugar de "los adolescentes"; "personal investigador" en lugar de "investigadores", entre otras ocurrencias por el estilo.[328] El Gobierno autonómico

---

los sentimientos de las feministas", 31/7/12, disponible en http://elacontecer.cl/index.php/world/item/127-la-onu-va-a-censurar-el-internet-para-proteger-los-sentimientos-de-las-feministas/127-la-onu-va-a-censurar-el-internet-para-proteger-los-sentimientos-de-las-feministas

325 Ver diario ABC (España), "La portada de la nueva Spider-Woman, acusada de ser sexista", 22/08/14, disponible online en http://www.abc.es/cultura/libros/20140822/abci-comic-spiderwoman-sexista-201408211658.html

326 Diario La Gaceta (España), "La heterosexualidad provoca daños en la mujer", 15/6/15, disponible online en http://gaceta.es/noticias/heterosexualidad-herramienta-politica-15062015-1352

327 Ver diario digital *Alerta digital* (Madrid), "Piropear a una mujer podría tener pena de cárcel y una sanción económica de 3.000 euros", 31/05/2011, disponible online en http://www.alertadigital.com/2011/05/31/piropear-a-una-mujer-podria-tener-pena-de-carcel-y-una-sancion-economica-de-3-000-euros/

328 Ver diario digital Religión en Libertad, "Los inspectores vigilarán en Andalucía

del País Vasco, por su parte, quiere prohibir el fútbol en los colegios por tratarse de un "juego machista" y para acabar con "la distribución sexista de las zonas del recreo"[329]. En Francia, grupos feministas lograron que el pueblo de Cesson-Sevigne prohíba recientemente la palabra "mademoiselle", equivalente a "señorita" en español, por ser "discriminatoria" y "machista" dado que revela el estado civil, sin existir su similar masculino.[330] En Inglaterra encontramos el movimiento Justice for Women, cuya cofundadora Julie Bindel (columnista de *The Guardian*) piensa y propone que a los hombres hay que recluirlos en campos de concentración —"las mujeres que quisiesen ver a sus hijos o seres queridos masculinos podrían ir a visitarlos, o llevárselos como un libro de la biblioteca, y luego traerlos de vuelta"— y espera "que la heterosexualidad no sobreviva".[331] Ya en América Latina, concretamente en Colombia, las feministas están juntando firmas para prohibir a los mariachis puesto que "las letras de estas canciones perpetúan, refuerzan y celebran patrones de comportamiento patriarcales".[332] Y el listado es, francamente, inagotable. Pero sirvan estos casos como botón de muestra de por dónde viene el asunto.

Además de todo esto, vale subrayar que algunos aparatos represivos del Estado ya están siendo de a poco puestos a funcionar contra quienes osan criticar al feminismo. Esto empieza a revestir altos grados de gravedad, porque el peligro que corren quienes no adscriben a la ideología de género ya no estaría dado solamente por la reacción violenta de agrupaciones y activistas, sino por el mismísimo poder de policía del Estado. Hay un caso que se ha vuelto emblemático: en no-

---

que maestros y alumnos usen el absurdo idioma no-sexista", 6/4/16, disponible online en http://www.religionenlibertad.com/los-inspectores-vigilaran-en-andalucia-que-maestros-y-alumnos-usen-el-48847.htm

329 Ver diario *ABC* (España), "El País Vasco quiere limitar que los niños jueguen al fútbol en el recreo", 28/01/2014, disponible online en http://www.abc.es/sociedad/20140128/abci-futbol-pais-vasco-ninos-201401272111.html

330 Ver diario digital *Libertad Digital* (España), "Un pueblo francés prohíbe la palabra 'mademoiselle' por presiones feministas", 12/01/12, disponible online en http://www.libertaddigital.com/sociedad/2012-01-12/prohiben-la-palabra-mademoiselle-en-un-pequeno-pueblo-de-francia-1276446673/

331 Organización *RadFem Collective*, "An interview with Julie Bindel", 7/9/15, disponible online en http://www.radfemcollective.org/news/2015/9/7/an-interview-with-julie-bindel

332 Diario digital Actualidad Panamericana (Colombia), "Feministas reúnen firmas para prohibir mariachis", 15/12/14, disponible online en http://www.actualidadpanamericana.com/feministas-reunen-firmas-para-prohibir-mariachis/

viembre de 2012 el canadiense Gregory Alan Elliott fue despedido de su trabajo y arrestado por la Policía de Toronto por haber discutido acaloradamente por Twitter contra las feministas Stephanie Guthrie y Heather Reilly.[333]

Si la militancia feminista radical sigue introduciendo sus prohibiciones y persecuciones, no sería exagerado intuir que pronto estaremos en la puerta de una verdadera "dictadura de género".

Breve comentario final de la primera parte

Creemos haber llegado a este punto habiendo dado un pantallazo de la evolución del feminismo desde su génesis hasta nuestros días, y no sólo en lo que hace a la ideología feminista como tal, sino también a sus prácticas concretas. Pues bien, en esta instancia se hace necesario dar entonces un breve comentario final.

El feminismo tuvo un origen noble. Hombres y mujeres lucharon por el acceso de estas últimas a los derechos de ciudadanía, y ello representó un gran avance para todas las sociedades que fueron cumpliendo con estas demandas. Pero cuando el marxismo se puso a la cabeza del feminismo, configuró y difundió una ideología nociva según la cual "el hombre es el burgués y la mujer el proletariado" (Engels), inyectando la noción de un conflicto irresoluble entre los sexos: "La guerra contra las mujeres", parafraseando un proyecto contemporáneo del Parlamento canadiense.

Así, la vieja izquierda hacía rato que había encontrado en la mujer un grupo social importantísimo para su revolución, pero la subordinó a la lucha obrera. Era la revolución de clases la que liberaba a los sexos, y no la revolución de los sexos la que liberaba a las clases. Pero esto se trastocó con el inicio de la crisis del marco filosófico —producto a su vez de crisis políticas y económicas— que alimentó a aquel comunismo ortodoxo: surgió entonces una "nueva izquierda", deseosa de encontrar nuevos grupos sociales —distintos del "aburguesado proletario"— que fueran capaces de ser guiados en la lucha anticapitalista contra las superestructuras sociales y morales que presuntamente sostienen al sistema. Y así vinieron las feministas de género, dispuestas a "deconstruir" incluso nuestra naturaleza huma-

333 Ver diario The Guardian (Inglaterra), "Canadian man found not guilty in Twitter harassment case", 22/01/16, disponible online en http://www.theguardian.com/technology/2016/jan/22/canada-man-twitter-harassment-not-guilty-gregory-alan-elliot

na misma en el marco de una declarada batalla cultural, al punto tal que terminaron afirmando, valga la paradoja, que la mujer no existe.

Es imposible no asombrarse frente a la ineluctable distancia que separa a los inicios del feminismo respecto de su actualidad radical. La continuidad parece ser simplemente de nombre, lo que nos obliga a dejar planteada la siguiente pregunta: ¿No sería conveniente, a los efectos de evitar generalizaciones erradas, llamar de otra manera a aquellas mujeres que lucharon siglos atrás por causas loables? ¿O bien llamar de otra manera a nuestras feministas radicales de hoy? Algunos ya han empezado a utilizar esta estrategia, habiendo bautizado a estas últimas con la ingeniosa etiqueta de "feminazis", en referencia a su declarado odio político basado en criterios sexuales. Otros usan la palabra "hembrismo", para marcar su carácter reverso de la ideología "machista". Dado que es el lenguaje el principal terreno de una lucha cultural, creo interesante no sólo estos ejemplos, sino jugar e innovar nuevas maneras de denominar a estos grupos, que impidan la confusión que ellos mismos promueven para dar sensaciones de aprobación general a su causa.

En efecto, "feminismo" es una etiqueta que suele despertar simpatías casi automáticas, y nuestro inconsciente colectivo la asocia directamente a objetivos nobles, como la lucha por el acceso a derechos políticos o contra la violencia hacia la mujer. Pero estamos seguros que una abrumadora mayoría de las personas que pueden haber leído este libro y que han llegado hasta esta instancia en su lectura, aun considerándose a sí mismos "feministas", no tenían conocimiento previo de la mayor parte de la información aquí brindada. Las únicas que pueden sacar rédito de esta confusión generada son las feministas radicales. Pues muchos podrían argumentar: lo que aquí se ha descrito no es feminismo, es una radicalidad, es un extremismo que no tiene nada que ver con el "feminismo verdadero". Pero la verdad es que esta radicalidad aquí expuesta no sólo se llama a sí mismo también "feminismo", sino que para el pesar de aquellos que piensan que feminismo es otra cosa, el feminismo radical es *mainstream* en el mundo político y académico, y su fuerza como movimiento ideológico se nos presenta como una curva que asciende vertiginosamente y que ya impone sus demandas en muchos puntos del planeta, sin que prácticamente nadie se atreva a enfrentarlo.

PARTE II

Homosexualismo ideológico

por Nicolás Márquez

Capítulo 1
Comunismo y sodomía

La "homofobia" marxista

De los grupos sociales que el neocomunismo ha cooptado como banderín revolucionario para su renovada causa, se encuentra uno que paradojalmente la más ortodoxa izquierda tradicionalmente ha odiado, marginado, demonizado y confinado en campos de concentración todo cuanto pudo: la comunidad homosexual.

Por empezar, fueron los mismísimos ideólogos del comunismo los que abominaron de la sodomía y el propio Friedrich Engels, en carta dirigida en 1869 a su amigo y camarada Karl Marx, sobre el problema homosexual se refirió en los siguientes términos: "Esto que me cuentas son revelaciones contra la naturaleza. Los pederastas comienzan a multiplicarse y a darse cuenta de que ellos forman un poder dentro del Estado. Sólo les faltaba una organización, pero según esto parece ya existir en secreto. Y como se están infiltrando en todos los viejos partidos e incluso en los nuevos, desde Rösing a Schweitzer, su victoria es inevitable. Por suerte, nosotros somos demasiado viejos para tener miedo de ver su victoria, y tener que rendir tributo en cuerpo a los victoriosos (¡!). Pero las nuevas generaciones... De cualquier modo, solo en Alemania es posible que un hombre como éste aparezca y convierta el vicio en una teoría. Desafortunadamente, no es todavía [Karl Heinrich Ullrichs][334] suficientemente valiente para confesar abiertamente ser 'eso' y todavía tiene que operar de tapadillo. Pero espera a que el nuevo código penal del Norte de Alemania reconozca los 'derechos de culo', esto cambiará bastante. Hasta para pobre gente como nosotros, con nuestra infantil atracción por las mujeres, las cosas están yendo mal. Si uno pudiera tomar contacto con el tal Schweitzer, probablemente nos enteraríamos de la personas de las

334 En la epístola, Engels se refiere a la falta de valentía del teórico homosexual Karl Heinrich Ullrichs.

altas esferas que practican la pederastia; no sería difícil para él porque se mueve en esos ambientes"[335].

No era la primera vez que el emblemático dúo se refería con desdén al asunto. Engels condenó la homosexualidad en distintos pasajes de su obra *El origen de la familia, la propiedad privada y el Estado* (1884), describiéndola como "moralmente deteriorada", "abominable", "despreciable" y "degradante"[336], en tanto que Marx respaldó el enfoque apoyándose en el sentido común: "la relación de un hombre con una mujer es la relación más natural de un ser humano con un ser humano"[337] .

Y si bien tras la revolución comunista rusa de 1917 la homosexualidad fue a regañadientes tolerada en los primeros tiempos, el propio Lenin desconfiaba mucho de la misma:

> Me parece que la superabundancia de teorías sexuales (...) surge del deseo de justificar la propia vida sexual anormal o excesiva ante la moralidad burguesa y de suplicar por tolerancia hacia uno mismo. Este velado respeto por la moralidad burguesa me es tan repugnante como arraiga en todo aquello que tiene que ver con el sexo. No importa lo rebelde y revolucionario que pueda parecer, al final del análisis es completamente burgués. Es, principalmente, un hobby de los intelectuales y de las secciones más próximas a ellos. No hay sitio para ello en el partido, en el proletariado consciente de las clases y luchador[338].
>
> (Lenin, 1933)

Pero a medida que Stalin eclipsaba el poder de Lenin hasta adueñarse por completo de la revolución[339], la sodomía pasó a ser no

---

335 Werke, German. *Engels to Marx.* Edition vol.32, p. 324/325 (1869, 22 de Junio). En: Palacios, R. *La conspiración del movimiento gay. Apoteosis de la Guerra de Sexos.* Madrid, Mandala Ediciones, 2011, p. 71.

336 Engels, F. *The Origin of the Family, Private Property and the State.* New York, International, 1972, pp. 61–62.

337 Marx, K. *Early Writings.* New York, McGraw-Hill, 1964, p. 154. En: *Economic and Philosophical Manuscripts.* Third manuscript, section on private property and communism. P. 154.

338 Reminiscences of Lenin (1934): Zetkin, C. *Lenin on the Woman Question.* New York, International, p. 7.

339 Lenin muere en enero de 1924 y desde entonces Stalin no dejó de avanzar hasta controlar el poder de manera absoluta hasta su muerte en 1953.

sólo despreciada por la doctrina sino combatida por la praxis: "En la sociedad soviética, con sus costumbres sanas, la homosexualidad es vista como una perversión sexual y es considerada vergonzosa y criminal. La legislación penal soviética considera la homosexualidad castigable, con excepción de aquellos casos en los que sea manifestación de un profundo desorden psíquico" sentenciaba la Gran Enciclopedia Soviética[340], en consonancia con el Código Penal Soviético, el cual penó la homosexualidad en su artículo 121 con al menos cinco años de confinamiento en los Gulags: entre 1934 y 1980 fueron condenados cerca de cincuenta mil homosexuales.

Una de las biografías modernas más completas que se hayan publicado sobre Stalin nos la ofrece el historiador italiano Álvaro Lozano, en cuya obra *Stalin, el tirano rojo* brinda no pocos detalles acerca del hombre "virtuoso y viril" que el Estado socialista se proponía construir a la fuerza: "Los campesinos, considerados ignorantes y sucios, fueron objeto de campañas para convertirlos en 'cultos'. Se les enseñó a lavarse y a vestir elegantemente a la manera soviética, e incluso se realizó una campaña para que los hombres se afeitasen la barba. Una instrucción del Komsomol señalaba: 'lavarse los dientes es un acto revolucionario'. Fumar era considerado perjudicial para el 'cuerpo soviético'. Un profesor, Nikolai Gredeskul, anunció la creación de hombres nuevos: serían 'el hombre hermoso del futuro', en parte obrero y en parte pensador (...). La orden de Stalin de que veintiocho millones de hombres bebiesen un vaso de vodka diario durante cuatro años para elevar la moral garantizó que la siguiente generación de rusos tuviese un claro referente alcohólico. (...) El régimen impuso un nuevo rigorismo moral, como expresión de la ética proletaria del trabajo, y se prohibió la homosexualidad"[341]. Dentro de esta última persecución, hubo un caso particularmente publicitado —en la medida en que ese sistema totalitario permitía difundirlo—, en el cual se encarceló al director de cine Sergio Paradjanov —condenado en 1974 y recién liberado tras purgar varios años de castigo en los campos de concentración. Debido a su calvario, el diputado italiano Angelo Pezzana, organizó en su defensa una conferencia de prensa el 29 de noviembre de 1977 en Moscú, con el fin de protestar contra el despiadado trato que

340 La Gran Enciclopedia Soviética, es una de las más extensas publicadas alguna vez en ese idioma eslavo. La obra tenía un natural sesgo a favor del marxismo-leninismo, la ideología oficial del sistema soviético.

341 Lozano, Álvaro. *Stalin, el tirano rojo.* España, Nowtilus, 2012, pp. 460-461.

el totalitarismo soviético infligía a los homosexuales[342]. Finalmente, esta normativa represiva para con la sodomía se mantuvo vigente por décadas y recién fue levantada en Rusia en 1993, durante los ablandados tiempos de Boris Yelstin, cuando la URSS, presa de su fracaso, ya había sido formalmente desarticulada el año anterior.

A pesar de todo esto, es notable como muchos homosexuales durante todo el Siglo XX adhirieron o se afiliaron al Partido Comunista de sus respectivos países (que como se sabe dependían de Moscú), tal el caso del argentino Héctor Anabitarte, fundador de "*Nuestro Mundo*", una de las primeras pandillas sodomíticas locales creada en los años 60´. Fue en esta contradictoria militancia cuando la Federación Juvenil Comunista vernácula envió al susodicho a Rusia en representación y participación de los festejos que se darían con motivo del 50° aniversario de la revolución de octubre. En ese contexto, el ansioso emisario tomó contacto con Fedotov, sexólogo oficial de la burocracia moscovita y, al preguntarle sobre la homosexualidad, el facultativo ruso respondió secamente: "En la URSS no existe la homosexualidad"[343]. Anabitarte volvió cabizbajo y compungido a la Argentina. Poco después tuvo que abandonar su militancia partidaria al advertir que sus apetencias personales no tendrían lugar en ella.

En cuanto al otro gran aparato del totalitarismo comunista, el nacido en 1949 en la autodenominada República Popular China tras la revolución de Mao Tse Tung, la homosexualidad tampoco fue privada de persecución y castigo: los homosexuales eran condenados no sólo a penas de prisión y castración, sino a pena de muerte en los casos en los que ésta praxis había sido reiterada. Recién en 1997 la sodomía se despenalizó en China, cuando ante la escasez y las hambrunas ocasionadas por el colectivismo, el asiático país comenzó a hacer méritos para "occidentalizarse" y así abrirse paso a la economía de mercado.

En las Américas, para no ser menos, el comunismo cubano dio la nota bajo la máxima sentenciada por el dictador Fidel Castro que rezaba: "*la revolución no necesita peluqueros*"[344]. Fue entonces cuando el eterno mandamás le dio venia a su obediente fusilador subalterno, el legendario Ernesto Che Guevara —cuyo rostro paradojalmente suele

342 Stern, M y Stern, A. *La vida sexual en la Unión Soviética*. España, Brugera, 1980, p. 259.
343 La anécdota es relatada en Bazán O. *Historia de la Homosexualidad en la Argentina. De la conquista de América al Siglo XXI*. Buenos Aires, Marea Editorial, 2010, p. 336.
344 Citado en Gorbato, V. *Montoneros de Menem. Soldados de Duhalde*. Buenos Aires, Sudamericana, 1999, p. 300.

ser exhibido y enaltecido en las manifestaciones homosexuales contemporáneas— para que diseñara a partir de 1959 aquello que fue el tristemente célebre campo de concentración para castigo de sodomitas situado en la Península de Guanacahabibes, verdadera antesala torturante de lo que años después el propio castrismo masificó en la isla mediante numerosos campos de castigo bajo el programa de la UMAP[345], aquella política de represión estatal consistente en secuestrar homosexuales y someterlos a todo tipo de vejámenes procurando con ello su rehabilitación: "Nunca hemos creído que un homosexual pueda personificar las condiciones y requisitos de conducta que nos permita considerarlo un verdadero revolucionario, un verdadero comunista. Una desviación de esa naturaleza choca con el concepto que tenemos de lo que debe ser un militante comunista (...) seré sincero y diré que los homosexuales no deben ser permitidos en cargos donde puedan influenciar a los jóvenes"[346] declaró el propio Castro, quien coherente con sus dichos, en 1968 dictó la siguiente disposición en el Primer Congreso Nacional de Educación y Cultura en La Habana: "Los medios culturales no pueden servir de marco a la proliferación de falsos intelectuales, que pretenden convertir el snobismo, la extravagancia, el homosexualismo y demás aberraciones en manifestaciones de arte revolucionario, alejado de las masas y del espíritu de nuestra revolución"[347].

Algunos pasajes meramente ilustrativos sobre lo que durante décadas ocurrió con la sodomía en la Cuba castrista (el paraíso humanitario del buen progresista occidental), pueden apreciarse en la película basada en hechos verídicos "Antes que anochezca"[348], la cual relata la vida del escritor homosexual Reinaldo Arenas, brutalmente encerrado y torturado durante años por el castrismo. El propio escritor recordó que, a poco de llegar Castro al poder, "comenzó la per-

---

345 Las Unidades Militares de Ayuda a la Producción (UMAP) fueron campos de castigo que existieron en Cuba entre 1965 y 1968. Allí estuvieron unos 25.000 hombres, básicamente jóvenes que por diversos motivos (homosexualismo, actividades religiosas o conductas "contrarrevolucionarias") eran confinados y sólo tenían libres los días domingos.

346 Entrevista concedida por Fidel Castro al periodista Lee Lockwood y publicada en *Castro's Cuba, Cuba's Castro*. Citado en Zayas, M. *Mapa de la homofobia. Cronología de la represión y censura a homosexuales, travestis y transexuales en la Isla, desde 1962 hasta la fecha.* (2006). Ver enlace completo en: http://www.cubaencuentro.com/cuba/articulos/mapa-de-la-homofobia-10736

347 Citado en Bazán, Osvaldo, Ob. Cit., p. 330.

348 Julian Schnabel (Dir)- Javier Bardem (Prot) "Antes que anochezca" [película], obtuvo la nominación al Premio Oscar al mejor actor por la interpretación de Javier Bardem del poeta cubano Reinaldo Arenas.

secución y se abrieron campos de concentración [...] el acto sexual se convirtió en tabú, mientras que el 'nuevo hombre' era proclamado y la masculinidad exaltada"[349].

Reinaldo Arenas padeció encierro y tortura hasta 1980, año en que pudo recuperar su libertad al permitírsele emigrar hacia los Estados Unidos, país donde finalmente el sufriente escritor pasó sus últimos días. Padeciendo el virus del SIDA, murió en 1990.

Del exterminio a la utilización proselitista

Paradojalmente, sin mayores intervalos ni explicaciones claras, la izquierda del Siglo XXI agita banderines en favor de la homosexualidad en el afán de promover y glorificar todo cuanto antes despreció y destrató con inusual crueldad.

Pero antes de proseguir con este tema y reflexionar acerca de esta asombrosa mutación, consideramos oportuno efectuarle al lector la siguiente aclaración: al referirnos a la homosexualidad de ahora en adelante, lo haremos aludiendo tanto a su militancia como a la ideología homosexualista que hay en ella, pero en modo alguno al individuo o a los individuos que, en prudencia y discreción mantienen en su vida privada una intimidad de tinte homosexual. Dicho de otro modo, los argumentos que expondremos a lo largo de nuestras anotaciones tendrán como blanco no al individuo que padece dicha tendencia, sino a aquellos que la ideologizan haciendo de esa inclinación un panegírico, un alarde y una apología militante al servicio voluntario o involuntario de la izquierda internacional. Vale decir, desde estas líneas distinguiremos siempre entre quien padece una tendencia homosexual inculpable (que merece todo nuestro respeto), de aquel que se dedica al proselitismo militante o ideológico al servicio de la expansión y consolidación de una agenda que hoy presta fiel asistencia a la reciclada causa comunista: aunque esta última se venda envuelta en un glamoroso packaging que pretende presentarse en sociedad bajo el simpático disfraz de la diversidad igualitaria.

¿Alianza nueva y eterna?

Si bien la historia de la militancia homosexual viene de larga data, tomaremos como punto referencial e inicial al activista estadounidense Harry Hay[350], personaje nacido en 1912 y afiliado al Partido Comunista

349 Arenas, R. *Before Night Falls*. Canadá, Penguin Books, 1994.

350 Harry Hay (7 de abril de 1912, Worthing, Inglaterra – 24 de octubre de 2002) fue

desde 1934, quien fusionando la dialéctica marxista a su afición libidinosa, difundió la novedosa teoría de que los invertidos constituían una "minoría cultural" oprimida por la "mayoría heterosexual dominante" y con ello, Harry Hay y sus incipientes seguidores no sólo acercaron nexos entre activistas de izquierda y el movimiento homosexual —a pesar de que en la Unión Soviética los homosexuales eran destratados—, sino que como propaganda complementaria procuraron atraer la compasión de aquellas personas sentimentales que, aunque no fueran homosexuales, se "solidarizaban" con esta causa ante la presunta "opresión" de la que esta victimizada "minoría cultural" sería objeto por parte de la insensible "heterosexualidad patriarcal".

Con estas dialécticas pretensiones, el infatigable Harry Hay creó un primer grupo militante conocido como la "Sociedad Mattachine", cónclave que según él mismo confesó: "fue incuestionablemente el comienzo del moderno movimiento homosexual" cuyo objetivo era "unificar, educar y dirigir a toda la masa de desviados sociales"[351]. Meta que el propio Hay promovió con su triste ejemplo personal, dado que además de dirigente homosexual fue un incansable promotor de la NAMBLA[352] (North American Man/Boy Love Association, Asociación norteamericana por el amor entre hombres y chicos), aberrante corporación mundial de pedófilos en la cual el propio Hay disertaba como invitado de honor en sus repugnantes tertulias, en las cuales declaraba autorreferencialmente que cuando él tenía nueve años fueron varios los hombres que lo buscaron "y le dieron la oportunidad de aprender el amor y la confianza en edad tan precoz"[353].

Fue durante esta retorcida militancia cuando Hay incursionó también en la promoción de la androginia, deliberadamente propagada en el manifiesto de su Sociedad Mattachine: "Nosotros, los andróginos del mundo hemos formado este colectivo responsable para demostrar por medio de nuestro esfuerzo, que nuestras limitaciones fí-

---

un activista y líder del movimiento homosexual en los Estados Unidos, conocido por fundar la Mattachine Society en 1950 y las Radical Faeries ("hadas radicales") en 1979.

351 Timmons, S. *The Trouble With Harry Hay*. Boston, Alyson Publications, 1990, p. 154.

352 La North American Man/Boy Love Association (NAMBLA) (Asociación norteamericana por el amor entre hombres y chicos) es una organización estadounidense de pedófilos radicada en Nueva York y San Francisco.
La página oficial de esta perversa asociación es www.nambla.org/

353 Discurso de Harry Hay dictado el 7 de octubre de 1984, en la conferencia de NAMBLA, San Francisco, disponible en www.nambla.org/sanfrancisco1984.htm.

sicas y psicológicas no son impedimento para ser un 10% de la población mundial que contribuye al progreso social de la humanidad"[354].

Como vemos, en esta suerte de "declaración de principios", Hay hace mención a uno de los mitos más exitosamente repetidos por la militancia homosexual —que perdura hasta nuestros días—, el cual consiste en agigantar las cifras poblacionales de quienes practican esta actividad genital a los efectos de "normalizar" o "naturalizar" la conducta y así, exhibirla como una praxis masificada o de uso corriente, aunque en verdad el publicitado número del "10% de población mundial homosexual" no revista ninguna correspondencia con la realidad. Vayamos a cuentas sobre este último punto que no es un debate menor.

El origen de este insistente truco matemático consistente en cuantificar el número poblacional homosexual se basó en difundir ciertos datos oportunamente adulterados por el conocido zoólogo Alfred Kinsey, un psicópata que además de homosexual era conocido por su afección a la pedofilia, el sadomasoqiusmo y la zoofilia[355], quien en un publicitado informe publicado en los años ´50, sentencia justamente que el 10% de la población era homosexual habitual y que al menos un 20% de la humanidad había mantenido en alguna ocasión sexo homosexual. Esta estafa pseudocientífica fue fundamentada por Kinsey tras "estudiar" 5300 casos de pacientes presuntos, sin aclarar que varias decenas de los consultados eran prostitutos particularmente escogidos, otros tantos pedófilos especialmente seleccionados; 1500 encuestados eran presidiarios y más de 1200 fueron convictos condenados ni siquiera por delitos ajenos a la materia de estudio, sino por crímenes sexuales. O sea, de toda esta selectiva fauna se nutrió Kinsey para avalar su número cabalístico y así, concluir con que el

354 Hay, H; Roscoe, W (ed.). *Radically Gay: Gay Liberation in the Words of Its Founder*. Boston, Beacon Press, 1996, p. 64.

355 Su colaborador Paul Gebhard, en el documental inglés "*Historia secreta, los pedófilos de Kinsey*", reveló que "al doctor Kinsey le gustaba practicar sexo con hombres, niños y animales". En sus estudios sobre la sexualidad humana, Kinsey contó con la ayuda del convicto nazi por pederastia Von Bullaseck, quien entregó a Kinsey los diarios sobre sus relaciones con niños, queriendo demostrar la sexualidad inherente a los infantes. Un informe completo sobre este degenerado puede verse en el siguiente documental "*The Kinsey Cover Up*" (FOX Pictures). Subtitulado en español e incluso disponible en internet en los siguientes enlaces: Parte 1): https://www.youtube.com/watch?v=Jp4Gfl5vroE
Parte 2): https://www.youtube.com/watch?v=JaotEKtrmr0

10% de la población mundial era homosexual. Esta farsa contaba con el agravante no menor de que, como fuera señalado, la mayor parte de la población estudiada era comunidad carcelaria —y encima condenada por delitos sexuales—, la cual tiene mayor propensión a mantener circunstancialmente alguna relación homosexual —muchas veces de manera forzosa— aunque condicionada por la situación de encierro: "La homosexualidad de los reos en las cárceles no es genuina, sino sólo facultativa u ocasional, puesto que en cuanto pueden buscan a una mujer y dejan de presentar los síntomas señalados"[356] confirmó tras sus investigaciones el eminente neurólogo-psiquiatra chileno Armando Roa. Dicho de otro modo: el informe Kinsey tiene un rigor estadístico similar a tomarse un avión hasta París, pararse en una esquina de un barrio promedio, encuestar a 5000 transeúntes y entonces llegar a la conclusión de que "la mayoría absoluta de la población mundial habla en francés".

Posteriormente, un sinfín de estudios científicos elaborados por eminencias académicas y no por pervertidos como Kinsey que alteraban variables para autojustificar sus miserias personales, confirmaron categóricamente que la arbitrariedad numérica del "10%" no tenía el menor asidero y que el *quantum* de la población homosexual oscilaría en verdad entre el 1% y el 2,1% del total de la población mundial[357], siendo que además estas cifras fluctuantes son coincidentes con las que resultan de promediar los 32 últimos informes científicos internacionales más reconocidos y cuyos datos compilados de todos y cada uno de ellos no hemos transcripto por cuestiones de economía, pero que el lector puede consultar uno por uno en el enlace enseñado a pie de página[358].

---

356 Roa, A. Ética y Bioética. Andrés Bello, Santiago, 1998, pp. 219-220.

357 Tal como lo acreditan investigaciones impecables como la efectuada por el sociólogo Edward Laumann Otto (nacido el 31 de agosto 1938), profesor distinguido en el Departamento de Sociología de la Universidad de Chicago. Laumann obtuvo su doctorado en sociología en la Universidad de Harvard en 1964.

358 Los 32 estudios científicos e internacionales mencionados han sido actualizados a diciembre de 2012 motivo por el cual conservan plena vigencia. Para ver los documentos completos puede consultarse la compilación obrante en este link y desde allí indagar en los enlaces subsiguientes: http://www.cronicas.org/cm_armario.htm

Una vez que arribamos a la confirmación científica de que la población homosexual es cuantitativamente muy inferior a la que estos activistas agigantaban artificialmente en el afán de "naturalizar" sus hábitos, queda más que claro que este sector es mucho más ruidoso que numeroso, y que sus proclamas y reclamos no forman parte de una "necesidad de la sociedad" sino de discutibles pretensiones de un sector marginal que se ha convertido en poderoso, al estar apañado por centros financieros del progresismo internacional[359], la intelectualidad de izquierda, el centrismo "bienpensante" y parte de una opinión pública desatenta o desinformada.

Pero lo cierto es que al multiplicarse ficcionariamente las cifras de homosexuales (el artificioso "10%"), el entonces dirigente Harry Hay advirtió que se le presentaba un notable mercado cautivo para su activismo político y así lo analizó el periodista español especializado en el asunto Rafael Palacios en *La conspiración del movimiento gay*, su documentado libro: "Cuando leyó que Kinsey afirmaba el mítico 10%, Harry Hay pensó que tenía por delante el comienzo de un movimiento político que se definiría 'no como gente que realiza actos de sodomía' (como en aquella época se les denominaba) y es una definición en base a una actividad, sino como gente que 'es algo'. En otras palabras: se generaba, de la noche a la mañana, una nueva identidad humana, una clase social discriminada"[360], añadiendo que entonces "Harry Hay se apropió de esta estadística para cambiar el concepto de 'la persona que practica la sodomía' por la persona que 'es homosexual', tomando del comunismo (a pesar de que Marx y Engels se opusieron a él) el concepto de 'minoría oprimida' y creando, literalmente, una clase oprimida homosexual"[361].

---

359 Además de sectores del Partido Demócrata de Estados Unidos, uno de los principales financistas de estas corrientes es el "Center for Constitutional Rights", institución apadrinada por el polémico magnate de izquierda George Soros. También se sabe que la Playboy Foundation es asidua donante de estos emprendimientos junto con otras multinacionales, Ongs (como la Fundación Rockefeller) o particulares de mucho dinero (tales como el cineasta de reconocida filiación izquierdista Steven Spielberg) que también desembolsan para la causa. Asimismo, en Wall Street funciona un lobby llamado Out on the street y su líder es un tal Todd Sears, un alto ejecutivo de allí, quien agrupa a una serie de agentes bancarios comprometidos con la agenda rosa. Sobre este último grupo sugerimos ver la siguiente nota: *"¿Quién financia al lobby gay? Cumbre de banqueros en Londres"* (18/11/2012). Los detalles pueden leerse en el siguiente enlace: http://www.hazteoir.org/noticia/49701-quien-financia-lobby-gay

360 Palacios, R. Ob. Cit., p. 27.

361 Palacios, R. Ob. Cit., p. 28.

Tiempo después, por celos internos Harry Hay se distanció de su primera creación (la Sociedad Mattachine) para seguidamente fundar otra camarilla homosexual llamada "Radical Faeries" (Hadas Radicales)[362], un grupete de travestidos "neopaganos" que participaban de rituales exóticos disfrazados de hadas. Este pintoresco club supo ramificarse en muchos países, siempre intentando amalgamar estas disipaciones eróticas con el marxismo, procurando así instalar una visión revolucionaria de su causa al forzar la adaptación de la "lucha de clases" marxista a la agenda homosexual. Según escribió el propio Harry Hay en desopilante libro de su autoría:

> "El mundo que heredamos, el mundo de la Tradición, enteramente orientado y dominado por Hetero-machos (...) nuestra historia, nuestra filosofía, nuestra psicología, nuestra cultura y las propias formas de comunicación, todo, está concebido desde una perspectiva sujeto-OBJETO (...). Los hombres y las mujeres son —sexual, emocional y espiritualmente— unos del otro (...). Nosotros, hadas, debemos ser esencialmente ajenos a todo eso. Porque esos otros con quienes ansiamos ligarnos, relacionarnos, deslizarnos dentro de ellos, fusionarnos, son otros como yo, son SUJETOS. (...) Como YO. (...) Las hadas deben empezar a arrojar la asquerosa piel verde de sapo, de la heteroimitación, y descubrir al encantador no-HOMBRE, conscientemente homosexual, que brilla debajo de aquella"[363].
>
> (Hay, 1996)

Confesiones de los integrantes de las "Hadas Radicales" establecen que ellos arrogaban en sus reuniones la personificación de un hada como una suerte de "identidad auto-asumida", idealizando así la femineidad en un hombre homosexual. Para muchos de ellos, el objetivo de personificar un ente etéreo que expresa identidad de género, de femenino a masculino y todos los puntos intermedios, es el

---

362 Las Radical faeries (literalmente "Hadas radicales") son un grupo de organizaciones homosexuales. Es un movimiento contracultural y antisistema que rechaza la "imitación de los heterosexuales" e intenta redefinir la identidad sodomita. Su filosofía está influenciada por la forma de vida de los nativos americanos y el neopaganismo de muchos de sus miembros.

363 Hay, H. *Toward The New Frontier Of Fairy Vision: Subject Consciousness*, en *Roscoe Radically Gay*, p. 258:263. Citado en Tradición y Acción. ¡Defendamos la familia!. *Por qué debemos oponernos al "matrimonio" entre personas del mismo sexo y al movimiento homosexual.* Lima, Ed. Tradición y Acción por un Perú Mayor, 2011 p. 90.

camino para "transcender los límites de la condición humana" según sus propias afirmaciones: "El núcleo espiritual de las Hadas Radicales era el mismo que su fundador Harry Hay preveía para su Sociedad Mattachine original: la convicción de que los hombres homosexuales eran espiritualmente diferentes de las otras personas. Ellos estaban más en contacto con la naturaleza, el placer corporal y la verdadera esencia de la naturaleza humana, que abarca lo masculino y lo femenino" señala el escritor homosexual Michael Bronski en su apología dedicada a su venerado líder, titulada "El verdadero Harry Hay"[364] (panegírico publicado en el Boston Phoenix).

Podríamos decir entonces que estos fueron los comienzos y primeros intentos de amalgama visiblemente militante entre marxismo y homosexualismo, iniciativa nacida en los Estados Unidos y que luego fuera tomada y pregonada en ese país por muchos activistas posteriores, tal el caso de Joan Garry, directora de la Gay and Lesbian Alliance Against Defamation (Alianza de Homosexuales y Lesbianas contra la Difamación)[365], quien parafraseando las consignas de la revolución comunista en China, sostenía que el papel de su organización consistía en "transformar el corazón y la mente de las personas", exactamente la misma frase que usaba Mao Tse Tung para referirse al guerrillero campesino en su revolución armada de fin de los años '40. "El movimiento homosexual no es un movimiento de derechos ciudadanos, ni un movimiento de liberación sexual, sino una revolución moral"[366] sentenció el famoso activista norteamericando Paul Varnell, por cuyas costumbres murió de SIDA en el año 2011.

Como vemos, en el gran país del norte el movimiento homosexual comenzaba a unificar su discurso, sus alianzas políticas y su lenguaje.

---

364 Bronsky, M. "The real Harry Hay". Consultado online en http://www.bostonphoenix.com/boston/news_features/other_stories/documents/02511115.htm
365 La GLAAD (http://www.glaad.org/) fue fundada en 1985 en Nueva York con el fin de contrarrestar la cobertura supuestamente inexacta, difamatoria y sensacionalista de la epidemia de sida del periódico *New York Post*. Desde entonces, la GLAAD ha expandido su trabajo para cimentar las relaciones con los medios de comunicación, líderes de la comunidad, periodistas y activistas procurando imponer una representación favorable respecto de la homosexualidad.
366 Paul Varnell. "Defending Our Morality", Reproducido en el siguiente enlace: http://igfculturewatch.com/2000/08/16/defending-our-morality/

Capítulo 2
Los pensadores de la perversión

La primera generación

También a comienzos del Siglo XX pero desde el Viejo Continente y con mayor complejidad académica, empezaban a pulular algunos facultativos cuya prédica obró de punta de lanza de lo que más adelante explotaría como lo que hoy conocemos de esta revolución cultural cooptada por el comunismo sexualizante del Siglo siguiente. De entre estos voceros primigenios, probablemente el pionero haya sido el psiquiatra Wilhelm Reich, nacido el 24 de marzo de 1897 en el imperio austrohúngaro.

Proveniente de una familia judía cuya vida se desarrollaba en un ámbito rural, Wilhelm Reich creció junto a sus padres, quienes convivían en un clima hostil plagado de fatídicas peleas y escenas de celos entre sí. Luego, el propio Wilhelm advierte que su madre era amante de su preceptor y no duda en revelarle esa incómoda situación a su padre, pero este último no pudo soportar tan ingrata noticia y se suicidó. Estos y otros conflictos personales habrían traumado la vida de Reich para siempre y signaron lo que luego fueron las delirantes teorías sexuales y pseudocientíficas que esbozó durante su trajinada vida como sabio pretenso.

Discípulo de Sigmund Freud, Reich se afilió al Partido Comunista en 1928 e intentó juntar psicoanálisis y revolución marxista no sin plasmar esta mezcolanza con proposiciones que escandalizaban a propios y extraños. Tanto fue así que ante la falta de "preocupación erótica" en el seno del Partido Comunista, Reich exhortó a apoyar a los jóvenes en su emprendimiento pansexualista anotando que "la conciencia (de la juventud) de su derecho a organizar su vida (sexual) la obligará inexorablemente a luchar por él. Sólo necesita todavía un apoyo, una organización, un partido que la comprenda, la ayude y la represente"[367], y con motivo de su militancia partidaria, creó unas ra-

---

367 Wilhelm, R. *Materialismo dialéctico y psicoanálisis*. México, Siglo XXI, 1979, p. 235.

ras organizaciones de la "juventud obrera para una política sexual" (se la denominaba como SEXPOL), emprendimiento porno-marxista en el cual hasta el stalinismo puso reparos y no tardó en expulsar a Reich del partido por sus excentricidades concupiscentes.

Tan comunista como lujurioso, Reich sostenía que "la opresión sexual está al servicio de la dominación de clase. Esta se ha reproducido ideológicamente y estructuralmente en los dominados y constituye en esta forma la fuerza más potente y menos conocida de toda especie de opresión", agregando que "el psicoanálisis, subvierte las ideologías burguesas, y dado que la economía socialista constituye la base para el libre desenvolvimiento del intelecto y de la sexualidad, sólo en el socialismo tiene el psicoanálisis un porvenir", reflexión que remató calificando al dictador Lenin como "el más grande psicólogo de masas de todos los tiempos"[368].

En su libro *La función del orgasmo*, Reich sostenía que la familia es una construcción enferma —patología que él llamaba "familitis"— y que la liberación sexual sería no sólo la cura sino el nuevo método revolucionario: "La sexualidad es el centro alrededor del cual gira toda la vida social, así como la vida interior del individuo", y se quejaba de que "las leyes patriarcales relativas a la cultura, la religión y el matrimonio son esencialmente leyes contra el sexo"[369]. Para revertir tamaña injusticia, la revolución marxista debería pasar no sólo por la lucha de clases sino por una revolución genital, la cual consistiría en desatar con desenfreno las pasiones eróticas y en promover la infidelidad con la consiguiente destrucción de la familia: "Según nuestra experiencia, la relación sexual extramatrimonial, o la tendencia hacia la misma, constituye un elemento susceptible de desplegar gran eficacia contra influencias reaccionarias"[370], sentenció.

Como buen comunista que era, a fin de los años '30 Reich se fue a vivir a los Estados Unidos para gozar de la libertad de expresión y así no ser molestado por sus investigaciones orgásmico-científicas, con las cuales supo ganar muchos dólares en Norteamérica estafando personas a las que vendía productos y tratamientos de apariencia erótica con los que prometía solución a todos los males: incluso la cura del cáncer[371]. Pero años más tarde se confirmaría que sus dispa-

368 Whilhelm, R. *Materialismo dialéctico y psicoanálisis*. Cit., p. 72:74-80:219.
369 Wilhelm, R. *La función del orgasmo. El descubrimiento del orgón. Problemas económico-sexuales de la energía biológica*. Buenos Aires, Paidós, 1955, p. 17:2-161.
370 Wilhelm, R. *Materialismo dialéctico y psicoanálisis*. Cit., p. 153-154.
371 Sus estudios se centraron en el *orgón*, palabra que combina "organismo" y "or-

ratadas elucubraciones afrodisíacas eran un verdadero fraude, motivo por el cual fue condenado a la cárcel por la justicia en mayo de 1956, sentencia confirmada luego por la Corte Suprema el 12 de octubre de 1957; por lo tanto el pornógrafo caído en desgracia ingresó al penal de Danbury, donde tras haber sido diagnosticado con esquizofrenia progresiva murió apenas 20 días después de su encierro (el 3 de noviembre en Pensilvania). Probablemente uno de los mejores estudios publicados en Argentina sobre la vida y obra de este sórdido personaje, haya sido el que elaboró el pensador vernáculo Enrique Díaz Araujo a principios de los '80, quien tras analizarlo del derecho y del revés concluyó: "¿Era Reich un loco o un farsante? Nuestra respuesta es que las pruebas apuntan más a lo primero que a lo segundo, aun cuando pueda admitirse un quantum en sus crónicos delirios. Una solución de compromiso podría consistir en declarar que fue un farsante que, al cabo de tanta práctica de fingimiento, no pudo ya distinguir dónde estaba la verdad y la mentira y se volvió loco. En la duda, conforme a las universales normas del debido proceso legal, cabría tenerlo por inimputable del delito de corrupción. Cuya prueba material él documentó en todas sus obras"[372].

Pero con la muerte de Reich su obra no termina, y según sus seguidores y discípulos, el gran continuador y perfeccionador de su pseudociencia fue el sociólogo alemán Herbert Marcuse (nacido en 1898), iconográfico exponente de la entonces naciente Escuela de Frankfurt[373], otro que como buen comunista escapó del totalitarismo europeo para irse a vivir a los Estados Unidos y desde allí disfrutar del confort y la libertad de cátedra —trabajó en las Universidades de Columbia, Harvard, Boston y San Diego—. Fue durante esta aburguesada vida como revolucionario de gabinete, cuando Marcuse publicó su influyente libro

---

gasmo". Para Reich, el orgón es la energía vital de todo organismo, es la fuerza motora del reflejo del orgasmo. Con el fin de hacerlo visible, construye en 1940 el primer "Acumulador de Energía Orgónica", una caja con revestimiento interno de metal, pues la primera absorbería la energía orgónica mientras que la segunda la atraería y con ello podría incluso curar enfermos terminales de cáncer: se hizo rico pero no curó a nadie.

372 Díaz Araujo, E. *La Rebelión de la Nada, o los ideólogos de la subversión cultural.* Buenos Aires, Cruz y Fierro Editores, 1983, p. 87.

373 Se conoce como Escuela de Frankfurt a un grupo de investigadores que se adherían a las teorías de Hegel, Marx y Freud y cuyo centro estaba constituido en el Instituto de Investigación Social, inaugurado en 1923 en Fráncfort del Meno. En sus inicios, sus intelectuales más representativos fueron Max Horkheimer, Theodor W. Adorno, Friedrich Pollock, Erich Fromm y el propio Herbert Marcuse.

de inspiración freudo-marxista —texto clave en el tema que nos ocupa— titulado *Eros y Civilización* (publicado en 1955), el cual sostenía que la heterosexualidad no era más que una imposición de la "cultura dominante" con finalidad productiva y reproductiva. En ese texto, Marcuse efectúa un análisis entre la puja interna existente entre el "Eros" —que es el instinto del placer vinculado a la sexualidad— instalado en el inconsciente, y la "realidad condicionante" —esto último vendría a ser algo similar al concepto del "Super Yo" de Sigmund Freud—, que no es otra cosa que el contexto sociocultural que según el autor, nos reprime el deseo primario. Luego, el comunista Marcuse termina culpando al capitalismo por ser la sociedad "represora" que deliberadamente censura y obstaculiza el placer con el fin de que el hombre tenga que trabajar todo el día para producir y subsistir y, con ello, focalizar toda su libido en el trabajo "a expensas de los poderosos".

Y como la "economía de mercado" —según yerra Marcuse— explota al hombre más que cualquier otro sistema, entonces en esta maldita sociedad de consumo aparece lo que él denomina la "*represión excedente*", es decir aquella represión conformada por toda la parafernalia cultural de occidente (religión incluida), la cual busca *ex profeso* "deserotizar" al individuo para que éste concentre toda su energía trabajando:

> "Los hombres no viven sus propias vidas, sino que realizan funciones preestablecidas. Mientras trabajan no satisfacen sus propias necesidades y facultades, sino que trabajan enajenados. Ahora el trabajo ha llegado a ser general y, por tanto, tiene las restricciones impuestas sobre la libido: el tiempo de trabajo, que ocupa la mayor parte del tiempo de vida individual, es un tiempo doloroso, porque el trabajo enajenado es la ausencia de gratificación, la negación del principio del placer. La libido es desviada para que actúe de una manera socialmente útil, dentro de la cual el individuo trabaja para sí mismo sólo en tanto que trabaja para el aparato, y está comprometido en actividades que por lo general no coinciden con sus propias facultades y deseos". Y concluye: "El conflicto entre la sexualidad y la civilización se despliega con este desarrollo de la dominación"[374].

Luego, insiste Marcuse en que el orden dominante "sólo acepta" relaciones procreativas heterosexuales de tinte monogámicas fundadas

---

374 Marcuse, H. *Eros y Civilización*. Madrid, Sarpe, 1983, p. 56-57.

en la conservación de la especie, y es por eso que esa arbitraria "cultura explotadora" considera como "perversa" cualquier forma de sexualidad alternativa, por lo que este autor celebra enfáticamente todas las perversiones, dado que él las considera como una expresión "de liberación" ante el sistema: "Las perversiones expresan así la rebelión contra la subyugación de la sexualidad al orden de la procreación y contra las instituciones que garantizan este orden"[375]. Una vez más —y ahora bajo el sello de Marcuse— nos topamos con esta identificación entre la revolución marxista y los desvíos sexuales: los pervertidos serían los nuevos proletarios potenciales ante el injusto orden vigente.

Tan insistente y notoria fue la tendencia de los personeros de la Escuela de Frankfurt en amalgamar marxismo con heterodoxias sexuales, que su principal traductor e intérprete al español de las obras de sus exponentes, el literato argentino Héctor Murena[376], advirtiendo esta enrarecida simbiosis en ciernes, anotó en la legendaria revista *Sur* en 1959 lo siguiente: "Siempre me llamó la atención la semejanza de las reacciones del homosexual ante el heterosexual y del comunista frente al no comunista. Ambos ponen de manifiesto, como forzados huéspedes en campamento enemigo, una cordialidad fría y lejana tras la cual es fácil percibir una mezcla de desdén y resentimiento (...). ¿Por qué tal contradicción? Resentimiento a causa de que ambos participan de ideologías 'igualitarias' (...) Pero además del resentimiento, el desdén. Ello debido a que el homosexual y el comunista se consideran, no sin razón, como la avanzada de nuestro tiempo"[377].

¿Habrá sido Murena el primer argentino en reaccionar contra esta forma de neo-marxismo?: su escrito pareciera haberse adelantado medio siglo a su tiempo.

El patriarca de los progres

Si bien fueron varios los exponentes de la Escuela de Frankfurt y pensadores afines que en la primera mitad del Siglo XX encendieron la antorcha de esta suerte de porno-comunismo que venimos estu-

375 Marcuse, H. Ob. Cit., p. 60.

376 Héctor Álvarez Murena, (1923- 1975), fue un escritor, ensayista, poeta y traductor argentino. Escribió veinte libros de todos los géneros literarios y fue habitual colaborador de la revista Sur y del diario La Nación. Realizó una importante tarea de difusión y traducción en español de pensadores como Jürgen Habermas, Theodor Adorno, Herbert Marcuse, Max Horkheimer y Walter Benjamin.

377 *Sur* (Nº256, Enero 1959) Murena, H. *La erótica del espejo*, p. 19. Citado en Bazán, *Ob. Cit.*, p. 284.

diando, la realidad es que la posta ideológica sería recogida años después y con mucha mayor difusión internacional por el francés Michel Foucault, intrincado personaje nacido en 1926 y cuyo predicamento entró en auge a partir de los años ´60, en plena ebullición juvenil-cultural que derivara en los conocidos sucesos de mayo del ´68 en la mismísima París.

Y sin el menor ánimo de trazar una biografía sobre Foucault, lo cierto es que a este individuo no lo podemos soslayar dado que fue directa o indirectamente el atormentado patriarca doctrinal —o al menos el más influyente— de todo lo que hoy se denomina como marxismo cultural, y tanto su pluma como su persona son referencia obligada en todos los intelectuales, ideólogos y activistas de izquierda que le sucedieron en el tiempo.

Michel Foucault fue un personaje multidisciplinario: incursionó en la sociología, la filosofía, la psicología y también se quiso hacer el historiador, dedicando su corta e intensa vida a cuestionar al mundo occidental y sus instituciones[378]. Y si bien él se autodefinía como "nietzscheano"[379], no por ello dejó ser un consecuente comunista —se afilió al Partido Comunista Francés en 1950[380]—, coqueteó también con ciertas ideas estructuralistas y sus tesis mantenían la insistencia de ver en todo el orden que lo rodeaba una suerte de aviesa conspiración de dominación por parte del "sistema"[381] de poder capitalista, cuyos tenebrosos dominadores eran no necesariamente los detentadores de los medios de producción —tal como lo afirmaba el marxismo clásico—, sino fundamentalmente los detentadores del "saber", sapiencia que según Foucault era usada a través de los facultativos por medio de una compleja maquinaria creada no para asistir al hombre sino para vigilarlo y controlarlo. Incluso Foucault trasladaba la relación de explotación o dominación económica que sostenía el marxismo a los vínculos socioculturales interpersonales: el cura respecto del feligrés, el médico respecto del paciente o el policía respecto del ladrón, por ejemplo. Y por ende, el grueso de sus libros apuntan a cuestionar a las instituciones en que actúan estos

---

378 Fue docente en varias universidades francesas y estadounidenses y catedrático de Historia de los sistemas de pensamiento en el Collège de France (1970-1984).

379 Entrevista a Gilles Barbedette, publicada en *Les Lettres Nouvelles*, 28/6/1985.

380 Aunque en 1953 renunció por disidencias internas.

381 Para diferenciarse de los estructuralistas, justamente él no hablaba de "estructura" de poder sino de "sistema", un eufemismo lingüístico que en lo esencial no variaba demasiado su afinidad para con aquéllos.

"agentes del saber": la Iglesia, el hospital, el establecimiento penitenciario, etcétera.

Y dentro de los sistemas disciplinarios que denunciaba, mantuvo siempre un especial ensañamiento para con los hospitales y, por añadidura, con la medicina[382]. Pero he aquí un detalle que no podemos omitir: Foucault era bisnieto, nieto, hijo y hermano de médicos que siempre insistieron y promovieron en él la idea —nunca concretada— de que continuara vocacionalmente con esa tradición familiar. ¿Intentaba Foucault resolver catárticamente conflictos personal-familiares en sus escritos a los que luego disfrazaba con un revolucionario barniz académico? Interesa la pregunta porque si bien no solía escribir libros autorreferenciales, siempre se explayaba sobre asuntos que claramente estaban relacionados con sus traumas personales. Por ejemplo, es sabido que Foucault había estado al borde de la locura y en probable búsqueda de su propia identidad, escribió su obra *Locura y sinrazón. Historia de la locura en la época clásica*, publicada en 1961: "Después de haber estudiado filosofía, quería ver lo que era la locura: había estado lo suficientemente loco como para estudiar la razón, y era lo suficientemente razonable como para estudiar la locura"[383], reconoció. No exageraba Foucault cuando confesaba haber estado loco. En su juventud intentó matarse varias veces[384], padeció depresión aguda y por ese motivo fue llevado por su padre al hospital psiquiátrico de Santa Anna, lapso en el que él se familiarizó y fascinó con la psicología.

En su mencionado libro sobre la locura, Foucault sostenía que ésta no era una enfermedad sino una clasificación injusta y arbitraria de la modernidad capitalista: "En la Edad Media el loco se movía con libertad e incluso, se lo veía con respeto, pero en nuestra época se lo confina en asilos y se lo trata como a enfermo, un triunfo de 'equivocada filantropía'"[385], anotó. Exactamente el mismo argumento usaron luego los sodomitas foucaultianos a la hora de negar que la homosexualidad sea una enfermedad.

Lo cierto es que Foucault se caracterizaba por reivindicar con insistencia a los locos, a los perversos y a los criminales, a quienes él

382 Fundamentalmente Foucault mantuvo un obsesivo ensañamiento para con la psiquiatría.
383 Alix Fillingham, L. *Foucault Para Principiantes*. Buenos Aires, Era Naciente, 2001.
384 Eribon, D. *Michel Foucault*. Cambridge, Harvard University Press, 1991.
385 Citado en Miller, James. *La Pasión de Michel Foucault*. Chile, Andrés Bello, 1996, p. 20.

consideraba "víctimas del sistema" y más concretamente, alegaba que estos elementos formaban parte de una arbitraria categorización estigmatizante del mundo moderno: ¿Ignoraba Foucault que en la Edad Media estos parias habían recibido un trato muchísimo más hostil que el que él denunciaba?

Justamente, para Foucault el delincuente era una víctima que el orden capitalista había inventado y clasificado en el marco de un planificado mecanismo de control. Pero si su tesis fuese cierta: ¿Entonces por qué en la Rusia soviética -en donde el capitalismo no existía- no sólo también había delincuentes sino que éstos eran hacinados y torturados en los Gulag junto con mujeres, ancianos y niños? Ante este planteo, Foucault se hacía el distraído y minimizaba la crueldad del sistema penal comunista, el cual era por lejos muchísimo más brutal y arbitrario que cualquier defectuoso sistema carcelario de la órbita capitalista-occidental.

En efecto, el irracional odio hacia al sistema de vida en el que él vivió (y disfrutó) llevó a Foucault a no advertir que "los excluidos" (de los que parodiaba preocuparse) eran muchísimo mejor tratados en la civilización que él denostaba no sólo respecto de la Unión Soviética, sino también en relación con los campos de castigo de la China comunista y ni que hablar respecto de la barbarie obrante en las teocracias pre-modernas de Medio Oriente, las cuales Foucault no sólo no condenó sino que apoyó con cruel deslumbramiento. Tal el caso del régimen iraní del Ayatolá Jomeini (de quien fue su panegirista en 1979), el cual lapidaba adúlteros, masacraba prostitutas y ahorcaba homosexuales con habitualidad.

Pero por delirante que sonaran estas posturas, es indudable que sus obras influyeron y mucho en distintas disciplinas. Su libro *Vigilar y castigar* por ejemplo, es una suerte de catecismo de la corriente garanto-abolicionsita del derecho penal, en donde Foucault exalta con encendida admiración la figura del delincuente y sostiene que el crimen es "una protesta resonante de la individualidad humana", agregando que "puede, por lo tanto, ocurrir que el delito constituya un instrumento político que será eventualmente tan precioso para la liberación de nuestra sociedad como lo fue para la emancipación de los negros"[386]. Lo insólito es que este tipo de disparates ha sido tomado en serio por muchos abogados de izquierda y no por casualidad, en la Argentina el principal divulgador foucaultiano haya sido el

386 Foucault, M. *Vigilar y Castigar. Nacimiento de la Prisión*. Bs.As., Siglo XXI, 2002, p. 177.

activista homosexual, locador de prostíbulos y evasor fiscal Eugenio Zaffaroni, presentado en sociedad no como un protervo —sus fallos siempre tendieron a exculpar o justificar criminales y delincuentes sexuales— sino como una "eminencia jurídica", beneficio vernáculo del que goza cualquier degenerado que pertenezca al establishment progresista: el fallecido delincuente y ex Presidente Néstor Kirchner premió a Zaffaroni al nombrarlo Juez de la Corte Suprema de Justicia, una de las tantísimas vergüenzas institucionales que hemos padecido en este desdichado país.

En los criminales, licenciosos, locos y, en suma, en todos los andrajos sociales que consideraba "excluidos del sistema", Foucault siempre vio el caldo de cultivo para atentar contra el orden establecido y promover así una revolución: "Hay una pluralidad de resistencias, cada una de ellas es un caso especial"[387], anotó en su inconclusa obra Historia de la sexualidad, mientras llamaba a los delincuentes no a la reflexión y al cese de sus felonías, sino a sembrar la violencia y el caos social por mano propia, a la vez que despreciaba al poder judicial y las garantías jurídicas del Estado de Derecho civilizado: "Cuando se enseña a desechar la violencia, a estar a favor de la paz, a no querer la venganza, a preferir la justicia a la lucha, ¿qué es lo que se enseña? Se enseña a preferir la justicia burguesa a la lucha social, se enseña a preferir un juez a una venganza", añadiendo que el sistema judicial era un tenebroso mecanismo de dominación: "El sistema de justicia que se le propone, que se le impone, es en realidad un instrumento de poder"[388]. ¿Prefería entonces Foucault para el delincuente no el Debido Proceso con un abogado defensor sino la horca, el destierro o la tortura de los tiempos pretéritos acaso?

Todo indica que paradojalmente, su odio contra el orden existente convertía a Foucault involuntariamente en un ultraconservador contrariado, porque de sus enfoques se deriva que él pensaba que en la Edad Media sus protegidos "marginales" vivían mucho mejor que en la modernidad, a la cual él culpaba por haberlos patologizado o estigmatizado. ¿No sabía Foucault la obviedad de que en la Edad Media a los locos, los pervertidos y a los delincuentes se les daba un trato muchísimo más hostil que en el mundo que él cuestionaba a través de sus textos y desde la libertad de cátedra bien remunerada?

---

387 Citado en Sebreli, Juan José. *El Olvido de la Razón*. Bs.As, Sudamericana, 2006, p. 315.
388 Foucault, M. *Obras esenciales. Volumen 2: Estrategias de Poder*. Buenos Aires, Paidós, 1999, p. 139:140.

Nos resulta impensable suponer que Foucault desconociera la historia de una manera tan grosera como para reivindicar implícitamente un antiguo orden que por adhesión ideológica izquierdista él debería tomar como injusto, es por ello que tomamos nota de una buena interpretación que de este intrincado individuo hace el sociólogo Juan José Sebreli, quien sostiene que Foucault "manipulaba los datos históricos a su antojo y a veces los falseaba; los historiadores lo perdonaban porque creían que era un gran filósofo, los filósofos también lo excusaban porque creían que eran un gran historiador"[389].

En efecto, a Foucault nunca le interesó arribar a la verdad sino introducirle a la verdad argumentos engañosos con apariencia cientificista a los efectos de contaminarla y así, poder librar su enfermiza batalla existencial contra el mundo. Y quizás esta traumática y egocéntrica necesidad no de buscar la verdad sino de ensuciarla y ganar debates, fue la que lo llevó a sentir admiración por los sofistas griegos: "Creo que son muy importantes porque en ellos hay una prédica y una teoría del discurso que son esencialmente estratégicas; establecemos discursos y discutimos no para llegar a la verdad sino para vencerla. (...) Para los sofistas hablar, discutir y procurar conseguir la victoria a cualquier precio, valiéndose hasta de las astucias más groseras, es importante porque para ellos la práctica del discurso no está disociada del ejercicio del poder"[390]. O sea, Foucault bien podría haber sido entonces un mentiroso orgánico. ¿Orgánico al servicio de quién? Probablemente de sus locuras y taras personalísimas, que no eran pocas: los problemas de identidad en Foucault fueron tan agudos que en carta a una amiga suya suscripta a la edad de 30 años, confesó "haber vacilado entre hacerme monje o tomar el desvío de los caminos de la noche"[391]. Eligió este último carril, y mantuvo una insana vida signada por las drogas, el sadomasoquismo y la homosexualidad —elección de vida que años después pagaría muy cara—, siendo su amante más conocido el sociólogo comunista Daniel Defert.

Y así como elogió la locura y ponderó al criminal, también Foucault encomió la sodomía y la consideró como una suerte de vida rectora: "La homosexualidad surgió como una de las formas de sexuali-

---

389 Sebreli, J.J. *El Olvido de la Razón*. Cit., p. 304.

390 Conferencia de Michel Foucault en Río de Janeiro (21 de mayo 1974). Citada en Jalón, Mauricio. *El Laboratorio de Foucault: descifrar y ordenar.* Madrid, Antrophos, 1994, p.155-156.

391 Citado en Sebreli, J.J. Ob. Cit., p. 292.

dad cuando pasó de la simple práctica de la sodomía hacia un tipo de androginia superior, un hermafroditismo de alma"[392], agregando que "la homosexualidad no es un deseo, sino algo deseable. Por lo tanto debemos insistir en llegar a ser homosexuales"[393]. Declaración suya bastante inofensiva si la comparamos con su aberrante apología de la pedofilia: "Por cierto", manifestó por radio en 1978, "es muy difícil establecer barreras a la edad del consentimiento sexual", porque "puede suceder que sea el menor, con su propia sexualidad, el que desee al adulto", exhortando entonces a derogar todas las sanciones penales que regulan los delitos sexuales: "En ninguna circunstancia debería someterse la sexualidad a algún tipo de legislación... Cuando uno castiga la violación debería castigar la violencia y nada más. Y decir que sólo es un acto de agresión: que no hay diferencia, en principio, entre introducir un dedo en la cara de alguien o el pene en sus genitales"[394].

Pero Foucault no se quedó atrás en su pretensión "liberadora", sino que propuso adoptar varones para poder llevarlos a vivir consigo y mantener así una "relación enriquecedora": "Vivimos en un mundo relacional que las instituciones han empobrecido considerablemente. La sociedad y las instituciones que constituyen su armazón han limitado la posibilidad de entablar relaciones, porque un mundo relacional rico sería en extremo complicado de manejar. Debemos pelear contra ese empobrecimiento del tejido relacional. Debemos lograr que se reconozcan relaciones de coexistencia provisoria, de adopción", y entonces, el entrevistador Gilles Barbedette, siguiendo la lógica del razonamiento de Foucault preguntó:

> "DB— [adopción] ¿De niños?
>
> MF— O —¿por qué no?— la de un adulto por otro. ¿Por qué no adoptaría a un amigo diez años menor que yo? ¿E incluso diez años más grande? (...) deberíamos tratar de imaginar y crear un nuevo derecho relacional que permitiera la existencia de todos los tipos posibles de relaciones"[395].

---

392 Foucault, M. *The History of Sexuality: Volume 1 and Introduction.* New York, Vintage, 1980, p. 43.

393 Citado en Miller, J. Ob. Cit., p. 348

394 Miller, J. Ob. Cit., p. 347.

395 "Una conversación con M. Foucault: Michel Foucault; El triunfo social del placer sexual". [Entrevista con Gilles Barbedette, 1981]. En Foucault, M. *La inquietud por la verdad. Escritos sobre la sexualidad y el sujeto.* Siglo XXI editores, 2013. Ver nota completa en el siguiente enlace:

Como buen "izquierdista infantil" —arquetípicamente ridiculizado por Lenin— Foucault bramaba contra el orden vigente sin proponer jamás una salida superadora a lo que él tanto se quejaba, y cuando se le preguntaba qué futuro imaginaba o anhelaba para la humanidad, él se entusiasmaba con un mundo signado por las orgías y los alucinógenos: "Es posible que el perfil aproximado de una sociedad futura sea proporcionado por las recientes experiencias con drogas, sexo, comunas"[396]. Le asiste la razón al pensador Plinio Correa de Oliveira cuando sentenciaba: "Si el comunismo no es nada en cuanto fuerza de construcción, es algo como fuerza de destrucción"[397], y Foucault encuadraba y cumplimentaba de manera perfecta esta función destructiva.

Y así como resulta asombroso advertir el desconocimiento que de la historia padecía Foucault (aunque sospechamos que alteraba variables ex profeso), sus acríticos seguidores aceptan a libro cerrado los postulados de su conflictuado patriarca y entonces creen que antes de la llegada del capitalismo, la homosexualidad era admitida con alegría y desprejuicio, pero que el advenimiento de éste conspiró para demonizar estas tendencias y se pergeñó así una "cruel conjura heterosexista". Sin dudas, estas endebles afirmaciones no son otra cosa más que una repetición de lo que ya había "determinado" Foucault en sus escritos más antiguos: en 1964 en su obra *Historia de la locura en la época clásica* anotó que "La homosexualidad, a la que el Renacimiento había dado libertad de expresión, en adelante entrará en el silencio, y pasará al lado de la prohibición, heredando viejas condenaciones de una sodomía en adelante desacralizada"[398], y casi una década después, en 1975 reforzó la idea en su trabajo *Los Anormales*: "Podemos imaginar (...) que la regla de silencio sobre la sexualidad apenas comenzó a pesar en el siglo XVII (en la época, digamos, de la formación de las sociedades capitalistas), pero que anteriormente todo el mundo podía decir cualquier cosa acerca de ella. ¡Tal vez! Quizás fuera así en la Edad Media, quizás la libertad de enunciación de la sexualidad era mucho más grande en ella que en los siglos XVIII o XIX. (...) Miren lo que pasa ahora. Por un lado, tenemos en nuestros días

---

http://perrerac.org/francia/michel-foucault-el-triunfo-social-del-placer-sexual-una-conversacin-con-m-foucault/876/

396 Citado en Sebreli, J.J. *El olvido de la razón*. Cit., p. 315.

397 Correa de Oliveira, P. *Trasbordo ideológico inadvertido y diálogo*. Santiago de Chile, Corporación Cultural Santa Fe, 1985, p. 26.

398 Foucault, M. *Historia de la locura en la época clásica I*. Colombia, Fondo de Cultura Económica, 1998, p. 67.

toda una serie de procedimientos institucionalizados de confesión de la sexualidad: la psiquiatría, el psicoanálisis, la sexología"[399]. Pero siete años más tarde, en 1982, cuando la salud de Foucault era carcomida por el SIDA, fue él mismo quien sostuvo exactamente lo contrario de lo que predicó siempre, dejando en ridículo a sus fans: "Lo que llamamos moral sexual cristiana, e incluso judeocristiana, es un mito. Basta con consultar los documentos: esa famosa moral que localiza las relaciones sexuales en el matrimonio, que condena el adulterio y cualquier conducta no procreadora y no matrimonial, se construyó mucho antes del cristianismo. Todas estas formulaciones se encuentran en los textos estoicos, pitagóricos, y son ya tan 'cristianas' que los cristianos las retoman tal cual llegan hasta ellos"[400].

O sea que poco antes de morir, Foucault no sólo renegó de su historicismo de bolsillo reconociendo que el ideal heterosexual no era "un invento moderno", sino que con su ejemplo personal también contradijo su tesis respecto de sus demonizadas "instituciones disciplinarias": terminó sus días agonizando en un hospital y rodeado de médicos, institución y agentes que él siempre despreció y trató con desdén en sus obras más emblemáticas (tanto en *El nacimiento de la clínica. Una arqueología de la mirada médica* —1963— como en su posterior trabajo *La microfísica del poder* —1977—). Y si bien él gustaba discursear contra el "prejuicio y el estigma", cuando se enteró que padecía SIDA mantuvo un discretísimo silencio y le ordenó a sus amigos y familiares ocultar tan infamante etiqueta.

A pesar de que la militancia homosexualista siempre toma a Foucault como su referencia intelectual por antonomasia, al parecer no es tanto lo que este hizo explícitamente por ella, puesto que estando de visita en la ciudad estadounidense de San Francisco —la que frecuentaba arropado en cuero en busca de "machotes golpeadores" que lo penetraran sexualmente en baños públicos mediante violentas sesiones sadomasoquistas—, mantuvo una breve conversación con un joven homosexual que se le acercó para agradecerle por todo lo que él habría hecho por el "movimiento gay", y el traumado Foucault contestó: "Mi obra, verdaderamente, no tiene la menor relación con la liberación gay". Y añadió: "En realidad me gustaba la situación an-

---

399 Foucault, M. *Los anormales: Michel Foucault, Curso del College de France 1974-1975.* España, Akal Ediciones, 2009, p. 156.

400 Foucault, M. *La inquietud por la verdad. Escritos sobre la sexualidad y el sujeto.* Cit., p. 101.

tes de la liberación gay cuando todo era más disimulado. Era como una comunidad subterránea, excitante y algo peligrosa. La amistad significaba mucho, suponía mucha confianza, nos protegíamos unos a otros, nos vinculábamos mediante códigos secretos"[401].

Homosexual promiscuo, sadomasoquista enfermizo, comunista "bon vivant", alcohólico perdido, suicida frustrado, fumador empedernido y drogadicto irrefrenable —el consumo de LSD fue su pasatiempo favorito—, Michel Foucault fue el arquetipo humano perfectísimo para terminar siendo la idolatrada referencia de viciosos, delincuentes y depravados que la nueva estrategia izquierdista ha cooptado para sí, bajo las supuestas pretensiones nobles que aquí intentamos transparentar, siendo que para su envenenada herencia de intelectuales que hoy lo emulan —en sus textos y en sus hábitos—, Foucault es el punto de referencia obligatorio para promover la revolución cultural, tan simpáticamente igualitaria en el mundo aparente como perversa y autodestructiva en el mundo real.

La herencia envenenada

Andando los años, esta simbiótica tendencia ideológica —marxismo y sodomía— fue bien profundizada por el teorizante homosexual Guy Hocquenghem (nacido en 1946, veinte años después que Foucault), novelista francés afiliado al Partido Comunista (para variar), quien había entrado en las Jeunesses Communistes Revolutionaires con tan sólo 15 años de edad, aunque pronto comprendió que su obsesiva falo-adicción suponía un obstáculo para ser aceptado ante los dogmas de un partido stalinista, teniendo entonces que abandonar sus filas en 1965: "En realidad, Guy había leído a Freud mientras chupaba pollas en las reuniones del partido comunista francés"[402], confesó indiscretamente su principal discípula y difusora Beatriz Preciado, otra lesbiana comunista nacida en España que funge de pensadora y de quien nos referiremos más adelante.

Incompatibilidades partidarias al margen, fue este autor francés quien repotenció y amplificó esta retorcida conjunción en su histórico libro *El deseo homosexual*, leído y tomado como credo por todo el activismo afecto a la "ideología del género" tan en boga: "La sociedad capitalista fabrica lo homosexual como produce lo proletario, susci-

---

401 Miller, James E. Ob. Cit., p. 342

402 Preciado, B. *Terror anal*. En Hocquenghem, G: *El deseo homosexual*. España, Melusina, 2000, p. 135.

tando a cada momento su propio límite. La homosexualidad es una fabricación del mundo normal"[403] nos dice Hocquenghem, intentando así personificar a la comunidad homosexual como el sector "oprimido" por la "heterosexualidad dominante". Y añade: "La constitución de la homosexualidad como categoría separada va a la par con su represión"[404], sugiriendo entonces que la homosexualidad es tan natural como la heterosexualidad pero que "el poder dominante" la reprime: "La homosexualidad atañe a todo el mundo; sin embargo, está proscrita en todas partes"[405], agregando que tanto la conducta heterosexual como la homosexual son iguales pero que hay una "superestructura moral" impuesta por el capitalismo heterosexista que la subyuga y estigmatiza: "Ninguna civilización fundada exclusivamente sobre la dominación por la fuerza de un modo sexual sobre todos los demás podrá subsistir mucho tiempo: el derrumbamiento de las creencias religiosas necesita nuevas barreras morales interiores"[406] afirma. Y parangonando a la cultura homosexual con el igualitarismo marxista en contraposición a la sociedad "jerárquica" (o sea la capitalista y heterosexual), el rebuscado francés anota: "Sin hijos (...) La producción homosexual se hace sobre el modo de la relación horizontal no limitativa, la reproducción heterosexual sobre el modo de la sucesión jerárquica"[407], refiriendo así a la "autoritaria" sucesión vertical/dominante padre-hijo.

¿Y cómo visualiza Guy Hocquenghem su pretendida transición de un marxismo tradicionalmente "homofóbico" a un posterior "marxismo-amariconado" como el que él propone? Pues ya con poca originalidad el autor sostiene que no basta con que la revolución se forje en torno a un conflicto fundado en las relaciones económicas entre clases sociales —como en el caso de una revolución comunista clásica con un proletariado triunfante por sobre las "clases propietarias"—, sino que la revolución que él anhela tendría que dar un paso más y debería ser no consecuencia de un conflicto entre clases económicas sino fundamentalmente entre "clases culturales": o sea, una insurgencia de subculturas (como la homosexual) que se rebelan a la cultura oficial (que sería la heterosexual). ¿Y por qué tamaña readaptación del

403 Hocquenghem, G. Ob. Cit., p. 23.
404 Hocquenghem, G. Ob. Cit., p. 27.
405 Hocquenghem, G. Ob. Cit., p. 46.
406 Hocquenghem, G. Ob. Cit., p. 49.
407 Hocquenghem, G. Ob. Cit., p. 86.

objetivo revolucionario? Pues porque si bien con una revolución tradicional el proletariado se impondría a la "clase dominante" cambiando la relación de fuerzas económicas, en ella habría tan sólo un traspaso de bienes materiales pero no se cambiaría la mentalidad obrera, dado que esta última seguiría estando fuertemente influida por los "prejuicios burgueses". En cambio, con esta nueva propuesta revolucionaria que Hocquenghem difunde, el cambio de paradigmas sería no sólo económico sino fundamentalmente cultural: "No solo se necesita un nuevo modelo revolucionario, sino un replanteamiento de los contenidos vinculados tradicionalmente al término de revolución", por lo que el autor se queja de la existencia de "un proletariado viril, basto y que se hace el arrogante" y entonces, por muy revolucionarios que sean estos obreros varoniles, al estar contaminados por la "cultura heterosexual" la revolución se tornaría insuficiente: "La burguesía engendra la revolución proletaria, pero define ella misma el conjunto del marco en el que se desarrolla el combate", ante lo cual se propone "añadir a la lucha política y económica una lucha cultural y sexual"[408].

Pero Hocquenghem no predicó en el desierto y si bien su desaforada vida sexual lo llevó a morir de SIDA en 1988 (a los 42 años de edad), también supo dejar numerosos discípulos con predicamento vigente, tal el caso del recalcitrante escritor homosexualista Jacobo Schifter Sikora[409], un activo costarricense que en su libro *Ojos que no ven...siquiatría y homofobia* anota no sólo que el homosexual es una suerte de tipo humano superior sino que es el revolucionario actual por antonomasia: "El patriarcado es un modelo de dominación del hombre sobre la mujer; un sistema de explotación que se basa en el género. Se sustenta en el control, por parte de los hombres, de los aspectos más importantes de la economía, la cultura, la ideología y los aparatos represivos de la sociedad", y ante esta injusticia "las mujeres encontrarían en el lesbianismo un refugio contra la sumisión y la dominación por parte de los hombres (...) las lesbianas logran, por medio de su rechazo del hombre, escapar del control y de las expectativas del patriarcado", y a su vez, este insólito filósofo ensalza la superioridad moral del varón homosexual: "Los hombres gays son seres que, a pesar de tener el acceso directo al poder, lo rechazan y lo

408 Hocquenghem, G. Ob. Cit., p. 116.

409 Jacobo Schifter Sikora nació en San José el 14 de septiembre de 1952. Estudió historia. Ha publicado gran cantidad de libros relativos a la defensa y promoción de la sodomía.

niegan. No participan en el sistema de dominio sobre la mujer, no tienen interés en su sometimiento. Y para colmo de males, el mundo gay representa la posibilidad de amor y solidaridad entre los hombres. Este principio también es subversivo para el patriarcado, porque cuestiona la jerarquía, la competitividad y la agresividad, así como la necesidad de dominio de la mujer y de la naturaleza"[410].

No menos estrambótico e influyente ha sido en el habla hispana el escritor y activista español Paco Vidarte, autor de un escatológico libro titulado *La ética marica*, en el cual al igual que Hocquenghem lamenta el sentimiento hostil de la izquierda tradicional para con los homosexuales y entonces, para solucionar este lamentable "prejuicio" del proletariado histórico, el jactancioso maricón también plantea unir la lucha de clases marxista con el pansexualismo liberticida: "Una Ética Marica debería recuperar la solidaridad entre sí de los oprimidos, discriminados y perseguidos, evitando ponerse al servicio de éticas neoliberales criptoreligiosas"[411]. Y mimetizándose con la jerga revolucionaria que usaban los marxistas "viriles" del Siglo pasado, Vidarte ambiciona una suerte de "dictadura del proletariado" pero en versión homosexual: "La democracia es por definición tradición y futuro heterosexista, homofóbica y transfóbica. A mí que nadie me venga con tonterías ni con esencialismos democráticos. Hasta se me ocurre pensar en un totalitarismo que hubiera abolido la homofobia, una dictadura no transfóbica"[412] y, seguidamente, Vidarte se despacha con una desagradable exhortación militante de inspiración rectal: "Hacer del culo nuestro instrumento político, la consigna fundamental de otra militancia LGTBQ, diseñar una política anal muy básica: todo para adentro, recibir todo, dejar que todo penetre y hacia afuera solo soltar mierda y pedos, esta es nuestra contribución escatológica al sistema"[413]. Pero Vidarte no pudo sostener durante mucho tiempo su maloliente "contribución al sistema": por sus hábitos licenciosos murió de SIDA en el año 2008. Contaba sólo con 38 años de edad.

Pero entre los cultores foucaultianos modernos, hoy la más de moda y acreditada en el mundo hispanohablante es la citada Beatriz

---

410 Schifter Sikora, J. *Ojos que no ven...psiquiatría y homofobia*. San José, Editorial ILPES, 1997, pp. 2-4.

411 Vidarte, P. *Etica Marica. Proclamas libertarias para una militancia LGTBQ*. España, Espa E-book, 2007, p. 18.

412 Vidarte, P. Ob. Cit., p. 116.

413 Vidarte, P. Ob. Cit., p. 82.

Preciado, una lesbiana comunista nacida en Burgos (España), quien se confesó adicta al consumo de testosterona y que portando una estética pseudo-masculina, brinda clases de "filosofía de género" en París y no sólo no se asume a sí misma "ni como mujer ni como varón", sino que para fomentar la confusión propia y ajena ahora se hace llamar "Paul" Beatríz Preciado[414], a fin de presentarse nominal y visualmente como una orgullosa caricatura del marimacho de vanguardia: incluso suele aparecer en sus clases con bigotes, que suponemos pintados o postizos.

Y así como Guy Hocquenghem se quejaba de que hasta ahora la revolución comunista tradicional no venía acompañada de una revolución cultural que desestimara "los prejuicios burgueses", aparece entonces doña "Paul" y directamente alega que hay que negar las calidades de "varón", "mujer", "heterosexualidad", "homosexualidad", puesto que las mismas no son categorías reales ni científicas sino meras "ficciones políticas"[415], es decir invenciones fabricadas por la propaganda heterosexista y entonces, el indescifrable personaje nos invita al paroxismo del "igualitarismo sexual" ofreciéndonos un texto suyo titulado *Terror anal*, el cual nos revela que el ano es algo que tenemos todos los humanos y que eso no sólo es lo que nos iguala frente a cualquier "clasificación discriminativa", sino que dicho orificio confirma la indiferenciación sexual humana. Pero según Preciado, a pesar de esta prueba antropológica, el capitalismo insensible con el fin de fomentar la desigualdad nos ha "castrado" el concepto del ano como objeto de placer erótico, para luego imponer las desigualdades enfatizando en las personas el concepto de genitalidad (pene y vagina) y así, forzar diferencias discriminativas y jerarquizantes entre las personas: "El ano no tiene sexo, ni género, como la mano, escapa a la retórica de la diferencia sexual. Situado en la parte trasera e inferior del cuerpo, el ano borra también las diferencias personalizadoras y privatizantes del rostro". Y agrega: "El ano desafía la lógica de la identificación de lo masculino y lo femenino. No hay partición del mundo en dos (...) Rechazando la diferencia sexual y la lógica antropomórfica del rostro y el genital, el ano (y su extremo opuesto, la boca) sienta

414 En probable homenaje a su referente Michel Foucault, cuyo primer nombre era Paul: Paul Michel Foucault.

415 Ver conferencia completa de Beatriz Preciado en Bogotá, Colombia en el HAY Festival, 2 de febrero del 2014. En el siguiente link: https://www.youtube.com/watch?v=4o13sesqsJo

las bases para una inalienable igualdad sexual: todo cuerpo (humano o animal) es primero y sobre todo ano. Ni pene, ni vagina, sino tubo oral-anal. En el horizonte de la democracia sexual post-humana está el ano, como cavidad orgásmica y músculo receptor no-reproductivo, compartido por todos. (...) No se trata de hacer del ano un nuevo centro, sino de poner en marcha un proceso de desjerarquización". Y en desconcertante arenga rectal añade: "Frente a la máquina heterosexual se alza la máquina anal. La conexión no jerárquica de los órganos, la redistribución pública del placer y la colectivización del ano anuncia un 'comunismo sexual' por venir"[416], vaticina Preciado, cuyas excrementosas composiciones foucaultianas alimentan las admiraciones de su club de lectoras integrado mayormente por lesbianas de ideología comunista, militancia feminista y adictas a las drogas (completitas las muchachas), quienes festejan de su lideresa la científica elucubración que enarbola el esfínter como oloroso estandarte de la neo-revolución sexual igualitaria.

Pero Preciado no se priva de ir a más con sus maquinaciones y cuestiona sin ambages el injusto "estigma" que padecen además los "pobres" pedófilos y dice:

> "Las estrategias de conocimiento y control que llevan a la estigmatización o la criminalización social estaban desplazándose desde la figura decimonónica del homosexual, absorbida y normalizada por la 'cultura gay', hasta la figura del pedófilo como nuevo límite de lo humano (...) ¿Qué quiere decir pedofilia? ¿Cuál es la relación política que existe entre los constructores de edad y de sexualidad? ¿Cuál es la máquina social que la pedofilia encarna? ¿Qué produce y que consume esta máquina pedofílica? ¿Qué placer colectivo nos procura la sexualización de la infancia? ¿Cuál es el deseo sublimado tras el delirio paranoico frente a la pedofilia? ¿Acaso no es el miedo a reconocer los deseos pedófilos colectivos que se codifican y territorializan a través de la institución de la familia lo que nos hace ver e inventar al pedófilo como figura de lo abyecto?"[417].

Es evidente que Preciado, en su defensa de la pedofilia, es una discípula fiel de sus ilustres maestros de la pornocracia marxista: en 1977

---

416 Hocquenghem, G. Ob. Cit., pp. 170-172.
417 Hocquenghem, G. Ob. Cit., p. 169-170.

fue dirigida una petición al Parlamento francés pidiendo la derogación de la ley sobre la despenalización de todas las relaciones consentidas entre adultos y menores. Ese documento fue firmado por Michel Foucault, Jacques Derrida, Louis Althusser, Jean-Paul Sartre, Simone de Beauvoir, Roland Barthes, y Guy Hocquenghem, entre otros[418].

Pregunta al lector: ¿Ud. dejaría a su hijo en custodia y confianza de alguno del cúmulo de ideólogos "de la diversidad" que en todo el trayecto de lo que va del texto hemos referenciado?

Si su respuesta es sí, valoramos su bienpensante desprejuicio progresista. Si su respuesta es no, lo felicitamos por su sincera respuesta y su recto sentido de la responsabilidad paternal.

418 Alerta Digital, "Pedofiilia, Intelligentsia francesa y progresía" [Nota de Editorial del 3 de Junio de 2012]. Ver informe completo en el siguiente enlace: http://www.alertadigital.com/2012/06/03/pedofilia-intelligentsia-francesa-y-progresia/

Capítulo 3
La batalla psico-política

El diálogo como trampa de persuasión

Si hay alguna herramienta utilizada por estos sectores a la hora de forjar el desconcierto y ganar terreno en esta batalla psico-política, es justamente la del lenguaje. Para tal fin, estos lobbystas no han escatimado en manosear el idioma y el sentido de las palabras, para luego acudir no sólo a su embestida propagandística sino también a la amable quimera del "diálogo" como herramienta de "persuasión civilizada": "No hay dicotomía entre diálogo y acción revolucionaria. No hay una etapa para el diálogo y otra para la revolución. Al contrario, el diálogo es la esencia misma de la acción revolucionaria"[419] sostenía el agente marxista Paulo Freyre, pedagogo brasileño oriundo de Pernambuco (suerte de Antonio Gramsci tercermundista), quien tanto influyó con su famosa obra *Pedagogía del oprimido* publicada en 1968. Pero tres años antes y con notable vocación visionaria, otro brasileño nacido en San Pablo y pensando desde las antípodas ideológicas de Freyre, ya venía denunciando la incipiente trampa "dialoguista" desde su libro *Trasbordo ideológico inadvertido y diálogo* (1965): nos referimos a Plinio Correa de Oliveira. Es en esta imprescriptible obra donde este avezado intelectual de derecha advertía que desde la técnica del diálogo las palabras "ecumenismo", "diversidad", "pacifismo" y afines, serían las que de ahora en más acuñaría la estrategia comunicacional revolucionaria para engañar a la población y de esta forma "trasbordar ideológicamente" al interlocutor no izquierdista. Estos vocablos especialmente seleccionados eran denominados por Plinio como "Palabra-talismán" y según el autor "Se trata de palabras cuyo sentido legítimo es simpático y a veces hasta noble"[420], motivo por el cual "los conferencistas, oradores o escritores que emplean tales palabras, por ese sólo hecho

---

419 Bandera, A. *Paulo Freyre. Un Pedagogo*. Caracas, Universidad Católica Andrés Bello, 1981, p. 92.
420 Correa de Oliveira, P. Ob. Cit., p. 48.

ven aumentadas sus posibilidades de buena acogida en la prensa, en la radio y en la televisión. Es este el motivo por el cual el radioescucha, el telespectador, el lector de diarios o revistas encontrará utilizadas esas palabras a todo propósito, que repercutirán cada vez más a fondo en su alma" y ante ello, los comunicadores tendrán "la tentación de usarla con creciente frecuencia y así lograrán hacerse aplaudir más fácilmente. Y, para multiplicar las oportunidades de usar tal palabra, la van utilizando en sentidos analógicos sucesivamente más audaces, a los cuales su elasticidad natural se presta casi hasta el absurdo"[421]. Con este mecanismo de acción psicológica, sostenía Plinio que "un anticomunista fogoso puede ser 'trasbordado' a un anticomunismo adepto exclusivamente a las contemporizaciones, a las concesiones y a los retrocesos"[422], agregando que el objetivo es "el de debilitar en los no comunistas la resistencia al comunismo, inspirándoles un ánimo propenso a la condescendencia, a la simpatía, a la no resistencia, y hasta al entreguismo. En casos extremos, la distorsión llegaba hasta el punto de transformar a los no comunistas en comunistas". Por ende los comunistas "esperan mayores resultados de la propaganda que de la fuerza"[423], dado que "ya no es más de los partidos comunistas existentes en los países libres, sino de la técnica de la persuasión implícita, que el comunismo espera la conquista de la opinión pública"[424]. Más aún, decía Plinio que cuanto menos emparentado esté el eventual comunicador con el comunismo, mayor penetración tendrá su mensaje en las masas. No es casualidad entonces que la "ideología del género" esté hoy siendo apoyada por tantos voceros desideologizados o semicultos, frecuentemente pertenecientes al mundo de la farándula, del deporte o del periodismo panelístico: "El partido comunista no puede mostrarse. Debe escoger agentes de apariencia no comunista, o hasta anticomunistas, que actúen en los más diversos sectores del cuerpo social. Cuanto más insospechables de comunismo parecieren, tanto más eficaces será"[425], concluía con impecable certeza Correa de Oliveira.

Luego, con este consenso comunicacional hegemonizado y con las bases de este "diálogo" sedimentadas, los sofistas de la subversión cultural comienzan a jugar con las palabras cuyo significado ha sido

---

421 Correa de Oliveira, P. Ob. Cit., p. 49.
422 Correa de Oliveira, P. Ob. Cit., p. 18.
423 Correa de Oliveira, P. Ob. Cit., p. 14:20.
424 Correa de Oliveira, P. Ob. Cit., p. 31.
425 Correa de Oliveira, P. Ob. Cit., p. 35.

previamente manipulado, enfatizando aquellas que serían funcionales a su causa y quitando las que podrían resultarles inconvenientes. Es por ello que hace tiempo vienen erradicando por "reaccionaria y arcaica" la denominación binaria "hombre-mujer" y en sentido contrario, multiplicaron sus consignas con la sigla "GLBT" (visualmente acompañadas por pabellones multicolores) correspondiente a "Gays" (homosexuales varones), Lesbianas (homosexuales mujeres), "Bisexuales" (personas que practican actividad venérea con personas de ambos sexos alternadamente) y según el caso, la letra "T" se corresponde con "Travestis", "Transgenéricos", "Transexuales" y elementos afines, cuyos significados terminológicos se encuentran en "plena evolución" según informan sus glamorosos catequistas. Tanto es así que los grupos LGTB en sus comunicados han llegado a catalogar un total de 23 "identidades sexuales" ("agenéricos", "pansexuales", "intersexuales" y muchas otras ocurrencias) y con esta flexibilidad, se pretende licuar todo paradigma sexual instaurando un verdadero desconcierto discursivo en el cual se diluye cualquier criterio rector y se procura ir arrastrando sutilmente al desprevenido interlocutor hacia su causa o al menos, a ser indiferente ante ella.

En esta inteligencia, uno de los principales triunfos filológicos conseguidos por la maquinaria propagandística del "género" sin dudas ha consistido en imponer en el léxico popular la palabra "gay" (vocablo anglosajón que suena "cool" y vanguardista), la cual no significa absolutamente nada en términos sexuales —"alegre" es la traducción de "gay" del inglés al español— y con ello, se le brinda a una conducta reñida con la naturaleza una connotación sonriente y festiva: *"La misma palabra 'gay' es un catalizador que tiene la facultad de anular lo que expresaba la palabra 'homosexualidad'" le comenta en 1981 el periodista Gilles Barbedette a Michel Foucault, cuyo entrevistado celebra este triunfo idiomático respondiendo lo siguiente:* "Es importante porque, al escapar a la categorización 'homosexualidad-heterosexualidad', los gays, me parece, han dado un paso significativo e interesante. Definen de otro modo sus problemas al tratar de crear una cultura que sólo tiene sentido a partir de una experiencia sexual y un tipo de relaciones que les sean propios. Hacer que el placer de la relación sexual evada el campo normativo"[426]. O sea que con este re-

426 Foucault, M. *El triunfo social del placer sexual. Una conversación con M. Foucault.* [Entrevista con Gilles Barbedette, 1981]. En Michel Foucault: *La inquietud por la verdad. Escritos sobre la sexualidad y el sujeto*, Cit. Ver nota completa en el siguiente

vestimiento simpático y auspicioso, la cofradía homosexualista toma más impulso para vanagloriase públicamente de sus hábitos procurando así, no que la homosexualidad sea tolerada —nadie se opone a la existencia de dicha tolerancia—, sino que esta praxis sea catalogada de una manera tan valiosa y fecunda como la heterosexual o incluso superior a ella: "Los hombres y las mujeres gays, al conocer mejor sus propios cuerpos, podían estimular y satisfacer a sus compañeros más efectivamente que los hombres a las mujeres"[427], sostiene el precitado homosexualista Jacobo Schifter Sikora, cuyo macizo libro se desvive por "demostrar" la superioridad moral homosexual por sobre la heterosexual.

Y así como se ha pretendido con éxito la adulación a toda manifestación cultural emparentada con la homosexualidad, de manera inversamente proporcional se buscó (también con éxito) satanizar a todo aquel que cuestione dicho paradigma, imponiéndole al circunstancial contradictor la etiqueta pseudocientífica de "homofóbico", apodo fabricado por George Weinberg —psicólogo izquierdista aliado a la causa homosexual—, quien inventó dicho estigma para regocijo y gratitud de Arthur Evans, co-fundador del "Gay Activists Alliance" (Alianza de Activistas Homosexuales)[428]: "La invención de la palabra 'homofobia' es un ejemplo de cómo una teoría puede echar raíces en la práctica"[429] sostuvo con júbilo. De más está decir que dicha denominación no sólo no tiene el menor rasgo científico sino que la naturaleza del vocablo incurre en una evidente contradicción: si el prefijo griego "homo" significa tanto "hombre" como "igual", y del mismo griego surge que "fobia" es un "miedo" o "aversión", tendríamos que "homo-fobia" es un "miedo o aversión a los hombres o a los iguales". Es decir, en comprensión literal, la palabra "homofobia" es un sinsentido consistente en que uno siente miedo de los iguales a uno, cuando

---

enlace: http://perrerac.org/francia/michel-foucault-el-triunfo-social-del-placer-sexual-una-conversacin-con-m-foucault/876/

427 Schifter Sikora, J. Ob. Cit., p. 4.

428 La Alianza de Activistas Gays ("Gay Activists Alliance") fue fundada en Nueva York el 21 de diciembre de 1969 por miembros disidentes del Gay Liberation Front (GLF; "Frente de liberación gay", en español), entre los que se encontraban además del citado Arthur Evans, Sylvia Rivera, Marsha P. Johnson, Jim Coles, Brenda Howard, Christopher Charles y Altan Zimbabwe.

429 Evans, A. *The Logic of Homophobia.* [Nota periodística]. Ver informe completo en el siguiente enlace:
http://gaytoday.badpuppy.com/garchive/viewpoint/101600vi.htm.

de existir alguna "fobia" habría de ser del diferente y nunca del afín: salvo que los homosexuales confiesen que no se sienten iguales sino diferentes, pero esta confesión iría en contradicción con el igualitarismo ideológico tan caro al discurso de su respectiva agenda.

O sea que la "ideología de género" impuso la paradoja de brindarle una connotación patológica no a quienes atentan contra el orden natural sino a quienes lo defienden. No es para menos; la exoneración de todo aquel que se resista al engaño cultural fue una técnica que también supo ser definida por el precitado delincuente idiomático Paulo Freyre: "Cuando la creación de una nueva cultura es apropiada pero se la ve frenada por un 'residuo' cultural interiorizado es preciso expulsar este residuo por medios culturales. La acción cultural y la revolución cultural constituyen, en diferentes momentos, los modos apropiados para esta expulsión"[430]. Luego, nada más efectivo que inventarle a todo detractor de la ideología de género el infamante apodo de "homofóbico" y así, expulsarlo de la contienda dialéctica: denuesto artificial que ya fue indulgentemente recogido como propio por el grueso de los acobardados exponentes del centrismo bienpensante y el libertarianismo funcional.

Pero estrategias sucias al margen preguntamos: si a los defensores del orden natural se los considera "homofóbicos" y por ende enfermos (dado que la fobia es una patología): ¿Cómo puede ser entonces que se acuse de manera insultante al "homofóbico" por ser tal si al ser un enfermo no sólo no habría que reprocharle su "fobia" sino contenerlo y auxiliarlo? Indudablemente, la incorporación acrítica de dicha fabricación lingüística con pretensión despreciativa es otro gran triunfo publicitario de la nueva izquierda.

Y si no es "homofobia" el insulto, la palabra talismánica utilizada en su reemplazo por los voceros del género y sus bienpensantes colaterales es justamente "discriminación", muletilla por antonomasia aplicada a todo aquel que no acepte dócilmente concederle a la Internacional Rosa los caprichos de su agenda. Incluso, la palabra discriminación ha sido también bastardeada como si todo acto discriminatorio fuese malo en sí, cuando en su cabal acepción discriminar significa "distinguir o discernir". Vale decir, discriminar es lo contrario a confundir. Y lo que no se suele decir en la materia que nos concierne, es que hay discriminaciones que no surgen del prejuicio,

430 Prólogo a Freyre, Paulo. *Concientización*. Buenos Aires, Búsqueda, 1974, p. 31. Citado en: Díaz Araujo, E. Ob. Cit., p. 187.

ni de la ley, ni tampoco de ninguna "construcción cultural" sino de la naturaleza misma: "Al condenar toda discriminación, deberíamos por lo mismo reprochar a la membrana plasmática las tareas que realiza para el bien de nuestro organismo, dado que esta membrana selecciona, discrimina las moléculas que deben entrar a la célula respecto de otra, las que deben salir. Asimismo, deberíamos castigarnos a nosotros mismos por distinguir lo verdadero de lo falso, lo bueno de lo malo, lo natural de lo contranatural"[431] sentencia el joven escritor Juan Carlos Monedero (h) en su ensayo *Lenguaje, ideología y poder*, libro precisamente dedicado a estudiar las trampas lingüísticas utilizada por los agentes de la subversión cultural.

Otra apelación recurrente de la propaganda homosexualista es al término "diversidad" —que según la Real Academia Española significa "desemejanza"[432]—, vocablo extraño puesto que justamente lo que caracteriza al vínculo sexual de una persona con otra del mismo sexo es que el otro no es un "diverso" sino un "semejante" —es decir lo opuesto a la diversidad—. O sea que el vínculo homosexual, lejos de hacer honor al cacareado mantra de la "diversidad" hace lo contrario: representa lo redundante, lo equivalente, lo imitativo: "En el acto homosexual no se realiza ese asombroso trascender hacia la unión de los opuestos; al ser encerrado en sí sólo une lo mismo con lo mismo, incapacitado de saltar a la diverso"[433] señala el mencionado neurólogo y psiquiatra Armando Roa.

De igual forma, uno de los recurrentes trucos lingüísticos propagados es el referido a la pretensión manifestada por algunos travestis, consistente en operarse y así "cambiarse de sexo". Pero el sexo no se cambia jamás en la vida y en todo caso, a lo que un travesti puede aspirar es a someterse quirúrgicamente a la autoagresión corporal consistente en amputarse los genitales, pero esta insana decisión de arrancarse la entrepierna en modo alguno implica que el mutilado varón deje de ser varón: nació varón y morirá varón con o sin tijeretazo.

Este tipo de farsas dialécticas como las ejemplificadas son muy parecidas a las promovidas por las filicidas, es decir por las mujeres abortistas, aquellas que bregan por asesinar a su hijo antes de na-

---

431 Citado en Monedero (h), J.C. *Lenguaje, ideología y poder. La palabra como arma de persuasión ideológica: cultura y legislación*. Bs. As., Ediciones Castilla, 2015, p. 81.

432 Definición provista por la Real Academia Española, que puede verse digitalmente en el siguiente enlace: http://dle.rae.es/?id=E0b0PXH

433 Roa, A. Ob. Cit., p. 217.

cer, al sostener que persiguen el "derecho a disponer de su cuerpo": nadie les niega ese derecho, pero una cosa es disponer de "su cuerpo" —verbigracia hacerse un tatuaje, teñirse el pelo u operarse los senos— y otra absolutamente distinta, es disponer del cuerpo de un tercero y que encima ese tercero sea nada más y nada menos que su propio hijo, y cuya "disposición" consistiría en asesinarlo. Aunque ellas insisten en su engañoso eufemismo llamando a dicho crimen como "Interrupción del embarazo", encubrimiento del homicidio con lenguaje cortés, dado que los embarazos no se "interrumpen" porque la interrupción es el cese transitorio de una actividad para su posterior reanudación, pero el aborto es un acto de naturaleza definitiva e irreversible: precisamente porque la muerte es un hecho de naturaleza definitiva e irreversible. Pero este ítem puntual del aborto ya lo veremos *in extenso* en otro capítulo posterior.

Digresión: no son pocas ni desautorizadas las voces que sostienen que la confusión comunicacional que se ha intentado sembrar no es sólo lingüística sino también visual, de ahí que desde hace muchos años se venga promoviendo la estética "unisex" en la indumentaria. Es de público conocimiento que el grueso de los diseñadores de modas son homosexuales y no es casual que las modelos femeninas de los principales costureros del vestuario occidental sean extremadamente flacas y con tendencia anoréxica (sin pechos ni curvas marcadas), o sea que éstas presentan una imagen muy similar a la de los efebos, que constituyen el arquetipo de mujer que más les agrada a los homosexuales —los modistos les exigen para vestir sus prendas una flacura enfermiza—, pero no necesariamente es el perfil físico que erotiza a los heterosexuales.

Pero volviendo a los asuntos del idioma: ¿Cuál fue el secreto de tan exitosa estrategia comunicacional? Además de los muchos aportes de Paulo Freyre y de varios de los ideólogos ya mencionados, en los años ´70, se publicó un extenso documento de marketing sodomítico titulado "Vendiendo la homosexualidad a América"[434] (*Selling homosexuality to America*). En tal documento se detallaban los pormenores de la campaña que iniciaron los grupos de presión en aquellos tiempos —quienes para tal fin contrataron expertos en comunicación egresados de la Universidad de Harvard— en la cual se puso en funcionamiento el concepto de la aplicación de "las cuatro P" del

434 Rondeau, P.E. *Selling Homosexuality to America*. EE.UU., Regent University Law Review, 2002.

marketing para transferir masivamente la idea normalizadora de la homosexualidad[435].

Este texto primigenio sirvió de antesala para que en 1989, un par de publicistas homosexuales (Marshall Kirk y Hunter Madsen) se asociaran, entre otras cosas, para publicar en los Estados Unidos un libro titulado *After the Ball: How America Will Conquer Its Fear and Hatred of Gays in the 90's* (Tras la fiesta: Cómo conquistará Estados Unidos su miedo y odio hacia los gays en los años 90´s), el cual detalló una serie de pasos a seguir en la estrategia tendiente a imponer los objetivos de su agenda. Este libro se convirtió luego en el manual por excelencia en el que abrevaron todos los movimientos pansexualistas modernos[436]. En este trabajo, los autores sostienen que el público prioritario a conquistar es el de los indecisos de centro —"los escépticos ambivalentes" según sus palabras— y la principal táctica comunicacional debe apuntar al costado emocional del interlocutor a convencer: "La insensibilización tiene como objetivo reducir la intensidad de las reacciones emotivas anti-homosexuales a un nivel próximo a la total indiferencia; el bloqueo intenta obstruir o contrariar el gratificante 'orgullo de ser prejuicioso' (...) vinculando el odio contra los homosexuales a un sentimiento previo y autocastigador de vergüenza por ser intolerante (...) Tanto la insensibilidad como el bloqueo (...) son simples preludios para nuestro objetivo máximo, aunque indefectiblemente mucho más lento de obtener, que es la conversión"[437].

Una vez agotada esta instancia, la estrategia apela al sentimentalismo e intenta centrar el debate acudiendo a la "compasión". De este modo, se supone que quien apoya la agenda homosexual demuestra compasión y quien no lo hace, insensibilidad. Pero en verdad, esta dicotomía es otra deliberada distorsión. Por empezar hay que aclarar que la compasión es un noble sentimiento humano relacionado con la conciencia del sufrimiento ajeno y el consiguiente deseo de aliviar-

435 Las "cuatro P" consisten en: *Product* (conceptualizar el producto que se desea vender), *Price* (centrándose en el precio de exacción), *Promotion* (mecanismos que se utilizarán para promocionar la idea al público) y finalmente *Place* (lugar o clientes que serán objeto de la campaña).

436 El nombre es un neologismo que proviene del prefijo griego pan-, que significa "todo". Pansexual se refiere a las personas que se sienten atraídas por todos los géneros y sexos de manera indistinta.

437 Kirk, Marshall; Madsen, Hunter. *After the Ball: How America Will Conquer Its Fear and Hatred of Gays in the 90's*. New York, Penguin Books, 1990, p. 153.

lo. Pero ocurre que este sentimiento es manipulado por la ideología del género, porque aquí no se percibe como compasivo a todo aquel que se acerque al homosexual con el fin de ayudarlo sino a quien se acerca para ponderar sus hábitos. Es decir, el concepto de la compasión ha sido hábilmente maniobrado en los debates y reducen este sentimiento sólo a su aspecto emocional despojándolo de toda intervención de la razón, dado que si alguien efectúa sobre el tema que nos ocupa un juicio refractario (sea moral, biológico, antropológico o científico), ese alguien "carecería" de toda compasión. O sea que con ese criterio, ante un amigo alcohólico la compasión no consistiría en intentar rescatarlo de su desarreglo sino en proveerle mayores dosis de bebida para que no se enoje ni sufra abstinencia etílica.

Luego, una compasión que no sea guiada por la razón quedaría reducida a una simple pulsión desprovista de prudencia y discernimiento. En definitiva, la "compasión" tal como se exhibe y concibe en los manipulados debates televisivos, acaba siendo una piedad mal orientada, la cual nos conduce a proporcionarle al paciente los medios para que este siga apegado a sus vicios y no al rescate de los mismos: tal acción favorecería no a la persona sino a la permanencia de sus malos hábitos.

Los ejemplos abundan y las tergiversaciones idiomáticas son trabajadas de manera permanente, dado que esta constancia distorsiva del lenguaje forma parte del catecismo sentenciado por el "pedagogo" Freyre: "Para ser auténtica, una revolución debe ser un acontecimiento continuo o de lo contrario cesará de ser una revolución y se convertirá en burocracia esclerótica (...) el proceso revolucionario se convierte en revolucionario cultural"[438]. León Trotski supo publicar *La revolución permanente* en 1930, Freyre varias décadas después propuso también la revolución permanente pero no a través de la agitación callejera como su predecesor sino de la deformación idiomática y cultural: nuevos vientos para viejas banderas. Mismos objetivos pero distinta estrategia. Aquella revolución era ruidosa, hostil, armada y dolorosa. Esta es silenciosa, simpática, desarmada y con anestesia.

No en vano en los años '30 Charles Maurras con sentida preocupación advertía: "La revolución verdadera no es la Revolución en la calle, es la manera de pensar revolucionaria"[439].

---

438 Citado en Díaz Araujo, E. Ob. Cit., p. 185.

439 Maurras, Ch. *Mis ideas políticas.* Buenos Aires, Huemul, 1962, p. 183.

Por la razón o por la fuerza

Con el correr del tiempo, estas tendencias fueron escalando posiciones y la ideología de género logró un sinfín de éxitos políticos tendientes no sólo a forzar la aceptación popular de sus postulados, sino también imponiendo la amable "aprobación científica" de muchas de sus publicitadas conductas, pero no por la aparición de investigaciones académicas superadoras sino por brutales coacciones políticas.

Fue a comienzos de los años '70 cuando el piquetero sodomita Frank Kameny lideró un grupo llamado "Frente de Liberación Gay" e irrumpió en el simposio anual psiquiátrico de la APA (Asociación Americana de Psiquiatría), subió al atril, arrebató el micrófono y arengó: "La psiquiatría es el enemigo encarnado del movimiento gay, al cual le han hecho la guerra para exterminarlo, esta es una declaración que nosotros hacemos de guerra contra los psiquiatras"[440]. Dos años después, estas y otras constantes prepotencias y extorsiones dieron sus frutos y lograron descatalogar la sodomía de la clasificación de enfermedades mentales: "La categoría de la homosexualidad desaparece del MSD[441] en 1973, en parte gracias a la presión de los grupos homosexuales"[442] confesó la mismísima Beatriz Preciado. Pero a pesar de tamaña coerción, hay facultativos que se resistieron a cambiar criterios científicos sin otro argumento mayor que el de la extorsión política y de esta postura surgió la fundación NAHRT (National Association for Research & Therapy of Homosexuality)[443], institución médica que sostiene que las personas con sentimientos homosexuales pueden curarse y reconvertirse a la heterosexualidad:

---

440 Citado en: Celli, A.F. *Feminismo radical y genocidio mundial.* Buenos Aires, Edición de autor, 2015, p. 191.

441 El MSD o DSM es el el manual diagnóstico y estadístico de las enfermedades mentales (en inglés *Diagnostic and Statistical Manual of Mental Disorders, DSM*) de la Asociación Estadounidense de Psiquiatría (en inglés American Psychiatric Association o APA), el cual contiene una clasificación de dichos trastornos y proporciona descripciones de las categorías diagnósticas, con el fin de que los clínicos y los investigadores de las ciencias de la salud puedan estudiar y tratar los distintos trastornos mentales. La edición vigente es la quinta, DSM-5 (publicada el 18 de mayo de 2013). Dichas publicaciones suelen ser habitual motivo de polémica y disputa en el mundo científico por sus arbitrariedades y cambiantes definiciones.

442 Hocquenghem, G. Ob. Cit., p. 160.

443 La Asociación Nacional para la Investigación y Terapia de la Homosexualidad (NARTH), es una organización fundada en 1992 con sede en California, la cual ofrece terapia de conversión de la orientación sexual de las personas que padecen atracción por el mismo sexo.

de más está decir que la NAHRT es bravamente atacada y combatida por el lobby sodomita y todas las organizaciones de izquierda que lo apañan no sólo amedrentando a sus miembros sino saboteando a sus sponsors.

No es para menos. La prepotencia psico-política de los partidarios de la ideología del género y su revolución permanente de la que ya hicimos mención no sólo jamás se aminoró sino que en su ambición por "normalizar" hasta los hábitos más repugnantes, en el simposio efectuado en la ciudad de San Francisco por la Asociación Americana de Psiquiatría (mayo de 2003) prensó violentamente para eliminar también del Manual Diagnóstico de Psiquiatría el sadomasoquismo y la pedofilia[444]. Sobre esta última aberración, aclaremos que sus voceros han tomado la precaución de evitar llamarla de ese modo y a fin de facilitar su aceptación social refieren sutilmente a la democrática denominación de "sexualidad intergeneracional".

No consiguiendo el último objetivo señalado, en el verano del 2011 los homosexualistas buscaron nuevamente descatalogar de la lista de enfermedades mentales la pedofilia: en esta ocasión el paso se dio el 31 de agosto de ese año, donde se celebró una conferencia con asistencia de doctores y sexólogos (organizado por el grupo pedófilo B4U-ACT[445] y la Universidad John Hopkins). Allí se dijo que "los pedófilos son injustamente estigmatizados por la sociedad", "los niños no son incapaces de decidir con quién quieren tener sexo", "el deseo sexual de un adulto por un niño es normal" y se remató sentenciando que "los pedófilos sienten deseos amorosos por los niños de la misma manera que los adultos lo sienten por otros adultos"[446].

Y como la NAMBLA y otras abominables organizaciones pedófilas aún no han podido lograr la suficiente aceptación popular, ya apareció otra red que pretende ser menos chocante y que se autodenomina "Pedófilos Virtuosos" (Virtuous Pedophiles[447]), en la cual sus cultores exigen aceptación social plena, puesto que dicen "fantasear sexualmente con niños" solamente, a la vez que "garantizan" no tener sexo con ellos, dado que "se esfuerzan" por no materializar el acto con-

---

444 Jokin de Irala. *Comprendiendo la homosexualidad*. Pamplona, Ediciones Universidad de Navarra, p. 29.

445 La página oficial de esta organización es: http://www.b4uact.org/

446 Citado en Palacios, R. Ob. Cit., p. 200.

447 El enlace oficial de esta sospechosa red pedofílica es el siguiente: http://www.virped.org/

creto y limitar el perverso deseo sólo al "erotismo mental". Incluso la propaganda de esta corporación —que supera los 1200 integrantes— confiesa en su portal de Internet esforzarse en "talleres de reflexión" para mantener el "autocontrol", mérito por el cual no habría motivo para que padezcan estigma alguno.

Lo cierto es que con o sin abuso sexual concreto, esta repugnancia afortunadamente seguiría siendo considerada un desvío sexual en los catálogos científicos, y las presiones políticas de la militancia homosexual no ha podido por el momento erradicar este "prejuicio burgués"[448]: ¿será cuestión de tiempo?

El "matrimonio" homosexual

La polémica más encendida de la agenda homosexual en los últimos tiempos, se dio en torno a la imposición del denominado "matrimonio igualitario" (aprobado en la procaz Argentina kirchnerista en el año 2010[449]), para el cual sus lobistas fueron esgrimiendo una suerte de argumentos colaterales pero efectivos, tales como que si se aceptase este experimento legal, en el caso de muerte de uno de los miembros de la pareja, el "viudo" tendría derecho a heredar los bienes del difunto. Pero si la herencia fuese la verdadera preocupación de los sodomitas demandantes, sólo bastaría con peticionar no la imposición jurídica de artificios conyugales sino una simple modificación o ampliación de la libertad testamentaria y con ello, el cacareado problemita crematístico estaría solucionado. Pero este "argumento" no es el único aplicado por el catecismo homosexual. Mucho se enfatizó también en la necesidad de que en el seno de la pareja de un invertido "no se tiene derecho a obtener la obra social o cobertura mutual

---

448 Para quien quiera ampliar, reseñamos que toda la larga trayectoria que condujo a la eliminación de la homosexualidad del manual diagnóstico de psiquiatría se documenta en detalle en un libro publicado por el profesor Ronald Bayer titulado "La homosexualidad y la psiquiatría americana. La política de Diagnóstico". Basic Books (Paperback), Princeton University Press, 1981/1987.

449 La República Argentina aprobó los "matrimonios" entre personas del mismo sexo el 15 de julio de 2010, convirtiéndose en el primer país de América Latina en sancionar tal cosa y fue el décimo en legalizar este tipo de uniones a nivel mundial. Hacia julio del 2015, es decir casi 5 años después de la sanción de dicha ley, ya se habían "casado" 9423. Ver Verónica Dema. "A 5 años de la ley de matrimonio igualitario, casi 10.000 parejas se casaron: ¿Qué cambió en la familia argentina?" En diario *La Nación*, 15 de julio, 2015. Ver nota completa en el siguiente enlace:
http://www.lanacion.com.ar/1810125-a-5-anos-de-la-ley-de-matrimonio-igualitario-casi-10000-parejas-se-casaron-que-cambio-en-la-familia-argentina

de su conviviente". Pero justamente la ley ha otorgado la extensión de la cobertura del afiliado a su contrayente en las parejas heterosexuales no por una generosa devoción a la matemática transitiva, sino porque los vínculos heterosexuales son, por su naturaleza, de orden público. Es decir, de ellos surge potencialmente la prole y es de interés social resguardar en aras del Principio de Subsidiariedad[450] a la familia y sobre todo a los niños (sean estos últimos de existencia actual o potencial). Pero nada de lo dicho tiene relación alguna con el reclamo de una minoría infértil por definición que exige privilegios dinerarios a expensas del Estado o de las obras sociales, puesto que si esta también fuese su verdadera pretensión, más allá de lo discutible de sus argumentos, lo que en verdad habrían solicitado hubiese sido una modificación a la legislación relativa a las obras sociales y no una rebuscada ingeniería matrimonial.

Por otra parte, estas encendidas exigencias constituyen un agravio comparativo respecto a las personas que viven juntas con un proyecto común que no incluya las relaciones sexuales. Dos hermanas, dos amigas, o una tía con su sobrino comparten amor, compromiso, convivencia y gastos comunes, del mismo modo en que pueden hacerlo dos personas con actividad homosexual. Sin embargo, aquéllas no podrían gozar de los derechos del matrimonio simplemente por no tener relaciones sexuales entre sí. O sea, se está premiando inmerecidamente y por presión política a un sindicato de interés genital y castigando por no participar de coito alguno a quienes también conviven pero sólo impulsados por el afecto y la cooperación mutua. En efecto, el derecho no protege cualquier relación humana, sino sólo aquellas imprescindibles para la organización comunitaria. En consecuencia, la razón por la cual el matrimonio propiamente dicho tiene un esta-

---

450 Según la doctrina social de la Iglesia, es el principio en virtud del cual el Estado ejecuta una labor orientada al bien común cuando advierte que los particulares no la realizan adecuadamente, sea por imposibilidad o sea por cualquier otra razón. Al mismo tiempo, este principio pide al Estado que se abstenga de intervenir allí donde los grupos o asociaciones más pequeñas pueden bastarse por sí mismas en sus respectivos ámbitos.
Un trabajo académico y enriquecedor al respecto fue publicado por el jurista Gerardo Palacio Hardy, se titula "Las organizaciones sociales intermedias y el principio de subsidiariedad" y puede leerse de manera completa vía digital en el siguiente enlace: http://prensarepublicana.com/las-organizaciones-sociales-intermedias-principio-subsidiariedad-apuntes-argentinos/

tus especial dentro del ordenamiento jurídico, es porque las futuras generaciones surgen precisamente de estas uniones.

Como vemos, ninguno de los argumentos propagados por la ideología del género va al corazón del debate, sino que todo se funda en la presunta discriminación existente ante la ausencia de ciertos beneficios que podrían discutirse en otro plano y sin tener la necesidad de inventar entelequias parentales que afectan la institución del matrimonio verdadero, el cual se ve agresivamente degradado tras ser equiparado en el mismo sitial de los amontonamientos antinaturales: no puede haber discriminación injusta cuando el elemento fundante y la condición de posibilidad para que exista un matrimonio no se cumple.

A pesar de ello, los ideólogos homosexualistas sostienen con frecuencia que el matrimonio heterosexual no se vería afectado por la aparición del "matrimonio homosexual", puesto que éste podría coexistir apaciblemente con aquél. Sin embargo, esta tesis va en detrimento del matrimonio de verdad, puesto que si el vicio se sienta al lado de la virtud so pretexto de una "coexistencia pacífica", se sabe que es la virtud la que se degrada al ser equiparada con un subproducto irregular. Dicho de otro modo, al colocar lo óptimo en pie de igualdad con lo inconveniente, se nivela para abajo y así lo confiesa y reconoce con burlón regocijo el homosexualista español Paco Vidarte: "Nos da la risa cuando vemos el cabreo que se han pillado los fachos porque les hemos reventado hasta hacerlos trizas su significante tan querido 'matrimonio'. Yo los comprendo. Tienen toda la razón. Si dos lesbianas se pueden casar lo mismo que el hijo de la marquesa con la hija del empresario entonces es que el matrimonio ha dejado de tener significado, ya no tiene ningún sentido para los que lo inventaron"[451]. Dejando a un lado los ligeros adjetivos y el tono socarrón de Vidarte, lo cierto es que a este agravio confeso cabría agregarle el dato de que el matrimonio entre hombre y mujer acabaría convirtiéndose en una simple especie dentro de un impreciso género matrimonial, el cual pasaría a mostrarse no como un noble ideal a alcanzar sino como un mero rejunte de voluntades amatorias sin ningún otro requisito que la constatación del ocasional deseo de las indeterminadas partes de apiñarse, sea que ese apetito venéreo provenga de un hombre y una mujer, de dos personas del mismo sexo, o de varias personas que preten-

451 Vidarte, P. Ob. Cit., p. 146.

dan formar una suerte de hacinamiento multilateral: "Ahora nos sentimos como un verdadero matrimonio" declaró el semental holandés Victor Bruijín al "casarse" simultáneamente con dos esposas (Bianca de Bruijn, de 31 años, y la novia de ambos, Mirjam Geven, de 35). Efectivamente, Victor y su esposa conocieron a Mirjam (divorciada de la ciudad de Middelburg) por medio de un chat de Internet, y tan sólo dos meses después de este contacto, Mirjam se trasladó a convivir con la pareja, la cual tomó la precaución de comprar una cama más grande a fin de facilitar espacialmente las componendas amorosas triangulares: "Ellas son bisexuales. Hubiese sido más difícil si fueran heterosexuales así no tenemos celos", detalló el contorsionista presunto del trípode conyugal[452].

Tampoco generó mayores problemas de celos el "matrimonio" entre un adulto australiano de 20 años (Joseph Guiso) y su perra, puesto que la buena predisposición afectiva del animal para con su amo confirmaría que el canino prestaba consentimiento tácito para materializar el zoofílico vínculo "familiar"[453].

"Anotaron al primer bebé con triple filiación en la Argentina"[454], tituló el diario *Infobae* el 23 de abril del 2015, dando cuenta de una criatura llamada Antonio, cuyo padre embarazó a una lesbiana que a su vez está "casada" con otra lesbiana y por ende, el niño fue nota de los diarios por tener el "privilegio" de llevar el apellido de los tres: el de las dos lesbianas convivientes y el del proveedor de semen. Antes se decía que un padre podía tener varios chicos. ¿Ahora la duda es saber cuántos padres tendrá un chico?

Pero las extravagancias siempre pueden dar un paso más y en Suecia, la Juventud del Partido Popular Liberal acaba de aprobar una moción para promover que en su país sea permitido el incesto entre hermanos y la necrofilia (antesala del casamiento incestuoso y del matrimonio con los muertos): "Entiendo que (la necrofilia y el incesto) pueden ser vistos como inusuales y repugnantes, pero la legisla-

---

452 Diario *El Mundo*: "Poligamia: ¿Provocación o primer paso? El primer trío 'casado' en Holanda". España, 16/10/ 2005. Ver nota completa en el siguiente enlace: http://www.elmundo.es/suplementos/cronica/2005/522/1129413605.html

453 Ver Daily Mail: "Sealed with a kiss: Man 'marries' his dog in sunset ceremony but assures guests 'it's not sexual'". Consultado online en:http://www.dailymail.co.uk/news/article-1334993/Joseph-Guiso-marries-dog-Honey-sunset-ceremony.html

454 Ver diario digital *Infobae*: "Anotaron al primer bebé con triple filiación en la Argentina". 15/04/15. Consultado online en: http://www.infobae.com/2015/04/23/1724315-anotaron-al-primer-bebe-triple-filiacion-la-argentina

ción no puede basarse en si algo es desagradable o no", dijo la libertaria Cecilia Johnson (versión euro-nórdica de la stand-upista Gloria Alvarez), presidenta de LUF en Estocolmo. Eso sí, la dirigente tomó la burocrática precaución de aclarar, respecto a la necrofilia, que debe existir previamente un permiso escrito por parte de la persona antes de morir, y por lo tanto "debe ser su propia decisión lo que sucede con su cuerpo después de la muerte: si desea dejar sus restos a un museo o si desea permitir que alguien se acueste con ellos"[455]. En fin, ya es sabido desde hace tiempo que los libertarios de ahora no tienen mucho que ver con los liberales históricos. Es decir con aquellos que en un mundo signado por el totalitarismo defendían legítimamente la libertad individual sin por ello perder de vista que existen limitaciones y condicionamientos razonables a la misma (tanto sea por impedimentos del orden natural como de la propia vida en comunidad). Labor bien distinta a la que hoy protagonizan ciertas estudiantinas bullangueras, guisa de neo-hippismo y utopismo twittero que tan gratuita y funcionalmente trabaja para el marxismo cultural aunque sus activistas no lo adviertan. Pero quien sí lo advirtió y retrató con regocijo socarrón fue el propio freudo-marxista Herbert Marcuse, quien mofándose de estos anarquistas de juguete años atrás anotó: "El enemigo tiene ya su 'quinta columna' dentro del mundo limpio: los hippies y sus semejantes, con el cabello largo y sus barbas y sus pantalones sucios: aquellos que son promiscuos y se toman libertades que les son negadas a los limpios y ordenados"[456], elegante manera de Marcuse de tildar de idiotas útiles a quienes creyéndose sus enemigos, velan gratis en su favor.

En suma, la disparatada casuística de "matrimonios" rebuscados podríamos acumularla y citarla en libro aparte, pero basta un puñado de ejemplos bien actuales para advertir hasta dónde se pretende naturalizar la insensatez so pretexto de no ser un insensible "discriminador". Pero respecto puntualmente al matrimonio entre homosexuales, conforme la lógica aristotélica, la no discriminación consiste en "el trato igualitario entre iguales", por ende, no otorgarle a éstos el derecho a contraer "matrimonio" no encarna discriminación

---

455 López Marina, D. "*Partido político juvenil busca legalizar incesto y necrofilia en Suecia*". Artículo en *Aciprensa*, 24/2/16. Consultado online en:
https://www.aciprensa.com/noticias/partidos-politico-juvenil-busca-legalizar-incesto-y-necrofilia-en-suecia-63878/

456 Marcuse, H. Ob. Cit., p. 79.

alguna, dado que no son "iguales" sino justamente homosexuales. Y si bien la condición de homosexual a una persona no la hace ni más digna ni menos digna que un heterosexual, sí la hace distinta. Y por las propias características de su manera sexual de vincularse, no es pertinente obtener ningún artilugio legal para ejercer una función social que la propia naturaleza le niega. Dicho de otra manera: adjudicarle discriminación al Estado por no avalar el "matrimonio homosexual" equivale a considerar que el Estado es discriminatorio cuando se niega a otorgarle el carnet de conducir un automóvil a un ciego.

Una vez más, tenemos que volver a los principios generales del sentido común: somos iguales ante la ley, pero no mediante la ley. ¿Qué quiere decir esto? Que a condiciones iguales todos tenemos los mismos derechos, pero un homosexual, al igual que un ciego, no porta condiciones iguales sino infortunadamente desiguales, por ende, merecen un trato digno pero apartado de la regla general. La ley no debería forzar equiparaciones que de todas maneras son inequiparables: la igualdad jurídica no puede ni debe suplantar la desigualdad biológica.

Justamente, igualdad jurídica significa que todos aquellos que tienen capacidad para conducir un auto tengan el derecho a obtener dicha licencia. *Mutatis mutandis*, todos aquellos que tienen capacidad para contraer matrimonio tienen el derecho de estar habilitados para hacerlo. ¿Esto quiere decir que un homosexual no tiene derecho a convivir con un análogo y compartir un proyecto afectivo-sexual común? Por supuesto que no, y ese punto nunca lo hemos discutido. Pero como ese acto privado no es de interés público, el Estado no tiene ni debe otorgarle aval oficial alguno, ni proveerles privilegios que la propia naturaleza del vínculo que ellos eligieron tener les impide.

Las leyes positivas —es decir, las leyes escritas— deben subordinarse a las leyes naturales y no colisionar con ellas. Por más que una ley legislada en un Parlamento declare la abolición de la ley de gravedad, esa insensata normativa no impediría que un Diputado salga de la sesión y al tirarse por la ventana del recinto se estrelle contra el piso: el alegre consenso democrático no puede, por más quórum que consiga, violentar la naturaleza sino apenas parodiar una "compensación" por las aparentes "injusticias" que el sindicato de homosexuales dice padecer. Podría argumentarse en sentido contrario que "el comportamiento homosexual es observable en animales[457] y como

457 Pardo, A. (Departamento de Bioética, Universidad de Navarra): "Propiamente hablando, no existe homosexualidad en los animales. Pero esto no implica que su

los animales siguen su instinto conforme la naturaleza y el hombre es también un animal, la homosexualidad debería entonces estar de acuerdo con la naturaleza". Con este parangón tendríamos que aceptar como bueno o natural el canibalismo, el incesto o el que los padres maten o coman a sus crías —praxis recurrentes en algunas especies— y legitimar dichas conductas por medio de una ley: pero es la naturaleza la que le impuso a la conducta humana el detalle de que ésta se encuentre subordinada a la razón y no al impulso salvaje, de ahí que las conductas bestiales antedichas suelan provocar instintiva y espontánea aversión en la conciencia del hombre.

¿Y por qué al Estado le interesa legitimar y reglar el vínculo matrimonial y no el mero vínculo de amistad, por ejemplo? Porque del vínculo matrimonial surge la prole, es decir seres inocentes e indefensos que llegado el caso requieren de una protección subsidiaria o de una cobertura legal complementaria, y es por ello que los padres tienen no sólo obligaciones entre sí, sino fundamentalmente deberes afectivos y materiales para con la criatura que ellos engendran, y es de ahí que brota la necesidad de contemplar legalmente la situación, puesto que ésta es de orden público y hace al sano interés de la vida en comunidad. En sentido contrario, no le interesa al Estado saber que Juan y Pedro son simples amigos, ni éstos tienen que registrar su amistad en ninguna oficina estatal, puesto que dicha amistad es un afecto particular sin ninguna connotación de orden público. De igual manera, tampoco le importa al Estado saber si Juan y Pedro además de ser amigos tienen ligaduras genitales entre sí.

Podría argumentarse luego que si todo depende de la capacidad de procrear, entonces cuando un hombre y una mujer son estériles, o son de edad avanzada, tampoco el Estado debería permitir casarlos.

---

conducta sea exclusivamente heterosexual. De hecho, se ha observado que la conducta sexual animal, al menos en los mamíferos más evolucionados, es muy abigarrada: además del complejo control fisiológico de la reproducción (especialmente hormonal), en la conducta sexual animal intervienen factores conductuales distintos a los meramente reproductivos (...) Por razones de supervivencia, el instinto reproductor de los animales siempre se dirige hacia individuos del sexo opuesto. Por tanto, el animal nunca puede ser propiamente homosexual. Sin embargo, la interacción con otros instintos (especialmente el de dominio) puede producir conductas que se manifiestan como homosexuales. Tales conductas no equivalen a una homosexualidad animal". Fragmento extraído de "Aspectos médicos de la homosexualidad", [artículo] Revista *Nuestro Tiempo*, Julio-Agosto de 1995, p. 82:89. Texto completo disponible en el siguiente enlace: http://www.unav.es/cdb/dhbaphomosexualidad.html

Pero este argumento es una bravata de poca monta: no hay parangón posible entre la esterilidad natural de una pareja y la esterilidad de una relación homosexual. En el primer caso, el acto conyugal practicado por marido y mujer tiene la posibilidad de engendrar una nueva vida. Puede que no ocurra la concepción debido a una disfunción orgánica en cualquiera de los esposos o por cualquier otra circunstancia. Pero esta falta de concepción surge por motivos contingentes, volitivos o circunstanciales. Por tanto se trata de una esterilidad accidental. En cambio, en la relación homosexual la esterilidad no es accidental sino que deviene inherente a la propia fisiología del acto, el cual es infértil por naturaleza y definición.

Finalmente, concluimos este subcapítulo con la siguiente reflexión: el Estado debe ser abstencionista y limitarse sólo a garantizar a los homosexuales su legítimo derecho a vivir su intimidad carnal como les plazca, pero no el derecho a que se les otorguen privilegios ajenos a la naturaleza de la actividad venérea que ellos mismos decidieron tener. Vale decir, no pretendemos que el Estado prohíba los vicios sexuales en tanto éstos no lesionen derechos de terceros. Simplemente entendemos que el Estado no debe fomentar ni institucionalizar dichos desarreglos atribuyéndole status social y jurídico a formas de vida que no son ni pueden ser matrimoniales.

Dicha abstención estatal no sólo no se opone a la Justicia, sino que por el contrario, es requerido por ésta.

La adopción homosexual

El matrimonio en su concepción heterosexual no constituye una institución importante por mera imposición cultural, sino porque de dicha unión deriva la procreación de la especie y de ella depende la mismísima supervivencia de la humanidad, nada menos.

Ya hemos visto cómo la proclama del "matrimonio homosexual" se funda en "exigencias hereditarias", en demandas relativas a la "cobertura social", en aforismos ligados a la "no discriminación" y en algún que otra eslogan de poca monta argumental. Nada esencial es discutido y reclamado que no pueda solucionarse por otra vía que no sea por la coacción de este enrarecido encastre legal. ¿Por qué tanta insistencia entonces? Es difícil dar una respuesta categórica. Una posible contestación podría ser que en verdad, lo que de trasfondo se ha buscado con esta presión no haya sido necesariamente el matrimonio en sí mismo, sino que éste obre como antesala para obtener seguidamente el derecho de adopción de niños.

Por lo general, los menores disponibles para adopción están en situaciones vulnerables. Muchos han perdido a ambos padres. Otros los tienen separados o empobrecidos. Muy frecuentemente el niño ha sido concebido fuera de lazos estables y como fruto de relaciones fugaces o promiscuas. Por ende, el bienestar de estos niños depende de sacarlos cuanto antes de esa situación irregular y ponerlos a resguardo del cuidado de un medio tan cercano a la normalidad familiar cuanto sea posible. Luego, es frecuente que parejas generosas —muchas veces sin hijos— los adopten brindándoles cariño y estableciendo conexiones afectivas quizás tan intensas como se las suele tener con los propios hijos de sangre.

En esta pretensión adoptiva, el lobby homosexual argumenta que "ellos tienen tanto derecho a disfrutar de la paternidad como cualquier otro matrimonio" y, por ende, exigen que se les otorgue una porción de niños en adopción. Sin embargo, los niños no deben estar para satisfacer el disfrute de una minoría sexualmente sindicalizada. El menor tiene derecho a ser adoptado por su dignidad como niño, no como pasatiempo o regocijo de un par de homosexuales ocasionalmente convivientes. Y decimos "ocasionalmente convivientes" porque la vida en pareja del sodomita es muchísimo más promiscua, infiel, viciosa, provisoria e inestable que la de una pareja heterosexual: un homosexual promedio tiene relaciones sexuales con amantes distintos en una cantidad 12 veces superior a un heterosexual, siendo que además cada individuo homosexual que tenga una pareja estable frecuenta al unísono (probablemente a escondidas) un promedio de ocho amantes colaterales al año[458] y fue justamente el Dr. Barry Adam (Profesor homosexual de la Universidad de Windsor en Canadá), quien presentó un trabajo en el cual arribó a la conclusión de que tan sólo el 25% de las parejas sodomíticas eran fieles entre sí[459].

Pero volvamos al punto. Aunque engendrar o adoptar un niño trae una satisfacción legítima a los padres, dicha satisfacción no es la fi-

458 Xiridou, M. "The contribution of steady and casual partnerships to the incidence of HIV infection among homosexual men in Amsterdam". [Artículo] en: *AIDS*, vol. 17, Nº 7 (2/5/03), p. 1031. Citado en Tradición y Acción por un Perú Mayor. Ob. Cit., p. 133.

459 Lee, R. "Gay Couples Likely to Try Non-monogamy, Study Shows". [Artículo] *Washington Blade* (August 22, 2003). Citado en Tradición y Acción por un Perú Mayor. Ob. Cit., p. 134.

nalidad última de la adopción o procreación, sino la de brindarle al menor un bienestar material, afectivo y moral. Vale decir, los genuinos intereses de los padres se subordinan a los del niño y por ende, mal podrían los menores ser disputados como una suerte de trofeos de una escatológica confederación: *El Niño. Qué sucedió cuando mi enamorado y yo decidimos embarazarnos* fue el título del libro publicado por el mediático periodista homosexual norteamericano Dan Savage[460], en el cual narró en primera persona cuáles fueron las motivaciones que lo llevaron a adoptar una criatura: "Tener niños ya no es cuestión de propagar la especie (...) es algo para los adultos, un pasatiempo, un hobby. Así que, ¿por qué no tener chicos? Los homosexuales también necesitan hobbies... he hecho travestismo. Me he travestido de Barbie, de dominadora, de monja y de glamorosa. Ahora voy a travestirme de papá"[461].

La adopción es una institución que existe para acoger a un niño que ha sido privado de su familia, y por ende se pretende darle a la criatura un ámbito lo más adecuado posible para su desarrollo, vale decir que la adopción intenta replicar el ámbito afectivo y vincular de lo que perdió el niño, cosa que difícilmente podría ocurrir en el caso de ser éste adoptado por "matrimonios" sodomíticos, los cuales son frecuentemente formados en una atmósfera artificial y surrealista en donde los roles naturales están desdibujados y para colmo de males, los homosexuales suelen tener amigos y contactos pertenecientes a su propio clan, ante lo cual el niño crecería y se educaría en un cerrado microclima signado por la extravagancia, la promiscuidad y la confusión.

"¿Habiendo tantos niños desamparados no es acaso preferible que sean adoptados por dos homosexuales antes de que prosigan en ese estado abandono?", suelen preguntar punzantemente los defensores de este experimento. Pero esa es una falsa disyuntiva, dado que el dilema no es por caso que si los niños de la calle tienen hambre entonces es aconsejable que salgan a robar: lo ideal es que no padezcan hambre ni que estén en la calle. Dicho de otro modo, si hay menores en desamparo, lo que hay que procurar es que sean adoptados por

---

460 Daniel Keenan Savage (Chicago, 7 de octubre de 1964) es un multimediático homosexual que obra de escritor, comentarista, periodista y podcaster estadounidense y escribe escandalizantes y escatológicas columnas de "consejos sexuales", las cuales son publicadas internacionalmente bajo el nombre Savage Love (en español, "amor salvaje").

461 Savage, D. *The Kid: What Happened After My Boyfriend and I Decided to Go Get Pregnant.* EE.UU., Penguin Books, 1999. Citado en Tradición y Acción por un Perú Mayor. Ob. Cit., p. 223.

una familia normal dado que el ideal debe mantenerse, puesto que los valores no valen porque solucionan un problema fortuito o pasajero sino porque *per se* y universalmente son valores objetivamente buenos y fecundos. A lo que cabe añadir el dato no menor de que es mucho más alta la demanda de padres que quieren adoptar niños que la cantidad de hijos en posibilidad de adopción (otro argumento que tira por la borda esta falsa disyuntiva). Prueba de esto último es que muchos padres con vocación de adoptar en Argentina, al sentirse cansados por tanta espera y burocracia, deciden tramitar en el exterior, algo que se hizo muy visible tras el brutal terremoto en el 2010 en Haití[462], cuando muchos pretensos que estaban gestionando la adopción vieron complicados sus trámites tras la tragedia.

"¿Y las parejas heterosexuales que destratan a sus hijos? ¿No estarían esos menores a mejor resguardo con una pareja homosexual que les de amor?" He aquí otra de las falsas disyuntivas. Por el error no se puede perder el valor. ¿Por el hecho de que existan jueces deshonestos hay que anular el Poder Judicial? Lo que hay que hacer es preservar a los jueces honestos, expulsar a los deshonestos y reemplazar esa ausencia con una cuantía de magistrados probos. *Mutatis mutandis*, a los padres maltratadores hay que quitarles la tenencia de sus hijos y otorgarlos a manos de familias que sí sepan darles el amor que merecen, pero dicho maltrato no abre ninguna puerta a parches riesgosos y antinaturales.

¿No sería discriminativo negar el niño en adopción a dos sodomitas que lo exijan? Sería tan "discriminativo" como cuando muchas veces se le niega la adopción a una pareja heterosexual (como habitualmente pasa) toda vez que ésta no cumpla con requisitos ambientales, psicológicos o relativos a la edad, la salud o la economía y, sin embargo, en estos casos nadie cacarea por la "discriminación", dado que es de sentido común advertir que siempre lo prioritario es que el ambiente sea el propicio por todo concepto para el bienestar del niño.

Por más que se pretenda fabricar argumentos, lo cierto es que en la adopción sodomítica al niño no solo se lo priva de una madre o un padre (según el caso), sino que además es lanzado a una aventura

462 Mauricio Giambartolomei. "Padres adoptivos de niños haitianos viajaron a rescatar a sus hijos".
[Artículo] publicado en diario *La Nación*, 29 de enero de 2010. Se puede consultar online en: http://www.lanacion.com.ar/1226840-padres-adoptivos-de-ninos-haitianos-viajaron-a-rescatar-a-sus-hijos

experimental en donde corre riesgo no sólo su integridad psicológica sino física, al ser forzado a convivir en un círculo tan propenso a enfermedades venéreas o patologías propias de ese ambiente, además del riesgo gravísimo en alto porcentaje del que muchos alertan, respecto de que podrían ser abusados por sus propios adoptantes, tal como indican informes que luego veremos[463].

A lo dicho, debemos añadir el hecho de que un menor educado en una "familia" homosexual tiene mayor propensión a repetir ese patrón de conducta en comparación con un menor educado en una familia heterosexual: la presencia de conductas homosexuales en niños criados por parejas del mismo sexo es ocho veces más frecuente que la media[464]. En 1995 se elaboró un estudio científico por *Bailey et al.* en el cual se trabajó con 85 hijos adultos de una edad media de 25 años que fueron criados por padres homosexuales o bisexuales. Las conclusiones arrojaban un porcentaje de hijos con identidad homosexual o bisexual del 9%, cuando el promedio global es apenas superior al 1% en EEUU[465]. Dos años después (1997), conforme un nuevo estudio longitudinal publicado en el *Journal of Orthopsychiatry (Golombok y Tasker)*, se indicó que sobre 46 casos de niños adoptados (20 varones y 26 mujeres) y de los cuales 25 de ellos fueron criados por madres de lesbianas y 21 por madres heterosexuales (cada adoptado fue indagado a la edad promedio de 23 años), las respuestas de estos jóvenes fueron las siguientes: ante la pregunta de si consideraban posible mantener una relación sexual homosexual, el 56% de quienes fueron educados por parejas homosexuales dijeron que sí mientras que sólo el 14% de quienes fueron educados por parejas normales contestaron de manera afirmativa. El 24% de los criados por parejas homosexuales ya había tenido relaciones homosexuales mientras que ninguno de los criados por madres normales había tenido relaciones homosexuales. Finalmente, el 8% de los criados por madres lesbianas se asumía como homo o bisexual, mientras que ni uno solo de los educados por

---

463 Hazte Oir (Ed y Coord): Fontana, M; Martínez, P; Romeu, P. "No es igual. Informe sobre el desarrollo infantil en parejas del mismo sexo". España, 2005. Ver informe completo en el siguiente enlace:
http://www.noesigual.org/manifestacion/documentos/noesigual3.pdf

464 Hazte Oir (Ed y Coord): Fontana, M; Martínez, P; Romeu, P. Ob. Cit.

465 Bailey, J.M.; Bobrow, D.; Wolfe, M.;Mikach, S. *Sexual orientation of adult sons of gay fathers. Developmental Psychology*. (1995). 124-129. Citado en Fontana, M; Martínez, P.; Romeu, P. Ob. Cit.

parejas heterosexuales se asumía de esa forma[466]. Otro estudio muy ilustrativo por lo masivo (4640 casos estudiados) fue el de Cameron y Cameron (elaborado en 1996), en el cual de entre toda la numerosa muestra, 17 jóvenes afirmaron tener al menos un padre homosexual. De esa pequeña porción, el 35% del total se identificaron como homosexuales y ante la pregunta de si habían mantenido relaciones sexuales incestuosas (es decir, si habían sido abusados por sus padres), la respuesta fue que 5 sobre los 17 (es decir el 29%) padecieron tal aberración, mientras que sólo 28 sobre los 4623 entrevistados restantes (es decir el 0.6% de hijos de padres heterosexuales) sufrieron la repugnante agresión[467].

Además de los riesgos expuestos, en 2010 el doctor George A. Rekers (profesor de neuropsiquiatría y ciencias del comportamiento en la escuela de medicina de la Universidad de Carolina del Sur en USA) presentó su informe científico sobre otras secuelas que padecerían los niños adoptados por parejas homosexuales en simposio en México dedicado al efecto, y arribó a las siguientes conclusiones: "existía mayor probabilidad de que los menores adoptados desarrollen una tendencia homosexual, que aquellos que viven con madre y padre, ya que los menores tienden a vivir y copiar los roles de vida de sus padres" añadiendo que además estos padecen "Mayor promiscuidad en su adolescencia o madurez, adicciones, desórdenes psiquiátricos, tendencias suicidas y elevado número de enfermedades de transmisión sexual".[468]

Y si bien es cierto que aún no existen datos suficientes o categóricos como para arribar a conclusiones definitivas y no hay todavía estudios estadísticos totalizadores que nos permitan poner fin a la polémica[469], ya existen numerosos libros con testimonios de personas que tras haber sido educadas por padres homosexuales narran

---

466 Citado en Fontana, M; Martínez, P.; Romeu, P. Ob. Cit., p. 11.

467 Cameron, P. y Cameron, K. *Homosexual parents. Adolescence* (1996) p. 757:776. Citado en Fontana, M; Martínez, P.; Romeu, P. Ob. Cit., p. 11.

468 Pérez, C. "Niños adoptados por parejas gay sufren trastornos psicológicos: científico de EU". [Artículo] publicado en diario *La Crónica de Hoy*, Méjico, 17/2/2010. Ver nota completa en el siguiente enlace: http://www.cronica.com.mx/notas/2010/488443.html

469 ACI/EWTN Noticias. "¿Cómo son los hijos adoptados por homosexuales? Esto revelan los estudios". Washington D.C, 25 de marzo de 2015. Consultado online en: https://www.aciprensa.com/noticias/como-son-los-hijos-adoptados-por-homosexuales-esto-revelan-los-estudios-85128/

experiencias tan dolorosas como desagradables y que por motivos de decoro nos negamos a transcribir[470].

Por lo pronto y ante "la duda", va de suyo que lo que se debería haber hecho tanto en la Argentina como en los países que aprobaron legalmente esta riesgosa transgresión, es haber preservado la situación anterior y en modo alguno exponer a los niños a especulaciones de resultado incierto y sin que todavía existan datos científicos suficientes que nos permitan abordar a una conclusión definitiva.

470 Uno de los testimonios más impresionables nos lo brinda la canadiense Dawn Stefanowicz, quien publicó el libro *Fuera de la oscuridad. Mi vida con un padre gay* (Out from Under: The Impact of Homosexual Parenting), donde narra su abominable experiencia personal al ser víctima de un progenitor homosexual.

Capítulo 4
La confederación filicida

Advertencia preliminar

Si bien el tema que abordaremos a continuación está más relacionado con la temática del feminismo antes que del lobby homosexualista (es decir, con lo desarrollado por Agustín Laje), por formar parte de la progresiva agenda político-legal de los ideólogos del género hemos decidido incluirlo en este tramo del libro, pues, como bien reza la matemática: el orden de los factores no altera el producto.

La pregunta de cabecera

¿Qué es el aborto? Esta discusión eterna y trillada nunca se define porque justamente las bochincheras difusoras del homicidio de niños por nacer utilizan un sofisma semántico permanente para confundir y eludir al debate. Pero para que la discusión mantenga algo de sentido, hay que partir necesariamente de esta pregunta que nos hicimos al encabezar este párrafo.

"El aborto es la interrupción del embarazo" nos respondería mecánicamente el militante abortista, a los fines de encubrir el filicidio con lenguaje cortés. Pero dado que la "interrupción" por definición es el cese transitorio de una actividad para su posterior reanudación, dicha respuesta sería injusta por errónea, siendo que los embarazos no se "interrumpen" y, por ende, el aborto es un acto de naturaleza definitiva e irreversible precisamente porque la muerte es un hecho definitivo e irreversible: "ahorca es interrumpir la respiración" decía con sorna Julián Marías.

Volvamos a la pregunta de origen. ¿Qué es el aborto entonces?

El aborto es la muerte del concebido. Esta muerte puede ocurrir por causas naturales o por interferencia externa. Distinto es el caso del bebé nacido vivo y posteriormente asesinado; esto importaría un homicidio del subtipo infanticidio. Pero si se lo mata antes del nacimiento, entonces allí sí técnicamente estamos ante un aborto. No obstante los diferentes tiempos en la comisión del crimen, ambos homicidios conforman lo que se conoce como el filicidio, si es que el asesinato fue ocasionado con la acción o consentimiento de la progenitora y/o el progenitor.

Sin embargo, los partidarios del aborto minimizarán esta situación en función de una serie de arbitrariedades que ellos escogen en el calendario, y entonces han inventado que si el embarazo es reciente, el aborto puede ser viable dado que "todavía no está formada la persona" —es habitual que las feministas y los psicobolches que le dan letra lo justifiquen como mínimo hasta los tres meses de preñez—. Pero entonces, ¿a partir de qué semana y de qué hora empieza la vida? ¿Con la unión del óvulo y el espermatozoide o cuando el supersticioso almanaque progresista así nos lo impone?

En efecto, los ideólogos del género alegarán que antes de una determinada cantidad de semanas no hay tal víctima, puesto que el producto de la concepción "todavía" no es un ser humano sino una simple masa informe de protoplasma y, por ende, el aborto no sería mucho más que la eliminación de un parásito (así lo definió textualmente la maoísta Simone de Beauvoir), es decir que por el momento el bebé no sería más que un molesto y desechable amasijo de carne enquistado en el vientre materno.

La ciencia por encima de las paparruchadas ideológicas

Pero no son los fetichismos progresistas sino la ciencia desde la embriología y la biogenética la que nos ha demostrado con absoluta certeza que la vida humana comienza en el momento en el cual se unen el gameto masculino (espermatozoide) y el gameto femenino (óvulo), y es en este proceso de fusión cuando se acoplan 23 cromosomas del espermatozoide con 23 cromosomas del óvulo materno. Esto forma el cigoto, es decir un nuevo ser conformado en su inicio por 46 cromosomas con su material genético propio y un sistema inmunológico diferente del de la madre. Vale decir, después de la fertilización del óvulo no hay ninguna otra etapa en la que el embrión reciba una nueva y esencial contribución genética para ser lo que ya se es. Desde entonces, el embrión sólo necesita nutrición, oxígeno y tiempo para alcanzar la plena maduración de un hombre adulto. Este nuevo ser humano comienza a desarrollarse como tal desde el instante mismo de la concepción. Luego, el cigoto no es un ser humano en potencia: sino un ser humano con gran potencial.

A los 14 días de la concepción se inicia el desarrollo del sistema nervioso. Al cabo de los 21 días el corazón comienza a latir y bombear sangre. En ese mismo lapso empieza además a diferenciarse el cerebro y aparecen esbozos de lo que luego serán las piernas y los brazos. A las cuatro semanas ya empiezan a formarse los ojos. Desde la semana quinta se estima que el bebé ya siente el gusto, el tacto y el dolor. A las seis semanas la cabeza tiene su forma casi definitiva, el cerebro ya está muy desarrollado, comienzan a formarse manos y pies, y muy pronto aparecerán las huellas dactilares (las mismas que tendrá toda su vida). Transcurridos los cuarenta días, la actividad cerebral ya consigue ser captada por el electroencefalograma. A las ocho semanas el estómago comienza la secreción gástrica. Aparecen las uñas. A las nueve semanas se perfecciona el funcionamiento del sistema nervioso: reacciona a los estímulos y detecta sabores, pues se ha comprobado que si se endulza el líquido amniótico —en el que el bebé nada dentro del vientre materno— ingiere más, mientras que si se sala lo rechaza. A las once semanas el bebé ya se chupa el dedo —algo que puede verse perfectamente en una ecografía—. Y en definitiva, a partir del nacimiento el único cambio que el niño técnicamente transita es el relativo a la modificación del sistema externo de apoyo a la vida inherente a sus métodos de alimentación y obtención de oxígeno.

El almanaque progresista

¿Entonces en qué cuernos radica este pasatiempo progresista consistente en especular con las semanas del almanaque como quien juega con la "Batalla Naval"[471] para ver si al bebé lo matamos este martes o lo salvamos para la semana siguiente? ¿Tiene más dignidad el bebé no nacido según la edad de gestación? ¿Lo podemos salvar dos horas después de cumplirse el plazo "aprobado" por el vanguardismo solidario pero no dos horas antes de cumplida la fecha del benevolente salvataje socialista? Interesan las preguntas porque otras de las pseudo-argumentaciones aborteras nos dicen que "en la panza el bebé es totalmente dependiente de la madre", por ende en aras de esta dependencia "la cosa" sigue siendo parte del cuerpo de la progenitora y es potestad de ella decidir matar al menor o no. Pero el hecho de que en una determinada fase de su vida el hijo necesite el

471 La batalla naval es un juego de mesa que consiste en hundir barquitos del enemigo mediante un mecanismo de ingenio pero también azaroso. El nombre en inglés es *battleship*.

ambiente del vientre materno para subsistir, no implica que sea una parte distinta de la madre. Como fuera dicho, desde la fecundación el niño tiene ya su patrimonio genético y su propio sistema inmunológico diferente del de la madre con quien mantiene una relación que, para ejemplificar, diríamos que es asimilable a la que sustenta un astronauta respecto de su nave: si saliese de ella moriría, pero no por estar transitoriamente adentro forma parte de la misma.

Nadie le niega a la mujer el derecho a disponer de su cuerpo, pero una cosa es disponer de "su cuerpo" y otra distinta es disponer del cuerpo de un tercero, y que encima ese tercero sea nada más y nada menos que su propio hijo y cuya "disposición" consistiría en asesinarlo. Y tan independiente es el cuerpo del niño respecto del de la madre, que ni siquiera forma parte del cuerpo de la progenitora la placenta, ni el cordón umbilical ni tampoco el líquido amniótico, sino que estos órganos los ha generado el hijo desde su etapa de cigoto porque le son necesarios para sus primeras fases de desarrollo y los abandona al nacer, de modo semejante a cómo años después del nacimiento, el propio niño abandona los dientes de leche cuando ya no le son útiles para seguir creciendo. Por tanto, sostener que el hijo forma parte del cuerpo de la madre constituye o mala fe o ignorancia: conste que en general los ideólogos e intelectuales del progresismo podrán ser sindicados como pérfidos pero rara vez como ignorantes.

Pero volviendo al insistente tema de la "dependencia del niño respecto de la madre", cabe agregar que por otra parte un bebé recién nacido también mantiene un altísimo grado de dependencia a expensas de la madre —más allá de que tras nacer respire por sí o se alimente sin cordón umbilical—, dado que si ésta lo desatiende apenas por unas horas, el niño no tardaría en expirar: ¿Tiene más dignidad un pequeño de cinco años de edad que uno nacido hace cinco días dado que éste es más dependiente que aquél por no saber hablar ni caminar?

Lo más paradójico, es que las feministas hipócritas que agitan banderines en olímpico desprecio por la vida del niño por nacer, son las mismas pandilleras que luego militan al servicio de millonarias ONG's "ambientalistas" para bregar contra la caza de ballenas en Rusia, enfurecerse por el ensuciamiento petrolífero de pingüinos en la Patagonia, velar en favor de mosquitos africanos en aparente peligro de extinción o refunfuñar por las riñas de gallos que aún persisten en algunas ciudades de Latinoamérica: proponen el genocidio infantil pero patalean ante la tala de árboles.

Sin dudas, el agitador urbano del tipo lumpen-progresista (en su versión lesbo-feminista o trotsko-varonil) no sólo es un verdadero idiota útil al servicio de los grandes laboratorios abortistas que ganan millones traficando órganos de menores abortados, sino que además trabaja de corista gratis para la Internacional filicida financiada por la Fundación Ford, la Fundación Rockefeller, la Planned Parenthood[472] y la Bill & Melinda Gate, no sin el auspicio del Fondo de Población de las Naciones Unidas (UNFPA) el cual a su vez añade ingentes recursos para los zurdos millonarios de Amnistía Internacional, el Grupo de Activistas Lesbianas Feministas (GALF), el Movimiento Amplio de Mujeres y otras corporaciones trasnacionales de izquierda bien rentadas en dólares y cuyas cabecillas llevan una confortable vida rentística bien dispuesta a disfrutar de los beneficios de la "sociedad de consumo" a la que se oponen sus bullangueras y andrajosas militantes de base territorial.

Los métodos de "salud reproductiva" favoritos del derecho-humanismo

Los métodos para matar al niño en el vientre materno son muchos y variados —al menos media docena de procedimientos conocidos son los que se aplican[473]—, pero dos son los mecanismos por antonomasia y los más usuales al respecto, los cuales explicaremos muy brevemente.

El primero es el de la "succión", el cual consiste en introducir en la vagina materna una suerte de tubo con un potencial veintinueve veces más poderoso que el de una aspiradora, el cual succiona al bebé desguazando sus miembros, desintegrándolo progresivamente y transformándolo finalmente en un suerte de puré sanguinoliento, el cual es depositado en un recipiente.

Pero si la criatura lleva entre 3 y 9 meses de gestación, entonces por su desarrollo físico ya no alcanza con reventarlo con la succión sino que para tal fin se necesitan armas de destrucción complemen-

---

472 Infovaticana. "Las empresas que financian el negocio del aborto en Estados Unidos". 27/07/2015. Consultado online en: http://www.infovaticana.com/2015/07/27/las-empresas-que-financian-el-negocio-del-aborto-en-eeuu/

473 Succión (se aplica en el 85% de los casos). Dilatación y curetaje. Dilatación y evacuación. Inyección salina. "D y X". Prostaglandinas. Histerectomía. Operación cesárca. Ver informe y resumen completo de cada una de estas principales técnicas de filicidio en el siguiente enlace:
http://www.embarazoinesperado.com/metodos.htm

tarias. Luego, es de uso habitual lo que se conoce como la "dilatación y evacuación". Mediante esta última técnica, el cuello del útero es ampliamente dilatado y como los huesos del niño ya están calcificados, previamente se introduce una tenaza para arrancarle sus brazos y piernas, luego al niño se le destroza la columna vertebral y finalmente se le aplasta el cráneo por completo.

Una vez destruido el bebé por entero, los desechos ya están listos para la posterior succión. Una vez que se extraen los pedazos del menor descuartizado, por las dudas el abortista tiene que armar de nuevo el cuerpecito completo, para asegurarse de que no se haya quedado nada dentro del útero de la madre, de lo contrario ésta podría sufrir alguna infección.

Una vez garantizada la reconstrucción del cadáver, los desechos del niño ya están listos para ser arrojados a la basura (si es que no se extraen sus órganos para traficarlos).

El sentimentalismo abortista

Como la evidencia científica está muy por encima de las charlatanerías progresistas, a la postre los grupos feministas y las organizaciones que dicen defender los Derechos Humanos (pero que bregan por matar al niño) acaban abrevando en argumentaciones de tipo sentimental con la sucesiva fabricación de historias de vida traumáticas que —según lamentan sus acongojados cronistas— habría padecido la madre encinta y así, justificar a modo de "mal menor" el pretendido crimen del niño: "La madre es pobre y encima ya tiene otros tres hijos que mantener: uno de dos años, uno de cuatro y otro de seis. Obligarla a tener otro hijo no querido es un acto de insensibilidad". O sea que en vez de ayudar a rescatar a la mujer de la pobreza, lo que proponen sus voceros es matar al niño por nacer a los fines ahorrativos. Pues bien, como es de sobra sabido que la economía no es el fuerte de los filósofos del progresismo, nosotros que estamos a la derecha y solemos ser más entendidos en la materia, le sugerimos a estos buenos muchachos una oferta superadora y más barata: matemos al hijo más grande (el de seis años en este caso) que es el que naturalmente genera más gastos y preservemos al menor en gestación, dado que por el momento es este último el más barato de mantener. Pero al margen de estas decisiones relativas a la economía familiar, vale agregar que el aborto no es un problema de clase social: se practique por mujeres ricas o pobres, se haga clandestinamente o bajo la protección del Estado, se consume sin medios o con la más sofisticada tecnología, no deja de ser siempre el mismo homicidio contra la vida de un inocente indefenso. Todo lo demás es parte de un anecdotario subalterno que nos distrae del verdadero debate: nadie pretende obligar a la madre a tener un hijo no querido, pero ocurre que "el hijo no querido" ella ya lo tiene consigo, no es algo de existencia potencial sino actual.

Otro argumento sensiblero en el que echan manos los filicidas, es el relativo a la posibilidad de que el bebé no nacido padezca alguna enfermedad o malformación. O sea que el feminismo neomarxista nos dice hora que si el menor padece alguna discapacidad habría que matarlo, tal como se hacía siete Siglos antes de Cristo en el rígido y militarista Estado de Esparta. O como se hacía, asimismo, bajo las leyes eugenésicas del nacional-socialismo que ordenaban el exterminio de los nacidos discapacitados y malformados. Pues bien, más allá de que nosotros consideramos que la solución en este caso no sería matar al niño sino asistirlo médicamente ante su eventual malformación o disfunción, nos interesa el siguiente testimonio brindado por el reconocido constitucionalista brasileño Celso Bastos: "Participé de una discusión en la que un médico, dueño de diversas clínicas, defendía el aborto. Él decía que con un aparato de ultrasonidos, se puede conocer con un 80% de certeza si el feto sufre mongolismo, en cuyo caso podría ser abortado. Entonces le pregunté. Ya que admitía un 20% de inseguridad: ¿por qué no dejar nacer a la criatura y matarla después? Entonces tendríamos un 100% de certeza"[474].

Una vez agotados los trucos sentimentalistas, el militante progresista nos va a sugerir legalizar el aborto pero por motivos prácticos: "Aunque lo prohíba el Código Penal, los abortos se hacen igual. Por ende hay que legalizarlos para evitar el riesgo de salud de la madre que es sometida quirúrgicamente a abortar en lugares clandestinos e inseguros". Por empezar, la madre que quiere abortar no "es sometida" a lugares clandestinos, sino que ella "voluntariamente se somete" a esos antros para practicar el homicidio. ¿Hay mujeres que corren riesgo de muerte tras abortar en ámbitos no equipados? Sí. Y es lamentable. Pero el detalle es que la mujer que muere al someterse libremente al experimento filicida no es víctima sino victimaria y en su calidad de victimaria acaba accidentalmente muriendo: la verdadera

---

474 Revista *Catolicismo*, Sao Paulo, N 525, septiembre 1994. Citado en Tradición y Acción por un Perú Mayor. *Aborto: la Verdad sin Disfraces. Por qué debemos defender la vida del no nacido.* Lima, Edición Tradición y Acción, 2008, p. 76.

víctima de todo esto es el niño. Análogamente, si un ladrón quiere robar un banco y en este emprendimiento ilegal es abatido por la policía, va de suyo que esta muerte fue una consecuencia no deseada de su actividad criminal: ¿tenemos que despenalizar el robo para que el ladrón no corra más riesgo de muerte entonces?

Pero hay más silogismos dentro del sofisma abortista, tal el caso del argumento "democrático" consistente en citar supuestas encuestas de opinión, en las cuales la mayoría de la población "aprobaría" un eventual proyecto de ley que legalizara dicha práctica. Independiente de la verosimilitud de esos guarismos y de supuestos consensos populares sólo existentes en las fuentes que dicen tener los abortistas, la verdad es que si esa misma encuesta se la pudiéramos hacer a los verdaderos legitimados e interesados para ser encuestados (los niños por nacer), ganaría el NO por el 100% de los consultados.

Otro asunto que ya casi se ha dejado de discutir pero que en su momento fue uno de los argumentos más sólidos de los filicidas, era el ejemplo en el cual la madre corría riesgo de muerte en el caso de continuar con el embarazo. Hoy esta disyuntiva entre dos vidas en pugna quedó en el olvido, porque afortunadamente la ciencia médica hace rato que puede rescatar a los dos pacientes sin mayores complicaciones, y tanto es así que ya por 1979 el reconocido biólogo de la Universidad Complutente José Botella Llusia, afirmaba que "los progresos de la medicina han sido tales que hoy día cualquier cardiópata puede sobrellevar un embarazo y las más graves complicaciones de la preñez pueden ser resueltas sin necesidad de interrumpirlas", añadiendo que "puede considerarse afortunadamente como un dilema ya obsoleto"[475], afirmación que luego confirmó la mismísima Organización Mundial de la Salud[476].

Para terminar, el abortista no va a tener otro remedio que tildarnos de "entrometidos" al procurar interferir en un asunto que al parecer nos sería ajeno: "¿Qué derecho tienen estos "inquisitoriales chupacirios" de meterse en el vientre que es privacidad de la madre?" Ocurre que la privacidad del vientre no autoriza a su titular a que se mate

475 *Ya*. "Razones de un Biólogo" [Artículo]. Madrid, 1979, pp. 4-11. Citado en Tradición y Acción por un Perú Mayor. *Aborto la Verdad sin Disfraces. Por qué debemos defender la vida del no nacido*. Cit., p. 70.

476 "Acción Familiar", [publicación] p. 67. Citado en Tradición y Acción por un Perú Mayor. *Aborto la Verdad sin Disfraces. Por qué debemos defender la vida del no nacido*. Cit., p. 70.

dentro de él, del mismo modo que la intimidad de una vivienda no da derecho a sus propietarios a cometer el asesinato de sus hijos dentro de los límites geográficos de aquélla. Por lo tanto, cualquier vecino que advirtiera esa situación estaría moral y legalmente autorizado para llamar a la policía o hacer la denuncia respectiva ante la inminencia del pretenso infanticidio intramuros: tenga el niño 5 meses de gestación o 5 años de edad.

Y como a la postre los argumentos abortistas terminan cayéndose uno a uno, se suele acudir al extrañísimo caso del "embarazo generado por una violación" y entonces, por excepción, sostienen que aquí sí habría que autorizar el aborto. Pero esta excusa no es tan excepcional: curiosamente todas las mujeres que quieren abortar dicen "haber sido violadas" sin tener que probar jamás la violación ni la identidad del violador. En efecto, la inmensa mayoría de estos casos suelen ser burdas mentiras con pretensiones filicidas dado que la legislación local habilita a la mujer a decir que fue violada y con su sólo testimonio verbal "alcanza" para conseguir la autorización judicial y matar al niño, siendo además que es sabido que en las violaciones, justamente por el estrés y el traumatismo de la situación, los casos de producción de embarazo son extrañísimos y aislados: el centro de Ayuda a la Mujer en Méjico confirmó que sólo en el 2,2% de los casos donde se configuró violación hubo posteriormente estado de preñez, por ejemplo.

Pero supongamos por un rato un caso que se presente como verdadero: que una mujer que efectivamente tuvo la desgracia de ser sometida al horrible vejamen y de esa situación, tuvo luego la mala fortuna de quedar embarazada y, por ende, la víctima no quiera tener ni criar a la criatura que lleva en su vientre. ¿Acaso de una situación en la cual la madre es víctima de un delito sexual en vez de castigar al violador tenemos que matar al menor? Ni siquiera el violador es sometido a pena capital porque el progresismo garantista se opone a ello: ¿pero sí se pretende condenar al bebé a dicha sanción?

Obvio que la violación es un crimen abominable, máxime si la mujer tiene que sufrir durante meses el embarazo fortuito y no deseado. Es una tragedia relativamente equiparable a la de aquel que al ser robado por un delincuente es además baleado y por sus heridas tiene que padecer meses de recuperación o, peor aún, pasar sus días en una silla de ruedas: ¿esta terrible desgracia habilita al sufriente a matar a un tercero ajeno al detestable delito?

Que la madre no quiera tener un hijo es una desgracia insalvable: al hijo ya lo tiene consigo mal que le pese. Que no lo quiera criar y hacerse cargo de la criatura sí es algo salvable, puesto que lo puede dar en adopción. Es decir: la desdichada madre no tiene derecho alguno a matar al menor inocente y sí tiene la obligación de parirlo y, luego, dispone de la libertad de elegir darlo o no en adopción. Al mismo tiempo, es el Estado el que tiene que contener afectiva y psicológicamente a la madre ante tan fatídico tránsito y, por supuesto, darle un castigo riguroso y ejemplar al depravado.

Dicen los filicidas que no obstante nuestros argumentos, "la mitad de la biblioteca sostiene que la vida comienza desde la concepción, pero hay otra mitad de la biblioteca que sostiene que la vida empieza después". Curiosamente la mitad de la biblioteca que promueve el aborto no dice nunca en qué momento exacto se produce la vida y sólo plantea especulaciones e hipótesis que la ciencia ya ha refutado. Pero supongamos que el tema sigue sujeto a discusión, que hay disparidad de criterios y que aún no se puede saber a ciencia cierta quién tiene razón. En este caso habría que manejarse con prudencia y cautela y prohibir por añadidura el aborto, ya que sería ridículo que ante la duda se decida abortar: similar razonamiento es el que le cabe al juez que ante "la duda" nunca puede condenar al imputado. El célebre principio jurídico "Indubio Pro Reo" ordena justamente al Magistrado judicial que ante la duda debe estarse siempre en favor de la inculpabilidad del reo. Análogamente, en la discusión sobre el aborto, si aceptáramos como válido "dudar" o relativizar el momento en el cual se origina la vida, es obvio que la opción ha de ser siempre por aquella que procure salvaguardar al menor (es decir tomar la vida desde la concepción misma) hasta que el "enigma" se disipase, pero jamás someter al niño al juego de una ruleta rusa especulativa con barniz terapéutico: "Me he dado cuenta de que todo el mundo que está a favor del aborto ya ha nacido", sentenciaba magistralmente Ronald Reagan.

En definitiva, podríamos escribir un libro aparte con la casuística argumentando y contra-argumentando situaciones conflictivas o excepcionales *ad infinitum*, pero elaborar un trabajo exhaustivo sobre éste no es el propósito del libro presente, aunque tampoco queríamos soslayar un tema tan delicado y tan arraigado en la agenda de la ideología del género.

Por lo demás, por confusos, intrincados y envolventes que pretendan ser los aforismos efectistas del activismo filicida, advertimos que siempre la sana lógica en favor la vida podrá no necesariamente ganar la batalla política pero sí la disputa moral y racional, puesto que, en resumen: sea legal o ilegal, el aborto mata igual.

Capítulo 5
¿Y en la Argentina cómo andamos?

Un amor no correspondido

Entre muchos de los asuntos que ya hemos tratado en esta segunda parte del libro, hemos analizado la evolución intelectual y/o militante del homosexualismo ideológico desde la perspectiva del género tanto en Europa como en los Estados Unidos, y siendo que hoy la Argentina en general y la ciudad de Buenos Aires en particular se ha convertido en una suerte de acreditado "epicentro gay" en Latinoamérica, creemos indispensable abordar también someramente la evolución de los grupos e ideólogos locales desde sus inicios en los años 70´ y hasta los últimos tiempos, cuando estas corrientes alcanzaron su esplendor al calor del largo régimen kirchnerista.

Si bien hubo algunos antecedentes menores de agrupaciones argentinas que intentaron sin mayor trascendencia efectuar algún tipo de militancia en los años '60[477], muchos sostienen que el primer precedente importante se dio en 1971, cuando se conformó el "Frente de Liberación Homosexual" (FHL), integrado por personalidades de izquierda como el ya mencionado dirigente comunista Héctor Anabitarte, el escritor Manuel Puig (quien murió de SIDA en 1990 y fue famoso por su novela homosexualista *El beso de la mujer araña*), el periodista Blas Matamoro o el reconocido sociólogo de origen marxista Juan José Sebreli.

Probablemente este grupo importara además el primer testimonio de una organización local que entremezclara marxismo y sodomía tal como ellos lo exponían en sus comunicados oficiales: "los homosexuales son oprimidos social, cultural, moral y legalmente. Son ridiculizados y marginados, sufriendo duramente el absurdo impuesto brutalmente de la sociedad heterosexual monogámica", sien-

---

477 Tal el caso de "Nuestro Mundo", la fugaz agrupación dirigida por el comunista Héctor Anabitarte.

do que "esta opresión proviene de un sistema social que considera a la reproducción como objetivo único del sexo. Su expresión concreta es la existencia de un sistema heterosexual compulsivo de relaciones interhumanas donde el varón juega el papel de jefe autoritario, y la mujer y los homosexuales de ambos sexos son inferiorizados y reprimidos (...) la lucha contra la opresión que sufrimos es inseparable de la lucha contra todas las demás formas de opresión social, política, cultural y económica (...) todos aquellos que son explotados y oprimidos por el sistema que margina a los homosexuales pueden ser nuestros aliados en la lucha por la liberación"[478].

Muchos consideran que este pequeño frente tendría una tónica tan radicalizada gracias a la influencia de un elemento que a poco de su fundación se integró y virtualmente copó y personalizó la organización. Nos referimos al escritor y sociólogo Néstor Perlongher, homosexual nacido en 1949, de tendencia ultraizquierdista, quien a la distancia fuera visto como el activista más representativo del grupo y por cuyo afán de protagonismo personal no tardó en convertirse en su referente más visible. Según cuenta Sebreli: "Perlongher era un personaje pintoresco, parecía una señora (...) a partir de la entrada de Perlongher el 'FLH' creció mucho porque él salió a buscar militantes en la facultad, y las dos carreras en las que consiguió más adeptos fueron psicología y sociología", a lo que Sebreli añade la insana influencia de este sujeto dado que "Perlongher introduce en el grupo la droga"[479].

Obviamente Perlongher no era un individuo que pudiera preciarse de intrascendente. Mientras se pavoneaba por las calles de Buenos Aires vistiendo unos excéntricos tacos altos y mezclaba trotzkismo visceral con homosexualismo escandalizador, se hacía llamar a sí mismo como "La Rosa", en honor a Rosa Luxemburgo, la iconográfica agitadora y pionera de lo que fuera el Partido Comunista alemán: "La gran contradicción de la vida de Perlongher era que él predicaba el antiautoritarismo pero él era una persona autoritaria"[480] resume Sebreli.

Devoto de la figuración, "La Rosa Perlongher" y su excéntrico grupete decidieron presentarse en dos actos políticos de vital importancia para la época. Primero asistió a la asunción presidencial de Héctor

---

478 Citado en Bazán, Osvaldo. Ob. Cit., p. 342.

479 *Néstor Perlongher* [documental] emitido en *Soy lo que Soy*, programa de TV conducido por Sandra Mihánovich en la señal de TV por cable TN. Ver filme completo en el siguiente link: https://www.youtube.com/watch?v=LinNaiusJ3w

480 Ídem.

Cámpora en mayo de 1973 y, seguidamente, participó en el histórico acto del regreso al país del ex dictador Juan Perón en junio de ese mismo año en Ezeiza. Fue en estos acontecimientos multitudinarios cuando Perlongher y los suyos pretendieron congraciarse con las masas peronistas acudiendo a los actos con un grotesco cartelón que parafraseaba la marcha partidaria con el lema "para que reine en el pueblo, el amor y la igualdad". Pero la presencia de él y sus activistas no fue muy bien aceptada por el gentío peronista allí presente, el cual, coherente con las ideas de su líder, miraron con particular repugnancia a los exponentes de esta secta carnavalesca. Señala Sebreli que "la presencia de Perlongher y su grupúsculo en esos actos fue realmente representativo desde el punto de vista de la historia de la homosexualidad en Argentina, porque ahí se mostró muy bien y a las claras, que los peronistas, y en especial los peronistas de izquierda a los que Perlongher quería acercarse, eran homofóbicos. Ellos fueron con carteles y demás, pero la gente se alejaba de ellos para no salir fotografiados. Les crearon un vacío a su alrededor. Huían espantados. Ellos quedaron solos completamente. Para lo único que sirvió fue para que la derecha (sobre todo el coronel Osinde que organizaba esos actos multitudinarios), dijera que los Montoneros eran 'drogadictos y homosexuales'"[481]. Acusación agraviante que indignó a estos últimos, quienes respondieron el infamante insulto con el histórico cántico: "No somos putos, no somos faloperos, somos soldados de Evita y Montoneros".

En enero de 1976 el régimen peronista encarceló a Perlongher con motivo de sus vínculos con la droga. Este encierro duró tres meses puesto que de inmediato que asumió el gobierno cívico-militar en marzo del '76, el activista de marras fue liberado. Perlongher decidió no proseguir su militancia y fue en 1981 cuando resolvió emigrar a Brasil, país en el que se instaló y prosiguió escribiendo y generando histéricos conflictos en el seno de su ambiente. Y así como antes él se quejaba de que los homosexuales eran "marginados", durante el flamante gobierno de Raúl Alfonsín (1983-1989) también se quejaba pero por lo opuesto, es decir por la creación y existencia formal de la CHA ("Comunidad Homosexual Argentina" fundada en 1984), acusada por Perlongher de ser "conservadora" al tener un discurso no trotskista revolucionario sino integracionista (la CHA no propo-

---

481 Ídem.

nía una revolución homosexual sino tan solo equiparar derechos con los heterosexuales). Al mismo tiempo, desde la ciudad de San Pablo, donde este insatisfecho crónico residía, disparaba también contra la proliferación de boliches homosexuales en Buenos Aires, alegando que éstos eran "un campo de concentración confortable": a *La Rosa* Perlongher no había bergamota que le viniera en gracia.

Promiscuo irrecuperable, drogadicto perdido, integrante de la secta afro-espiritista "El santo Daime"[482] y comunista radicalizado, al explotar el SIDA como enfermedad característica de los homosexuales en los años '80, Perlongher, en lugar de tomar recaudos estrictos en su desordenada vida personal, descreyó de la existencia de dicho mal y publicó en 1988 —cuando ya habían muerto un sinfín de homosexuales conocidos y desconocidos por dicho mal— un delirante libro titulado *El fantasma del Sida*, cuya tesis central decía que tal enfermedad no existía y que todo esto no era más que un invento comercial y publicitario del "imperialismo norteamericano" promovido con el fin de "controlar los cuerpos" y "vender medicamentos". La realidad no tardó mucho en hacerlo cambiar de opinión: al año siguiente, en 1989, él mismo se enteró de que padecía un SIDA fulminante y que sus perspectivas de vida se apagaban dramáticamente. Murió en 1992 en San Pablo a los 43 años, víctima de una enfermedad ocasionada no por el "complot capitalista" que él había denunciado poco tiempo atrás, sino como consecuencia de sus frenéticas rutinas personales.

A pesar del propio Perlongher, sus correligionarios catalogan al susodicho como "un notable pensador", aunque el verdadero "mérito" de este enviciado agitador no haya sido otro que el de ser considerado por sus análogos como el "padre del movimiento homosexual" y hay quienes, además, le atribuyen el "galardón" de ser el primer activista "queer" de origen local.

La reflexión más profunda que se le recuerda rezaba: "La revolución sexual solo será posible cuando los heterosexuales socialicen su culo"[483].

Democracia y Peste Rosa

Como fuera mencionado, durante 1984 en Buenos Aires se funda la CHA (Comunidad Homosexual Argentina), capitaneada por Carlos Jáuregui y secundada por Roberto, su hermano dos años menor,

---

482 Santo Daime es un culto sincrético brasileño que reúne cierta tradición espiritista con supercherías indígenas y africanas, a lo que se le suma el "ritual" de consumir una droga llamada ayahuasca, la cual produce una peligrosa alteración de la conciencia.
483 Bazán, O. Ob. Cit., p. 342.

oriundos de La Plata. Todo indica que la de los Jáuregui era una familia atípica: no sólo ambos hermanos eran homosexuales, sino que sus otras dos hermanas eran lesbianas.

Carlos Jáuregui debutó (como activista) en la agitación parisina del mes de mayo pero de 1981, cuando los homosexuales franceses salieron a las calles a celebrar el triunfo socialista de Francois Miterrand: "Ese fue el motor que decidió mi posterior militancia en el movimiento gay"[484], señaló. Desde entonces, él mantuvo a lo largo de los años '80 una intensa actividad militante tras fundar la CHA, organización que presidió en 1984 pero a la que luego tuvo que renunciar en 1987 por celos y riñas internas. Su hermano Roberto —en quien Carlos se apoyaba políticamente— también tuvo una participación militante pero no tanto en la CHA sino en otra organización colateral que se conoció como la "Fundación Huesped[485]", la cual ponía un contradictorio foco en la lucha contra el SIDA: esta organización encomiaba la homosexualidad y a la vez bregaba por curar esa enfermedad, o sea que ensalzaba la causa que lo generaba y después luchaba contra su desdichada consecuencia.

Durante el lapso comprendido entre los años '80 y parte de los '90, las estrategias de los movimientos homosexualistas se dividían entre quienes querían impulsar la ideología de género de corte neomarxista que hemos estado viendo y los que, en cambio, preferían priorizar las campañas informativas de prevención contra el SIDA, que a la sazón estaba haciendo estragos entre la población homosexual. Y a pesar de la promoción disolvente del gramscismo educativo que desde el Estado imponía el régimen eurocomunista de Raúl Alfonsín, muchos promotores de la homosexualización cultural decidieron por lo pronto desactivar sus esfuerzos en la difusión de sus teorías pansexualistas pero no porque dichas ideas no les causaran simpatía, sino porque advertían que no podían perder tiempo en estos galimatías ideológicos mientras "la Peste Rosa" arrasaba con sus miembros: por ejemplo, los dos hermanos Jáuregui murieron de SIDA. Roberto en 1994 y Carlos dos años después[486].

---

484 Bellucci, M. "El orgullo continúa. Una marcha en el origen". [Artículo] publicado en *Página/ 12,* 5 de Mayo de 2010. Ver nota completa en el siguiente enlace: http://www.pagina12.com.ar/diario/suplementos/soy/1-1702-2010-11-06.html

485 http://www.huesped.org.ar/

486 Bellucci, M. "El camino de un luchador". [Artículo] Publicado en diario *La Nación* , 12 de Abril de 2010. Ver nota completa en: http://www.lanacion.com.ar/1330654-el-camino-de-un-luchador

Digresión: cuando a principios de los años '80 el SIDA acorralaba a la comunidad homosexual a nivel mundial, desde el comienzo de la epidemia el Cardenal de Nueva York, John O'Connor, inauguró el primer centro a-religioso de atención a pacientes con SIDA de Estados Unidos. Desde entonces, la Iglesia Católica —frecuentemente ultrajada y agredida por el activismo feminista y sodomítico— es la institución privada más comprometida a nivel mundial en la lucha contra este mal tan frecuente en la población agresora para con ella: actualmente uno de cada cuatro enfermos de SIDA (el 25%) está siendo atendido por instituciones de la Iglesia Católica e incluso, en países pobres, la Iglesia asiste al 60% de los afectados, siendo que los recursos para estos servicios los recauda la propia Iglesia de fuentes privadas y no de gobiernos[487].

Pero retomando a la militancia homosexualista vernácula, vale resaltar que si bien por entonces las prioridades fueron clínicas antes que ideológicas, no obstante en la intelectualidad surgieron algunas plumas de valor aparente, siendo la más reconocida la del escritor Oscar Villordo, cultor de un género literario al que sus afectos denominaron "homo-erotismo", cuyos libros son considerados de culto en esos circuitos[488]. Villordo tampoco escapó del SIDA: murió de esa enfermedad en 1993.

No sin fundamentos, la "Peste Rosa" causaba pánico en el ambiente homosexual y numerosos famosos morían en todo el mundo como resultado de ello y, en lo que a la Argentina concierne, por entonces sacudió a la opinión pública la muerte de numerosos artistas homosexuales, tal el caso en 1988 de Federico Moura (cantante del grupo musical "Virus"), el de Miguel Abuelo (cantante de la banda "Los Abuelos de la Nada") en 1988, o la muerte del bailarín clásico Jorge Donn en 1992.

Ante el efecto dominó del SIDA, cualquier lugar o espacio era aprovechado por los miembros de esta comunidad para intentar concientizar a propios y ajenos: el comediante Antonio Gasalla —humorista que habitualmente se trasviste representando personajes femeninos—

---

487 De Irala, J. *Ob.* Cit., p. 29.

488 Las novelas *La brasa en la mano* (1983), *La otra mejilla* (1986) y *El ahijado* (1990), constituyen una verdadera trilogía de la visibilidad homoerótica, a través de la vida y las costumbres de los personajes, varones homosexuales porteños, de las década del cincuenta al ochenta del siglo XX. La primera biblioteca sodomítica de Argentina (fundada por Pietro Salemme) lleva el nombre del escritor.

desde su programa televisivo arengaba a sus correligionarios con una procaz y desesperada exhortación: "¡No seas forro, usá forro!"[489].

El homosexualismo noventista

En tanto, la CHA no se detuvo tras la expulsión de Jáuregui y, aunque siempre fue una organización que pervivió plagada de celos enfermizos entre sus integrantes y dirigentes, su funcionamiento y su frecuente presencia en los medios subsistió hasta nuestros días. Efectivamente, tras la exclusión de Jáuregui la conducción de esta institución fue asumida fugazmente por el activista Alfredo Salazar, quien prontamente se vio obligado a delegar el cargo en el entonces mediático Rafael Freda, un docente de izquierda que solía frecuentar programas televisivos de alto impacto agitando sus banderías, asumiendo la presidencia de la CHA en julio de 1991. Pero apenas cinco meses después, Freda fue derrocado y expulsado de esa entidad, llevándose consigo a una fracción de otros veinticinco seguidores y con ello fundó una organización paralela autodenominada SIGLA (Sociedad de Integración Gay-Lésbica Argentina)[490]. Tan ingobernable se volvió la CHA —a pesar de recibir ingentes apoyo de estructuras internaciones como Naciones Unidas[491] o locales como la del CELS del doble agente Horacio Verbitsky[492]—, que por entonces las camarillas en disputa no pudieron siquiera acordar quién iba a reemplazar la conducción del destituido mandamás. Pero en medio del conventillo interno supo tomar el poder de la secta un triunvirato comandado por la mediocampista Mónica Santino, muy temida por sus potentes zurdazos en el club All Boys, donde destacaba jugando fútbol femeni-

489 "Forro" es el modo coloquial o vulgar con el que en la Argentina se denomina al profiláctico peneano.

490 "A batallar. La Sociedad de Integración Gay Lésbica Argentina fue creada por Rafael Freda en 1992". [Artículo] publicado en diario *Página/12*, 28 de junio de 2009. Ver nota completa en el siguiente link: http://www.pagina12.com.ar/diario/suplementos/soy/subnotas/831-44-2009-06-26.html

491 El CELS (Centro de Estudios legales y Sociales) es una Ong de extrema izquierda con fachada "humanista" presidida por el ex agente de inteligencia montonero y propagandista rentado del kirchnerismo Horacio Verbitsky. Este oscuro personaje también fue numerosas veces sindicado de "doble agente", puesto que durante la guerra antisubversiva en los años 70', a pesar de revestir condición de Montonero, trabajaba paradojalmente para la Fuerza Aérea.

492 Estos apoyos son expresamente reconocidos en la página oficial de la CHA: http://www.cha.org.ar/nosotros/

no[493]. Pero allí no termina la camorra. En 1991 se produjo otro cisma en la CHA y se fundó "Gays por los Derechos Civiles" —encabezada por Jáuregui que había sido marginado de la misma organización que él había fundado—, mientras que otros desertores de la CHA decidieron a su vez reagruparse en una suerte de "ateneo científico" dirigido por el psicólogo homosexualista Carlos Barzani[494], cónclave autotitulado bajo la kilométrica denominación "Grupo de Investigación en Sexualidad e Interacción Social"[495], sintéticamente conocido como "Grupo ISIS" (sigla exactamente igual a la del terrorismo yihadista ISIS[496] pero de accionar menos peligroso).

Finalmente, por el inacabable recelo que se generaba dentro del internismo que también azotó a ISIS, surgió a su vez un enésimo desprendimiento llamado "Grupo de Reflexión Autogestiva Lesbianas" (GRAL) y ahora sí, ante la fatídica partición burocrática de estas infinitas tribus en el seno de la Comunidad Homosexual Argentina, no sería desacertado ni injuriante definir ese escenario del siguiente modo: un verdadero puterío.

A pesar de su trajinada guerra civil, desde el año 1996 y hasta el momento de escribir estas líneas la CHA sobrevive y es presidida actualmente por César Cigliuti, activista conocido por haberse "casado" con su pareja Marcelo Suntheim[497] en el año 2003[498].

Paralelamente a la CHA y sus desprendimientos, durante los años ´90 fluyeron otras congregaciones complementarias como la "Fundación Buenos Aires SIDA" (dirigida por el ya insufrible Alex Freyre) o

---

493 "Mónica Santino, ex jugadora y pionera en dirigir fútbol femenino en el país". [Artículo] publicado en diario *La Capital* de Rosario. 28 de Mayo de 2014. Ver nota completa en el siguiente link: http://www.lacapital.com.ar/ovacion/Monica-Santino-ex-jugadora-y-pionera-en-dirigir-futbol-femenino-en-el-pais-20140528-0002.html

494 Carlos Barzani promueve sus ideas favorables a la sodomía y al consumo de drogas escribiendo en el diario *Página/12* (¿dónde si no?) y revistas afines, pero fundamentalmente a través de su sitio personal de internet: http://www.carlosbarzani.com.ar/

495 Si bien su sitio web no se actualiza desde el año 2006, el mismo está vigente: http://isisweb.com.ar/index.htm#Principio

496 Isis es la sigla en inglés con la que se denomina a la organización que dice representar al Estado Islámico, conformada por un grupo terrorista yihadista wahabita, y asentada en un amplio territorio de Irak y Siria.

497 "Se unieron dos hombres en el registro civil porteño". [Artículo] publicado en diario *La Nación* el 18 de Julio de 2003. Ver nota completa en: http://www.lanacion.com.ar/512379-se-unieron-dos-hombres-en-el-registro-civil-porteno

498 A la sazón el vínculo revistió la forma de "Unión Civil" obrante sólo en la Ciudad de Buenos Aires.

la camarilla "Colectivo Eros" (conformada por estudiantes de la Facultad de Filosofía y Letras de la UBA[499]) quienes no tardaron en pelearse entre sí y disolverse, para luego ingresar en otros espacios con similares usanzas. También fue en la segunda mitad de la década de los ´90 cuando aparece en escena otro arquetipo de homosexual varón autodenominados como "osos", agrupados en una suerte de club social[500] y caracterizados por una estética signada por el exceso de peso, el hábito de la barba, la ostentación del bello y el atípico empleo de ademanes rústicos o viriles, de uso infrecuente en un ambiente signado por la histeria y el afeminamiento.

Pero fue en estos tiempos de libertad en los albores del menemismo cuando se hizo más visible en esta militancia la presencia femenina (por decirlo de algún modo), como por ejemplo la organización lesbo-marxista "Las Lunas y las Otras"[501]; el grupo pseudoreligioso de abortistas autodenominado "Católicas por el derecho a decidir"[502]; la organización "Las Fulanas"[503] fundada por la conocida trotskista María Rachid, muchacha de tamaño físico intimidante que años después, en el 2011, arremetió a las trompadas contra el cómico kirchnerista y drogadicto confeso Claudio Morgado por denuncias mutuas de corrupción cuando ambos dirigían el INADI[504] —ante el incidente físico Morgado se aterró y pidió socorro a la policía[505]—. Finalmente, nos encontramos en esos años con la aparición de la revista "Cuadernos de Existencia Lesbiana"[506], publicación que circuló a partir de 1987 y cuyos fascícu-

499 Universidad de Buenos Aires

500 http://www.ososbue.com/

501 En internet existe un ilustrativo video con la historia del grupo, elaborado por quienes fueron sus integrantes y protagonistas, el cual puede verse en estos tres capítulos/enlaces:
Las Lunas y Las Otras (Parte 1): https://www.youtube.com/watch?v=pqMjGwrL9j8
Las Lunas y Las Otras (Parte 2): https://www.youtube.com/watch?v=FUptLz3w26s
Las Lunas y Las Otras (Parte 3): https://www.youtube.com/watch?v=X1fg_4k3qhQ

502 http://www.catolicas.com.ar/portal/

503 http://www.lafulana.org.ar/

504 "Cómo se desató la violenta pelea entre Morgado y Rachid en el INADI". [Artículo] publicado en *Diario Perfil*, 09 de Junio de 2011. Ver nota completa en el siguiente enlace: http://www.perfil.com/politica/Como-se-desato-la-violenta-pelea-entre-Morgado-y-Rachid-en-el-INADI-20110609-0028.html

505 Iturralde, Cristián Rodrigo. *El libro negro del INADI o la policía del pensamiento*. Buenos Aires, Unión Editorial, 2015, pp. 286-291.

506 Los Cuaderno de Existencia Lesbiana aparecen en 1987 y las iniciadoras fueron Ilse Fusková y Adriana Carrasco. En 1992 se incorpora en el staff Claudina Marek. Se publicaron en total 17 números.

los fueron actualmente digitalizados en un curioso portal de Internet de gastronómica denominación: "Potencia Tortillera"[507].

Pero a estas alturas, el lobby homosexual se había ensanchado tanto y tornado tan complejo que hasta contaba con religión propia: fue también en los años ´90 y bajo la fachada de "Iglesia de la Comunidad Metropolitana", cuando se instaló en Buenos Aires una suerte de "espiritualidad homosexual", dirigida por un tal Roberto González, un predicador que vistiendo una estridente sotana multicolor fungía de "sacerdote" y parodiaba la Liturgia Católica mientras "casaba" a sus fieles entre sí. Según testimonios recogidos por el sociólogo homosexualista Ernesto Meccia, esta "iglesia" cumplía la función de aplacar la desatada promiscuidad de sus acólitos: "No sé si será cosa de la edad, pero llega un punto en que cansa la noche, yirar toda la noche para terminar en un boliche" sostuvo un feligrés, en tanto que otro fiel confesó: "Cuando conocí la Iglesia llevaba una vida muy nocturna, me enteré de que tenía el virus pero igual salía de noche a buscar algo. Una vez tuve una historia violenta en la calle con un chongo, vi las estrellas... no sé por qué ahí frené. Un amigo me comentó de la Iglesia de la Comunidad Metropolitana y empecé a ir", en tanto que otro parroquiano acota: "¿Y en un momento me pregunté, ¿yo quiero ésta vida, vivir como loca todo el día?". Uno de los entrevistados reconoció que a la iglesia homosexual "venía mucha gente que tenía el problema del HIV"[508].

Pero como si al complejo mapa sociológico de las tribus sodomíticas le faltasen referentes, éramos pocos y aparecieron en escena los travestis, pero no sólo para hacer notar sus disfraces sino para exhibir pretensiones políticas y gremiales: en mayo de 1991 surgió una logia denominada "Transexuales por el Derecho a la Vida y la Identidad" (Transdevi), grupo capitaneado por un sujeto que afirmaba llamarse "Karina Urbina" y dos años después, en mayo de 1993 nació la orden "Travestis Unidas" (TU) de la mano de un tal "Kenny de Michelis". Pero fue al mes siguiente (junio de ese mismo año) cuando hizo su debut el cónclave más vistoso, nos referimos a la "Asociación de Travestis Argentinas" (ATA), conducida por un muchacho oriundo de Luján (Provincia de Buenos Aires) quien bajo el pseudónimo "Belén Correa" saltó a la fama.

---

507 http://potenciatortillera.blogspot.com.ar/

508 Meccia, E. *La cuestión gay. Un enfoque sociológico*. Buenos Aires, Gran Aldea Editores, 2006, p. 159.

En un principio, quizás por su connotación estética tan chocante y burlesca, la aparición de los travestis en escena generó aversión no sólo en el grueso de la opinión pública, sino incluso entre aquellos que actuaban intelectualmente en los ambientes más recalcitrantes de la izquierda cultural local: "Los travestis nunca, pero nunca, van a lograr ser lo que se desviven por parecer: mujeres (...) No son nada, ni hombres ni mujeres, viven en un mundo de apariencia y no en el del ser (...) su cacareada trasgresión no es más que un exabrupto, ruido que solo jode a las amas de casa, lumpenaje triste, autodestrucción sin grandeza, hecatombe que se instala en las páginas amarillistas de Crónica y no en los laberintos grandiosos de La genealogía de la moral, de Nietzsche"[509] anotó en los años ´90 para asombro de propios y extraños el difusor José Pablo Feinmann con lo cual, queda claro que en esta materia incluso los que se encuentran fatalmente ideologizados tienen esporádicos intervalos de lucidez y el sentido común pareciera primar por sobre sus respectivas quimeras ideológicas. Pero andando los años, este "lumpenaje triste" del travestismo fue siendo "naturalizado" y aceptado con lisonjas, y su exponente más famoso supo ser un "vedette" llamado Gerardo Vírguez que se popularizó con el seudónimo de "Cris Miró", publicitado además por su relación personal con el ex futbolista Diego Maradona[510] y por haber llegado a encabezar elencos en teatros de revistas: murió de SIDA en 1999 a la temprana edad de 33 años. Pero su ausencia "artística" fue rápidamente reemplazada por otro travesti en ascenso, un opulento morocho llamado Roberto Carlos Trinidad (conocido como "Florencia de la V"), que en sus comienzos contó con el auspicio mediático del pornocómico Gerardo Sofovich. Finalmente, el régimen de Cristina Kirchner le otorgó al Sr. Trinidad la posibilidad de cambiar su nombre en el Documento Nacional de Identidad y hacerse pasar formalmente por mujer.

Renglones menores merecen algunos travestis "de inferior calidad", puesto que aunque con alguna fama mediática, estos nunca alcanzaron un lugar "top" en la farándula a pesar de haber coqueteado fugazmente en ella. Nos referimos a ciertos lúmpenes que fueron utilizados por la industria del entretenimiento para la mofa y el

509 Feinmann, J. P. [Artículo] en *Página/12*, 15 de Junio de 1998, citado en: Bazán, O. Ob. Cit., p. 437.

510 Sebreli, J. J. *Comediantes y Mártires, Ensayo contra los Mitos*. Buenos Aires, Editorial Debate, 2008, p. 189.

ridículo, tal el caso de Miguel "Cacho" Dekleve, más conocido como "Zulma Lobato" —enajenado personaje caracterizado por un marcado estrabismo y sus incompletas piezas dentales — o este otro que se hace llamar "Naty Menstrual"[511], sodomita periférico que funge de literato y se dio el lujo de publicar un bizarro libro de "porno-poesía", oportunamente difundido por el diario psicobolche *Página 12* en su "sección cultural".

Indudablemente, los años '90 fueron de esplendor y consolidación para estas corrientes, y las mismas se hacían mediáticamente visibles disputando espacio físico con sus respectivos estandartes en las "Marchas del Orgullo Gay", colorinche peregrinación anual de corte trasnacional que en la Argentina comenzó a implementarse a partir del año 1992[512] y que desde entonces se moviliza y organiza siempre el mes de noviembre, con reclamos sucesivamente más audaces y procaces, siendo que todo ese enrarecido ambiente se encuentra abarrotado de grupos y subgrupos que se odian entre sí, pero que de todos modos pujan exitosamente por obsesiones comunes.

Las causas del internismo

El citado sociólogo homosexualista Ernesto Meccia, acerca del feroz internismo obrante en el seno del ambiente vernáculo anota que "son varias las organizaciones que denuncian que el trabajo político de otras organizaciones no incluyen una crítica cultural al sistema social", agregando que "no es casual que el conflicto interno involucre por un lado a la organización más antigua, la Comunidad Homosexual Argentina (CHA), y por otro, a organizaciones y/o empresarios independientes de la causa que, fincados en espacios académicos, desplie-

511 http://natymenstrual.blogspot.com.ar/

512 El 28 de junio de 1969, un bar homosexual llamado Stonewall Inn, del barrio Greenwich Village en la ciudad de Nueva York fue allanado por la policía. En esa oportunidad los asistentes decidieron resistirse contra la autoridad e incluso la gresca se prolongó por tres días y se popularizó la consigna "Estoy orgulloso de ser gay".

Un año después, en 1970, en conmemoración por lo sucedido una importante concentración de homosexuales se concentraron en la calle Christopher frente a las puertas de Stonewall Inn y desde allí marcharon espontáneamente por la Quinta Avenida hasta el Central Park. Esa fue considerada la primera "Marcha del Orgullo Gay" de la historia. En Argentina, el 28 de junio de 1992 unos 200 homosexuales por su parte realizaron la primera Marcha del Orgullo Gay en Buenos Aires. Los asistentes se concentraron frente a la Catedral de Buenos Aires y en su mayoría cubrieron rostros utilizando caretas.

gan el arsenal conceptual de la Queer Theory"[513] y refiere "llama la atención la virulencia con que unas organizaciones atacan a otras"[514].

Pero al parecer en este microclima no sólo hay peleas por matices ideológicos y personalismos políticos sino que, además, son frecuentes las pujas entre los distintos "arquetipos" visuales de homosexuales y que justamente por pertenecer a diferentes clanes estéticos se desprecian entre sí, tal como nos lo explica Meccia: "Las clásicas figuras de 'loca', cuya función ha sido la de dar notas cómicas en varias películas y programas de televisión, y el gay-macho, fetiche (con frecuencia militar o policial) presente a partir de los años '80 en toda una iconografía principalmente estadounidense y principalmente pornográfica, son los nítidos prototipos (tipos ideales, según la clásica conceptualización de Max Weber) imaginarios o tenidos como reales de homosexualidad masculina feminizada (HFM) y de la homosexualidad masculina monosexualizada (HMM)", pero este último ejemplar de homosexual virilizado, según Meccia, no deja de contar con una alta dosis de impostura: "En este sentido, dejar ver en la biblioteca un libro de Borges no leído cumpliría la misma función de reaseguro ascendente que deja ver cuán poco afeminado se es y, concomitantemente, cuánto de igual con respecto a los heterosexuales son algunos homosexuales a pesar de ser homosexuales, reconfortante punto de llegada de una eficiente estrategia simbólica"[515]. En el fondo, esta sobreactuación de invertidos musculosos no hace más que confirmar aquella despiadada confesión de Guy Hocquenghem: "uno siempre siente un poco de vergüenza por sentirse orgulloso de ser homosexual"[516].

Respecto de "las locas" a las que refiere Meccia, estos se caracterizan por su obsesión por alcanzar la delgadez extrema propia de las modelos, y si bien el 95% de la población que padece patologías alimentarias del tipo de la anorexia o bulimia son mujeres, del 5%[517] restante que afecta a varones, la abrumadora mayoría de ellos son sodomitas: la Escuela de Salud Pública de la Universidad de Columbia

---

513 Meccia, E. Ob. Cit., p. 105-106.

514 Meccia, E. Ob. Cit., p. 111.

515 Meccia, E. Ob. Cit., p. 145.

516 Hocquenghem, G; Preciado, A. Ob. Cit., p. 123.

517 Prevención de la Anorexia y la Bulimia. Ver informe completo en el siguiente enlace: https://www.prevencion.adeslas.es/es/trastornoalimenticio/masprevencion/Paginas/cifras-anorexia-bulimia.aspx

confirmó que los homosexuales tienen triple riesgo de padecer anorexia respecto de los heterosexuales[518].

En lo referido al segundo arquetipo señalado, el del homosexual que sobreactúa de "macho", en la Argentina de los últimos años probablemente el exponente más emblemático haya sido el figurón televisivo Ricardo Fort, indefinible personaje cuyo cuerpo esculturalmente operado y anabolizado junto a las rentadas novias ficcionarias que él presentaba mediáticamente para simular su homosexualidad, terminaron desmoronándose al conocerse no sólo su adicción a los "taxi boys"[519] sino su fama en los saunas y pubs "gay friendly" de Miami. Pero Fort pudo hacerse "el macho" poco tiempo. Murió a los 42 años intoxicado por las obsesivas e infinitas operaciones estéticas a que se sometía para aparentar musculatura y virilidad, las cuales fueron progresivamente deteriorando su salud. Fue un triste gigante de cartón.

Pero no sólo existen rivalidades o jerarquías en la idiosincracia homosexual en torno a formas estéticas, sino también en cuanto a roles (según quién sea el sujeto activo o el pasivo en la actividad venérea) y sobre ello, el sociólogo marxista Pierre Bourdieu en su libro *La dominación masculina* sostiene que en el caso de la sodomía, la dominación "no va unida a los signos sexuales visibles sino a la práctica sexual. La definición dominante de la forma legítima de esa práctica como relación de dominación del principio masculino (activo, penetrante) sobre el principio femenino (pasivo, penetrado) implica el tabú de la feminización sacrílega de lo masculino, es decir, del principio dominante que se inscribe en la relación homosexual"[520]. Incluso, en la jerga popular existe una suerte de atenuante o disculpa para con el elemento activo, como si éste no fuese tan responsable como el pasivo acerca del encuentro sexual. Pero muy particularmente en la Argentina, el homosexual activo no sólo goza de una sanción social

---

518 "Los homosexuales tienen triple riesgo de padecer anorexia o bulimia; las lesbianas no": La Escuela de Salud Pública de la Universidad de Columbia ha publicado un estudio en el International Journal of Eating Disorders (número de abril 2007), en el que se afirma que un 15% de los hombres homosexuales o bisexuales desarrollan desórdenes de la alimentación, mientras que sólo un 5% de los hombres heterosexuales muestran este desorden. Ver informe completo en el siguiente link:
http://www.forumlibertas.com/los-homosexuales-tienen-triple-riesgo-de-padecer-anorexia-o-bulimia-las-lesbianas-no/

519 Se denomina *Taxi Boy* a una forma de prostitución que se refiere a varones que prestan servicios sexuales a personas del mismo sexo.

520 Bourdieu, P. *La dominación masculina*. Barcelona, Anagrama, 1998, p. 86.

menor que el pasivo, sino que muchas veces ese rol brinda "buena reputación" en algunos ambientes, tal como se puede advertir en los cánticos de las hinchadas de fútbol, cuyas letras se ufanan con frecuencia de "comerse" al rival.

Esta exculpación o glorificación que se hace del homosexual activo ya había sido advertida y denunciada con horror por el propio Jorge Luis Borges desde las páginas de la revista *Sur*: "Añadiré otro ejemplo curioso. El de la sodomía. En todos los países de la tierra, una indivisible reprobación recae sobre los dos ejecutores del inimaginable contacto. *Abominación los dos, si sangre sobre ellos*, dice el Levítico. No así entre el malevaje de Buenos Aires, que reclama una especie de veneración para el agente activo —porque lo embromó al compañero. Entrego esa dialéctica fecal a los apologistas de la viveza, del alacraneo y de la cachada, que tanto infierno descubren"[521].

Finalmente, vale mencionar que éste encono tan violento como frecuente en los ambientes homosexuales se debería, además de lo expuesto, a que la denominada "homofobia" sí existiría, pero entre los propios homosexuales, dado que muchos de éstos sienten a su vez desprecio por la condición homosexual de sus congéneres. Esto que parecería una flagrante contradicción (un homosexual despreciando a otro homosexual por ser homosexual), fue desarrollado *in extenso* por el escritor homosexualista Jacobo Shifter Sikora en un capítulo llamado "Homofobia Interiorizada" de su libro al cual ya hemos remitimos, y lo que sintéticamente dice el autor es que: "El odio es hacia sí mismo. Sin embargo, el subconsciente lo disimula haciendo creer que el odio es hacia otro"[522]. Vale decir que más allá de las causas que se quieran esgrimir, lo cierto es que muchos homosexuales desprecian tener esa condición, pero para evitar la angustia o incomodidad de despreciarse a sí mismos, exteriorizan el desprecio para con sus análogos. En consecuencia, nos resulta imposible no abrevar en aquel elemento del inconsciente que en psicología el propio Sigmund Freud llamó como "proyección negativa", el cual es justamente un mecanismo de defensa mediante el cual un sujeto le atribuye a otras personas los defectos o carencias que les son propios. O sea que este mecanismo opera en situaciones de conflicto emocional en el cual el individuo le imputa a terceros los sentimientos, impulsos o pensamientos

521 Borges, J.L. "Nuestras imposibilidades". [Artículo] publicado en Revista *Sur*. Buenos Aires: año 1, 1931. Citado en Bazán, O. Ob. Cit., p. 174.

522 Schifter Sikora, J. Ob. Cit., p. 118.

que resultan inaceptables para sí mismos. Por esta vía, la defensa psíquica logra poner estos contenidos amenazantes en el afuera. De tal forma que es habitual que muchos homosexuales se aborrezcan a sí mismos por lo que son, empero expulsan ese sentimiento destratando a sus pares por los mismos motivos por los cuales ellos inconscientemente se auto-desprecian.

El kirchnerismo y la estatización de la homosexualidad

Retomando la cuestión local y al margen de celos entre pandillas, mecanismos de proyección, estéticas prefabricadas y roles carnales, lo cierto es que en los últimos años —fundamentalmente durante el largo período de corrupción e inmoralidad kirchnerista—, el movimiento homosexual supo hacerse cada vez más presente en los medios televisivos hasta alcanzar una procaz cotidianeidad. En este lapso, el grueso de estas organizaciones y sus agentes gozaron del deliberado respaldo y financiamiento estatal habiendo sido sus dirigentes y estructuras cooptadas al servicio militante del oficialismo entonces vigente.

Fue en este lapso cuando se sancionó la ley del "matrimonio igualitario": en el año 2010[523], tras encendidas sesiones parlamentarias en las cuales fue la primera y única vez en las que el diputado Néstor Kirchner —siendo al unísono esposo de la Presidente de la Nación— acudió a trabajar al Congreso para votar en favor del proyecto de ley, lo cual confirmaba una vez más los compromisos de la izquierda política en congraciarse con las pretensiones lobistas interesadas en esa legislación.

Pero durante el kirchnerismo la homosexualidad llegó a su auge no sólo por sus victorias políticas sino fundamentalmente por la constante presencia mediática de sus referentes, sean éstos activistas explícitos o elementos de la farándula, quienes proclamaron sus intimidades a plena luz del día desde los medios televisivos hasta alcanzar una imprudente aparición en programas aptos para todo

523 La República Argentina aprobó los "matrimonios" entre personas del mismo sexo desde el 15 de julio de 2010. De esta forma, el país se convirtió en el primero de América Latina en sancionar tal cosa y fue el décimo país en legalizar este tipo de uniones a nivel mundial. Hacia julio del 2015, es decir casi 5 años después de la sanción de dicha ley, se habían "casado" 9423 según informó el matutino La Nación. "A 5 años de la ley de matrimonio igualitario, casi 10.000 parejas se casaron: ¿Qué cambió en la familia argentina?" Verónica Dema, 15 de julio, 2015. Ver nota completa en el siguiente enlace: http://www.lanacion.com.ar/1810125-a-5-anos-de-la-ley-de-matrimonio-igualitario-casi-10000-parejas-se-casaron-que-cambio-en-la-familia-argentina

público no sin el aplauso festivo de sus contertulios y panelistas de circunstancia.

Uno de los casos más emblemáticos por su tono escandalizador fue el del cómico Fernando Peña, locuaz pendenciero que solía presentarse en televisión disfrazado de andrógino mientras se ufanaba con petulancia de su adicción a las drogas, su predilección por los "Taxy Boys" y su jactanciosa portación de VIH [524]: murió en el año 2009 a los 46 años. De manera contemporánea, el conductor televisivo Juan Castro también publicitaba su tendencia y promovía la ideología homosexual desde su ciclo televisivo "Kaos en la ciudad", el cual se vio interrumpido en el año 2004 cuando el propio locutor, atormentado por su inmanejable adicción a las drogas y alterado por el resultado de su último análisis de VIH[525], se tiró desde el primer piso del balcón de su departamento quedando gravemente herido y muriendo a los pocos días en el hospital.

También fue en el nuevo milenio y al calor del kirchnerismo cuando el lobby homosexual consiguió ingentes recursos estatales —además de los mencionados derechos al "casamiento" y la adopción de niños—, premiando a muchos de sus referentes con cargos públicos bien rentados en la burocracia gubernamental —principalmente en el "INADI"[526] y en la "Secretaría de Derechos Humanos"—, siendo por entonces el emisario más vistoso y bullicioso Alex Freyre, histriónico agitador en cuya cuenta de Twitter se define como "peronista y activista gay", insalvable contradicción asimilable a considerarse a sí mismo como "sionista y nazi". Al parecer, el iletrado e irreverente

---

524 Peña, F: "Dejé de tomar el cóctel contra el SIDA, sé que puedo morir... ¿Y?".[Entrevista] publicada en *Revista Gente*. 15 de marzo de 2004 . Ver nota completa en el siguiente enlace: http://www.gente.com.ar/actualidad/deje-de-tomar-el-coctel-contra-el-sida-se-que-puedo-morir-y/6807.html

525 Gorodischer, J. "Pecados que se pagan así de caros". Se habló de trasplante de órganos, de muerte cerebral, de una orden de Kirchner para desconectar a Castro, de vida promiscua, se leyeron presuntas cartas íntimas. Bajo el disfraz de la información, algunos medios dieron cátedra sobre cómo impartir moral desde la desgracia ajena. [Artículo] publicado en Diario *Página/12* el 7 de marzo 2004. Ver nota completa en el siguiente enlace:
http://www.pagina12.com.ar/diario/espectaculos/6-32342-2004-03-07.html

526 El "Instituto Nacional contra la Discriminación, la Xenofobia y el Racismo" (INADI) es un organismo vergonzoso creado durante el menemismo y repotenciado durante la delincuencia kirchnerista, y ese órgano nunca tuvo mayores funciones que perseguir a ciudadanos por sus opiniones y darle "trabajo" a un sinfín de burócratas que allí vegetan sin producir nada excepto persecuciones y censuras a disidentes.

Freyre desconoce que durante la histórica dictadura de Juan Perón (1946-55) a los homosexuales no sólo se les prohibió el derecho al sufragio en 1947[527] sino que mediante un sinfín de edictos policiales se les impidió reunirse en sus casas y en bares, así como exhibirse públicamente con sus sobrinos, ni mucho menos ingresar al Colegio Militar y, según resume Osvaldo Bazán en su macizo libro sobre la homosexualidad en Argentina: "No tenían voz, voto, opinión ni visibilidad" y "todos los que la Policía tenía detectados como 'trolos' fueron encarcelados"[528].

A pesar de estos antecedentes históricos no muy favorables a la causa de Freyre y sus séquitos, este sujeto no sólo se proclamó peronista sino que fue un solícito burócrata kirchnerista que lucraba con su prédica igualitaria obteniendo jugosos sueldos del erario público por "trabajar" en asuntos relacionados con "la diversidad sexual". El peronismo siempre dio para todo: un argumento recurrente entre los homosexualistas rentados del kirchnerismo para justificar sus alardes eróticos con su adhesión partidaria era que "este espacio" reivindicaba al "ala izquierdista del movimiento", es decir aquella que se consideraba heredera no tanto del General del Ejército Juan Perón sino del camporismo montonero. Argumento curioso: el terrorismo montonero no vaciló en desterrar todo vestigio homosexual entre sus filas llegando a fusilar a sus militantes cuando estos eran sospechados de tal cosa. Los guerrilleros vieron en cada maricón a un soplón[529] y según sarcástica expresión de Sebreli: "El amor entre los gays peronistas de izquierda y los montoneros fue un amor no correspondido"[530].

Lo cierto es que Alex Freyre se paseó durante los últimos años por todos los medios de comunicación posibles disfrazado con una suerte de capa colorada (distintiva de su agrupación) junto con un álter ego llamado José María Di Bello, un homosexual portador de VIH que parodiaba ser la pareja de Freyre. Ambos promovieron el "matrimonio igualitario" utilizando todo tipo de trampas tendientes a estafar a la opinión pública: "Freyre se cansó de avergonzarnos a todos. Y alguien lo tenía que decir (...) Al principio había sido por una causa

---

527 Mediante ley bonaerense número 5109 se les prohibió a los invertidos todo acceso y derecho al sufragio.

528 Bazán, O. Ob. Cit., p.253:276.

529 Bazán, O. Ob. Cit., p.360.

530 Citado en Gorbato, V. Ob. Cit., p.301

justa pero Freyre acabó transformándose en el show mediático de una persona ambiciosa, que se creyó el personaje y lo usó para sacar rédito (...) Y ya superó todos los límites"[531], destacó el periodista y activista homosexual Bruno Bimbi, quien dio a conocer los detalles de esta farsa en la que recalcó que no existía vínculo afectivo alguno entre Freyre y Di Bello, sino que toda fue una parodia militante con la finalidad de instalar "el matrimonio igualitario" y con ello la ideología de género. Dicha acusación fue un escándalo pero cuya veracidad fue luego reconocida por el propio José Di Bello, es decir por el activista que simulaba de "marido" de Freyre.

Pero a Freyre mal no le fue en este lapso: cobró ingentes ingresos por obrar de "asesor de la diversidad" en el Senado de la Nación[532], ocupando y ganando honorarios por cargos inservibles o inventados, pero que le permitieron al personaje beneficiarse a costa de los impuestos que pagamos entre todos, para encima tener que soportar declaraciones suyas en los medios y redes sociales tales como vaticinarle y desearle la muerte por SIDA al bailarín homosexual Aníbal Pachano[533] —denostado por Freyre por no adherir al gobierno de Cristina Kirchner— o reírse públicamente del asesinato del fiscal Alberto Nisman[534], funcionario que denunció penalmente a Cristina Kirchner por su complicidad para con el terrorismo internacional y apareció muerto, horas después con un balazo en la cabeza.

Como es habitual entre los de su clan, Alex Freyre padece SIDA además de Hepatitis C, enfermedades venéreas que este individuo se

---

531 "Revelan que el matrimonio de Alex Freyre y José Di Bello fue por militancia". [Artículo periodístico] publicado en *Diario La Nación*, 27 de Febrero de 2015. Ver nota completa en el siguiente enlace: http://www.lanacion.com.ar/1771984-revelan-que-el-matrimonio-de-alex-freyre-y-jose-di-bello-fue-por-militancia

532 "Alex Freyre cobra más de $20 mil por un contrato en el Senado." [Artículo periodístico] publicado en *Infobae*, 16 de Octubre de 2014. Ver nota completa en el siguiente link: http://www.infobae.com/2014/10/16/1602098-alex-freyre-cobra-mas-20-mil-un-contrato-el-senado

533 "Alex Freyre vaticinó la muerte de Pachano si apoya a Massa". *El funcionario K y militante por los derechos de la comunidad homosexual advirtió que si el tigrense gana no ingresarán más medicamentos.* [Artículo Periodístico] Publicado en *Diario Perfil*, 14 de Octubre de 2014. Ver nota completa en el siguiente enlace: http://www.perfil.com/politica/Audio--Alex-Freyre-vaticino-la-muerte-de-Pachano-si-apoya-a-Massa-20141014-0010.html

534 "Bronca en Twitter por los dichos de Alex Freyre tras la muerte de Nisman". [Artículo periodístico] publicado en *Diario Clarín*, 20 de Enero de 2015. Ver nota completa en el siguiente enlace: http://www.clarin.com/politica/Bronca-Twitter-tuits-Alex-Freyre_0_1288671431.html

habría contagiado en sus malandanzas, pero que afortunadamente ha podido controlar llevando una vida relativamente convencional y controlada gracias a los tratamientos y avances médicos proveídos por el sistema occidental y capitalista (que Freyre detesta y vitupera públicamente), los cuales obtuvieron auspiciosos resultados a fin de evitar la evolución de una enfermedad tan delicada como arraigada en esta porción poblacional.

Los sindicalistas más presentables

Pero no todos los referentes homosexualistas locales han sido tan caricaturescos como varios de los nombrados. Andando los años y con toda la infraestructura que hoy pudieron lograr, la cofradía se ha dado el gusto de contar con una suerte de "historiador oficial", el periodista chimentero Osvaldo Bazán, autor de un grueso libro de 650 páginas titulado *Historia de la homosexualidad en la Argentina*, el cual si bien aporta datos interesantes y es un trabajo bien escrito, se encuentra plagado de un odio visceral hacia toda noción heterosexual de la vida y se despacha con irrefrenable furia hacia cualquier opinión disidente, incurriendo incluso en notorios yerros historiográficos, tales como alegar que la llamada "homofobia" es una suerte de crueldad cultural impuesta por la colonización española y la Iglesia Católica, pero que antes de la llegada del "invasor europeo", los homosexuales precolombinos vivían su condición en un clima amable, libertario y de gentil respeto en el seno de sus tribus de pertenencia, lo cual constituye un desacierto que no podemos soslayar: hasta el historiador indígena Fernando de Alva Cortés Ixtlilxóchitl documenta que el respetado y justo soberano de Texcoco y emperador de los chichimecas (pueblos mesoamericanos), Netzahualcóyotl, promulgó leyes severísimas de represión a los homosexuales, tal como el castigo de extraer las entrañas al encontrado culpable del delito de sodomía. Al traidor se lo hacía pedazos por sus coyunturas y su casa era saqueada, quedando sus hijos como esclavos hasta la cuarta generación. Efectivamente, era tan mal vista la sodomía que los castigos se aplicaban a todos por igual sin privilegios ni excepciones: el mismísimo monarca no dudó en ejecutar él mismo la sentencia de muerte de uno de sus hijos, encontrado culpable del indisculpable acto[535]. Cuenta el arqueólogo Enrique Vera, responsable y editor de la reputada re-

535 Iturralde, C.R. *1492. Fin de la barbarie, comienzo de la civilización en América.* (Tomo 1). Buenos Aires, Buen Combate, 2014, p. 141-143.

vista *Arqueología mexicana*, que entre las tribus de la región de México existía una pronunciada distinción entre el homosexual activo del pasivo: "Mientras que el activo seguía representando su rol genérico masculino, el pasivo, al ser penetrado en el acto sexual, violaba su rol de hombre y se feminizaba. Por este motivo, al pasivo le sacaban las entrañas (N.A.: por el orificio anal) y le prendían fuego, en tanto que al activo lo enterraban con ceniza y ahí moría"[536]. En cuanto a la mujer homosexual, la pena dispuesta por la ley era la muerte por garrote. Y respecto a los "admirados" aztecas, éstos tampoco eran demasiado contemplativos con la homosexualidad: sus leyes establecían castigar con la muerte a los sodomitas. Y si bien estas penas se aplicaban solo en casos extremos en el interior, en la capital del imperio la sanción se cumplía a pie juntillas, siendo que además los Aztecas se referían de manera insultante a tribus enemigas como los Toltecas al calificarlos como "sodomitas"[537], en señal de desprecio. En cuanto a las tribus pertenecientes a la región de Nicaragua, la homosexualidad era castigada con la muerte, tal como se encargó de reconocer uno de sus caciques principales al fraile Bobadilla luego de preguntado sobre el trato que recibían los *putos* o *cuylon*: "Los muchachos lo apedrean y le hacen mal, y le llaman bellaco y algunas veces mueren del mal que les hacen"[538]. En lo referente a los Incas, si bien es cierto que los historiadores les adjudican a estos un mayor grado de tolerancia respecto de otras tribus en torno a estas prácticas, no menos cierto es que según confirmó Garcilaso de la Vega, el quinto Inca Capac Yupanqui, cuando sometió a los Aymara, "mandó que se quemasen vivos a los sodomitas que encontrasen y quemasen sus casas"[539].

---

536 Revista *Arqueología Mexicana*. Información tomada de su sitio virtual http://www.arqueomex.com. La información que hemos tomado de esta revista, corresponde al bimestre julio-agosto del 2012, y puede consultarse en el mismo sitio con sus correspondientes referencias.). Citado en Iturralde, C. Ob. (Tomo II) Cit., p. 89.

537 Mencionado por el cronista misionero Bernardino de Sahagún. Se recomienda consultar el trabajo que al respecto ha realizado el antropólogo brasileño homosexual Luiz Mott, titulado "Etno-Historia de la homosexualidad en América Latina", 1994. Puede consultarse completo en: http://www.bdigital.unal.edu.co/23403/1/20304-68470-1-PB.pdf

538 Fernández de Oviedo, G. *Historia General y Natural de las Indias*. Madrid: Colección Cultural (digitalizado por Fundación Enrique Bolaños), parte III, libro XLII, p. 404. Citado en Iturralde, C., Ob. (Tomo II) Cit., p. 102.

539 *Comentarios Reales de los Incas I*, p. 164. Citado en Iturralde, C. Ob. (Tomo II) Cit., p.124.

Los ejemplos sobre el destrato hacia la homosexualidad en el mundo precolombino son inacabables y quien quiera profundizar, nada mejor que consultar a un historiador de verdad como lo es Cristian Rodrigo Iturralde, probablemente uno de los especialistas más avezados de habla hispana en esta materia y autor de dos macizos tomos de imprescindible lectura para todo aquel que pretenda ampliar el conocimiento[540].

¿Pero por qué en la América precolombina existía tanta aversión a la sodomía si ellos no tenían los "prejuicios católicos" ni conocían al satanizado "capitalismo heterosexista"? Pues porque en líneas generales la aversión a la sodomía lejos de ser un "prejuicio cultural" ha constituido un instinto o reacción espontánea en el ser humano más allá de su lengua, raza, cultura, religión o tiempo histórico en el que le haya tocado vivir. Ese rechazo es tan automático como bien podría ser el impresionarse ante quien se advierte comiendo excremento. ¿Tiene derecho una persona a comer excremento? Estimamos que sí y ese derecho habría de ser inviolable. Pero sería ridículo desconocer que ese desarreglo alimenticio no cause escozor en las personas que presencian la desagradable ingesta fecal. Podría argumentarse que en algunas antiguas culturas puntuales, la sodomía fue tomada de una manera aceptable o al menos no era resistida. Es cierto, pero también en ciertas comunidades el canibalismo, los sacrificios humanos, la pedofilia, la esclavitud o la reducción de cabezas enemigas como souvenirs de guerra eran tomados como hábitos de uso corriente. Pero la particular y excepcional habitualidad de conductas objetivamente disvaliosas en ciertas poblaciones de la historia no las convierte en buenas y fecundas por el mero de hecho de que hayan sido alguna vez toleradas en colectividades ya desaparecidas o sobradamente superadas.

Pero volviendo a Osvaldo Bazán y su libraco, si hay algo permanente en su kilométrica obra es que su autor abomina de los "prejuiciosos" y "discriminadores". Pero en su obra nadie que no sea devoto del homosexualismo ideológico se salva, y hasta Bazán se da el gusto de ensañarse de una manera particularmente incisiva contra el célebre médico, psicólogo, farmacéutico, criminólogo, filósofo y escritor socialista José Ingenieros, puesto que como este último nunca aplaudió las conductas homosexuales, Bazán lo ataca paradojalmente con

540 Iturralde, C. Ob. (Tomo I y II). Cit.

un argumento discriminativo, alegando que por el nivel académico de sus escritos u opiniones, Ingenieros "hoy sería apenas un taxista reaccionario"[541]. Descalificación prejuiciosa al rebajar al célebre pensador socialista en función de una actividad laboral que el segregacionista Bazán evidentemente considera de "inferior" condición.

Pero no sólo faranduleros con pretensiones historiográficas se han dedicado a formar parte de la "elite intelectual" de homosexuales contemporáneos locales. Probablemente el militante mejor preparado académicamente de entre todos los que pudimos consultar, sea el varias veces mencionado Ernesto Meccia, sociólogo cuya obra si bien no tiene mayor vuelo que la de ser una repetición argentinizada de los típicos argumentos de inspiración foucaultiana, es bastante más presentable que las del resto de los textos criollos en la materia.

Efectivamente, Meccia —quien también da su batalla contra el SIDA— en su libro *La cuestión gay. Un enfoque sociológico* se dedica a criticar al "insensible" mundo occidental porque éste tolera la homosexualidad pero no la endiosa: "En un régimen de tolerancia, los grupos dominantes tienen la aptitud (legitimada, además) de decir qué son ellos y qué son los tolerados", y se lamenta porque "'tolerancia´ proviene del latín tolerare. Se trata de una acepción física del término que alude a la aptitud de soportar". Por ende, entre el tolerante y el tolerado hay una relación vertical, es decir de jerarquías y entonces, según Meccia, "la tolerancia es indisociable del ejercicio de la violencia simbólica y no valora la diversidad sexual"[542]. Increíble razonamiento: como buen izquierdista, Meccia en su libro no dedica un solo renglón a quejarse por los homosexuales torturados en los Gulags soviéticos, ni tampoco por los invertidos castrados en la China maoísta, ni un renglón dedicado a quejarse por los herejes ahorcados y/o arrojados desde las alturas en Irán en pleno Siglo XXI, ni mucho menos menciona el autor a los homosexuales fusilados en la Cuba castro-guevarista, sino que dedica litros de tinta a quejarse de que la homosexualidad es tolerada en el mundo occidental, capitalista y cristiano. Es decir, el ingrato Meccia se enoja con furia porque en esta parte del planeta él y los suyos pueden tener acceso a pubs dedicados a su ambiente, organizarse con personería jurídica, gozar del pleno derecho a la intimidad, portar vía libre para publicar libros, usar del derecho inalienable para peregrinar en marchas auto-laudatorias,

541 Bazán, O. Ob. Cit., 126.

542 Meccia, E. Ob. Cit., p.71, 81:86, 22.

ufanarse a los cuatro vientos de sus hábitos y hasta pueden darse el lujo de contagiarse SIDA y contar con la asistencia de la medicina occidental, la cual ya se ocupó de avanzar y crear el tratamiento pertinente a fin de neutralizar la muerte que tan dura enfermedad ocasionaba años atrás. Pues bien, el mundo libre y capitalista le dio a Meccia un status pleno para llevar a cabo su vida pública y privada conforme sus apetitos, pero a él no le alcanza. Pareciera pretender que los heterosexuales pidamos perdón por incurrir en el arcaísmo colonialista, inquisitorial y burgués de sentir atracción por las personas del sexo opuesto: reaccionaria tendencia que según sospechamos padecían también los padres de Meccia, caso contrario no lo habrían beneficiado con la vida.

¿Puede ser tan carente de criterio alguien que en principio nos parece equivocado pero inteligente? ¡Y ojo! Estamos hablando del sociólogo y escritor Ernesto Meccia, es decir de un académico que en su libro no escribe mal, brinda clases en la Universidad, cuenta con pergaminos facultativos y es avizorado entre los suyos con respeto intelectual. Dicho de otro modo: si bien es cierto que no es Meccia una luminaria, sí es cierto que al lado de un Alex Freyre es un genio.

Comoquiera que fuere, probablemente Bazán y Meccia sean hoy los exponentes mejor entrenados y más presentables de entre quienes se exponen y trabajan activa o mediáticamente defendiendo estas posturas ideológicas. A pesar de los desenfoques y yerros citados, siguen siendo sus sindicalistas más talentosos.

Capítulo 6
La autodestrucción homosexual

Naturaleza y distorsión de la sexualidad

Debido a su propia constitución anatómica, antropológica, fisiológica y psicológica, el hombre y la mujer se atraen mutuamente tanto espiritual como físicamente y es precisamente de esa atracción que deriva la prole. La complementariedad ente los órganos sexuales masculino y femenino no es una certificación convencional, ni un "prejuicio religioso", ni mucho menos fruto de una estipulación cultural: es una determinación de la naturaleza.

Partiendo de la base de que el objetivo por antonomasia del acto sexual es la propagación de la especie, es sabido que precisamente para que el ser humano se sienta constantemente motivado y propenso a esa propagación es que la relación sexual conlleva un elevado placer físico, puesto que si no se produjese ese intenso goce que nos motivara a consumarla, la supervivencia estaría amenazada.

Luego, es un dato objetivo que la finalidad principal del acto sexual no es el placer sino la expansión de la humanidad y que, por ende, transformar el placer en el motivo primario del acto sexual consistiría en sustituir el fin principal por su corolario. No obstante ello, va de suyo que habitualmente las personas tienen relaciones sexuales no con el deliberado propósito de procrear, de la misma manera en que por lo general todo aquel que se apresta a comer un plato de comida no suele hacerlo con el calculado afán de adquirir nutrientes sino de disfrutarlo: pero es justamente ese disfrute físico que la naturaleza nos proporciona en la vida sexual (tanto como en la alimentación) el que nos incentiva constantemente y tendencialmente a mantener conductas afines o proclives a nuestra conservación y/o propagación biológica. Y así como en materia nutricional hay quienes tienen una dieta desordenada o autodestructiva —los obesos, los bulímicos, los coprófagos o los anoréxicos por ejemplo—, en el plano sexual también hay quienes mantienen una sexualidad trastornada o contraria a la naturaleza.

¿Merece un obeso ser obligado a no serlo? Por supuesto que no, es por ello que los terceros deberían abstenerse de intervenir en la obesidad de quien la padece. A no ser que éste pida ayuda, en cuyo caso se acudiría pero con el fin de auxiliarlo y no de aplaudirle o incentivarle sus excesos: "Si una persona come más de lo que necesita y se ejercita menos de lo que su organismo requiere, sufre consecuencias. ¿Sería incorrecto decir que tal persona, o el fumador o el bebedor excesivos, obran contra su propia 'naturaleza'? El SIDA no sería, en esta interpretación, sino un castigo más severo (para los homosexuales) que el exceso de colesterol a las conductas irrazonables. Los seres humanos venimos al mundo equipados con ciertas condiciones y tendencias naturales: acatarlas es prudente y violarlas conlleva un precio"[543], anotó con buen criterio el pensador argentino Mariano Grondona. Sin embargo, agrega Grondona lo siguiente: "Para una mayoría de las personas la homosexualidad es una práctica aberrante. La pregunta no es empero si tienen razón, sino es otra: aun si la tuvieran, ¿poseen además el derecho de imponerla a los que no piensan como ellos?". La respuesta del autor es que no, puesto que "una persona es tolerante cuando, pese a condenar determinado tipo de conductas, no intenta prohibirlas por ley del Estado porque el intento de moralizar imperativamente podría traer males mayores que el que se quiere erradicar"[544]. Suscribimos: el Estado no debería jamás perseguir la homosexualidad, pero lo que tampoco debería hacer es promover y celebrar dicha práctica por un sinfín de razones, entre ellas, que la misma es auto-destructiva tanto en lo emocional como en lo físico, tal como veremos luego.

Desde el inicio de este trabajo hemos sido partidarios de que el sujeto homosexual tenga todo el derecho de vivir su intimidad de esa manera, aunque la misma sea tan ajena a lo que la naturaleza indica. Pero justamente por las características de esa artimaña erótica irregular se deduce que su sexualidad es objetivamente desordenada, puesto que padece una tendencia contraria a la finalidad para la cual la sexualidad fue diseñada: la relación homosexual es por definición intrascendente y su práctica se reduce al presunto placer que dicen sentir sus cultores. Vale decir, el acto homosexual no tiene raíces en el pasado y no se pro-

---

543 Grondona, M. *Bajo el Imperio de las ideas Morales. Las causas no económicas del desarrollo económico.* Buenos Aires, Sudamericana, 1993, p.157.
544 Grondona, M. Ob. Cit., p. 159.

yecta hacia ningún futuro, es una actividad subalterna equivalente a un antihigiénico pasatiempo que se agota en sí mismo.

Pero también es cierto que la homosexualidad no se reduce al acto sexual, sino que se trata de una realidad mucho más compleja: "está de moda decir que la homosexualidad es una alternativa tan válida como cualquier otra. Mentira. El ser homosexual es complicadísimo. Deben merecer toda nuestra comprensión, pero para intentar curarlos, no para animarles a serlo"[545] sentenció el psiquiatra Juan Antonio Vallejo-Nágera en su libro *La puerta de la esperanza*[546]. Es decir, al margen de la ligazón genital, la sodomía no constituye una simple pirueta carnal minoritaria tan inocua e intrascendente como la de quien posee un gusto no mayoritario a la hora de elegir un sabor en la heladería del barrio. Justamente por ello, es que no son pocas ni desautorizadas las voces que consideran a la homosexualidad como un desarreglo que bien podría ser un sentimentalismo neurótico[547]: "Existe la idea generalizada de que entre una persona con actividad homosexual y otra que no la tiene no hay grandes diferencias, exceptuando su 'orientación sexual'. En realidad, las personas con comportamiento homosexual presentan, de hecho, más problemas de salud específicos a su condición y/o estilo de vida. En un estudio que se publicaba en 1997 se objetivaba que los colectivos de hombres con actividad homosexual presentaban una esperanza de vida parecida a la existente en 1871"[548], concluyó el científico-médico Jokin de Irala[549] en su libro *Comprendiendo la homosexualidad*.

¿Es entonces la homosexualidad una anormalidad? No somos nosotros las personas autorizadas para responder esta disputada pregunta, pero desde una perspectiva afirmativa y con pedagógica exposición televisiva el acreditado médico dominicano Miguel Núñez

545 Juan Antonio Vallejo-Nágera Botas (Oviedo, 14 de noviembre de 1926-Madrid, 13 de marzo de 1990) fue un eminente psiquiatra, y escritor español de reconocidísima trayectoria científica y facultativa. Había iniciado sus estudios universitarios en la Facultad de Medicina de Madrid a tan sólo la edad de 16 años (1943).

546 Vallejo-Nágera, J.A *La puerta de la esperanza*. Barcelona, Planeta, 1991, p.255.

547 La neurosis es un padecimiento funcional caracterizado principalmente por la inestabilidad emocional.

548 Schlatter, J; Irala, J; Escamilla, I. "Psicopatología asociada a la homosexualidad". [Artículo de divulgación científica] en *Revista Medicina Universidad de Navarra*, 2005, p.3:69-79.

549 Licenciado en Medicina y Cirugía y Doctor en Medicina por la Universidad de Navarra. Master en Salud Pública en la Universidad de Dundee (Escocia) y doctor en Salud Pública por la de Massachusetts.

sostuvo sin ambages que "La homosexualidad es anormal. De la simple observación de la composición de un hombre se nos permite inferir que éste no tiene un órgano sexual receptor para recibir a otro hombre como pareja y de la simple observación de la mujer, vemos que ésta no tiene un órgano de penetración para tener a otra mujer como pareja. Asimismo, el genotipo (composición genética) del hombre es XY, eso define lo que es un hombre genéticamente y si lo miras por fuera, es decir lo que llamamos fenotipo (cómo luce alguien por fuera), te darás cuenta que ese individuo también luce como hombre: entonces un individuo que es hombre por dentro (genéticamente) y hombre por fuera (fenotípicamente) y que quiere entrar en una práctica contraria a su naturaleza, ¿cómo no vamos a llamar a eso anormal? Algo que es tan básico en genética debiera darnos una idea de cómo debiéramos reaccionar para orientar a esa persona para que eso que es anormal no se desarrolle"[550]. Por estos y otros motivos, no son pocos quienes sostienen además que la sodomía no sería una práctica "normal" dado que conceptualmente, la Real Academia Española define lo "normal" del siguiente modo: "Dicho de una cosa: que por su naturaleza, forma o magnitud, se ajusta a ciertas normas fijadas de antemano"[551], vale decir, según este axioma, anormal constituiría toda conducta que no sirva ni siga a la "norma". ¿A qué norma? En este caso a la norma o las normas que emanan del orden natural, orden en el cual a la conducta humana se le añade además de sus tendencias inherentes, la inteligencia, que es la que en definitiva guía nuestras acciones. Dicho de otro modo: el orden es la recta disposición de las cosas según su fin y lo natural es aquello que nos es dado por la naturaleza misma. O sea que, el orden natural es todo aquello que indica una disposición u ordenación a un determinado fin conforme con lo que cada cosa es. Luego, las piernas nos fueron dadas a los humanos para caminar. Podríamos caminar

---

550 Dra. Elaine Moscoso (conducción). "Respuestas. Verdades absolutas para un mundo relativo" [ciclo televisivo] emisión desde Estados Unidos y para toda Latinoamérica. Programa especial *Aconsejando al Homosexual Miguel Núñez*. Ver video completo en el siguiente enlace: https://www.youtube.com/watch?v=ffoTW3dtMFg&nohtml5=False

551 La expresión "normal" es definida por la Real Academia Española en estas tres acepciones: 1. adj. Dicho de una cosa: Que se halla en su estado natural.

2. adj. Que sirve de norma o regla.

3. adj. Dicho de una cosa: Que, por su naturaleza, forma o magnitud, se ajusta aciertas normas fijadas de antemano.

también en "cuatro patas" usando las manos emulando a los perros. Pero si eso hiciéramos, además de "caminar" de una manera mucho más lenta de lo habitual no tardaríamos en sentir dolores corpóreos con secuelas físicas graves, dado que no estaríamos usando aquello que nos fue dado según el fin determinado (en este caso haríamos un uso insano e irregular de nuestras extremidades), sino conforme incómodas contorsiones que atentarían no sólo contra nuestro buen andar pues aún contra nuestra salud física. Vale decir, que para que el uso de aquello cuanto nos fue dado sea correcto, éste debe estar en armonía con su naturaleza y en sentido contrario, aquellas conductas en desacuerdo con nuestra naturaleza serían consideradas como incorrectas o antinaturales.

Esto que pretendemos explicar de la manera más sencilla y doméstica posible, ya ha sido desarrollado in extenso por filósofos de fuste y no es nuestro objetivo entrar en materia tan delicada, sino apenas brindar una aproximación ejemplificativa[552].

De más está decir que los ideólogos de la "teoría del género" no van a compartir estas posturas tan "autoritarias" y ellos van a sostener que en verdad "cada uno es lo que siente ser", y que cualquier otra connotación o clasificación que del tema se pretenda elaborar no dejaría de ser una "arbitrariedad cultural". Efectivamente, tal como vimos, según estos sectores la identidad de uno mismo se basa únicamente en la "auto-construcción" o en la mera "auto-percepción". Sobre esto último, un profundo documento elaborado por médicos, filósofos, teólogos y psicólogos chilenos que fuera oportunamente publicado a nivel local por la UCA[553] alega que: "La identidad práctica está condicionada o limitada, en primer lugar, por la misma identidad constitutiva sobre la que se posa. Si alguien mide 1,80 metros no puede auto-interpretarse como una persona enana, y si lo hiciera, evidenciaría algún desequilibrio en su relación con la realidad (...) Negar la vinculación estrecha que existe entre la persona, su corporeidad y su ser para los otros, es fruto del desconocimiento de la finalidad inherente a la condición sexuada del ser humano"[554]. Complementariamente, el filósofo argen-

552 Quien quiera indagar seriamente sobre el asunto nada mejor que abrevar en los tratados de Santo Tomás, probablemente el pensador que de manera obligada debería leer todo aquel que quiera ahondar sobre asuntos filosóficos relacionados con lo que se denomina como el Orden Natural.

553 Universidad Católica Argentina

554 Mons. Fernando Chomali (Dir.) "Homosexualidad, algunas consideraciones para el debate actual acerca de la homosexualidad". (2010). [Documento] *Grupo de In-*

tino Carlos Sacheri (que fuera asesinado por la guerrilla marxista en 1974), en conocido libro titulado *El Orden Natural*, con lenguaje sencillo ejemplifica anotando que "la experiencia cotidiana nos muestra que los perales dan siempre peras. Por no sé qué deplorable ´estabilidad´ las vacas siempre tienen terneros y no jirafas ni elefantes, y, lo que es aún más escandaloso, los terneros tienen siempre una cabeza, una cola y cuatro patas...Y cuando en alguna ocasión aparece alguno con cinco patas o con dos cabezas, el buen sentido exclama '¡Qué barbaridad, pobre animal, qué defectuoso!' Reacciones que no hacen sino probar que no sólo hay naturaleza sino que existe un orden natural"[555]. Pero en cuanto lo que a la ideología del género respecta nosotros seguimos indagando y ejemplificamos lo siguiente: si un jugador de tenis dice "ser mujer" y decide inscribirse en el circuito de competición femenino, ¿debe ser aceptado en dicha liga para no ser "discriminado" entonces? Va de suyo que aceptarlo implicaría un desatino consistente en afectar a las mujeres ante la presencia competitiva de una persona de naturaleza distinta y portadora de una fuerza física notablemente superior. Superioridad que no surge de ningún preconcepto religioso sino de la inmutable condición de varón del confundido (y tramposo) deportista. No sin sorna el jurista Roberto Castellano (Presidente de PRO-VIDA en Argentina) ilustró el asunto de un modo todavía más audaz: "Si yo me auto-percibo como 'Katy' y por ende tengo el derecho de exigirle al Estado un nuevo Documento Nacional de Identidad, entonces también mañana me puedo auto-percibir como un automóvil y tendría el derecho de exigirle al Registro de Propiedad Automotor que se me otorgue un 'Formulario 08'"[556]. ¿Exagera el Presidente de PRO-VIDA? Los acontecimientos recientes nos indican que no: "Ella es un gato atrapado en un cuerpo de mujer"[557], tituló el 28 de enero del 2016 el *National Review*, informando el caso de una joven noruega que se siente un felino, "autoconstrucción" que se viene repitiendo en

---

vestigación Instituto para el Matrimonio y la Familia. Bs. As: Pontificia Universidad Católica Argentina. P. 53:56.

555 Sacheri, C.A. *El orden natural*. Buenos Aires, Vórtice, 2008 p. 47.

556 Declaración de Roberto Castellano en conversación radial con el autor en el ciclo "*Salir Vivo*", transmitido por GDSRadio, Mar del Plata, 2015. El "Formulario 08" es conocido en Argentina por ser el documento por medio del cual se efectiviza el Contrato de Transferencia y la Inscripción de Dominio de un vehículo automotor.

557 "Woman Claims She's a Cat Trapped in a Human's Body. Don't judge what you don't understand!" Ver enlace completo de la desopilante nota en http://www.nationalreview.com/article/430434/cat-trapped-woman-body-norway

varios adolescentes y cuyos cultores —que se denominan a sí mismos como "trans-especie"— ya formaron su sindicato y su consiguiente lobby con un sinfín de exigencias al Estado. Una vez más, no debemos extrañarnos de que sea la izquierda la que apoya este cúmulo de fantasías e insensateces, puesto que como bien sentenciaba con toda razón Jacques Maritain: "el hombre de izquierda detesta el ser y prefiere lo que no es a lo que es"[558].

SIDA y autodestrucción

Independientemente de todo credo, ideología y catalogación moral, la homosexualidad es una conducta objetivamente autodestructiva. Quien quiera practicar la sodomía tiene toda la libertad de hacerlo, pero los datos estadísticos más actualizados del mundo occidental no hacen más que confirmar lo desaconsejable que resulta dicha praxis, contraindicación que no elucubramos nosotros, sino las vilipendiadas leyes de la naturaleza. Vayamos a cuentas.

En lo que al VIH-SIDA concierne (enfermedad en la cual pondremos el foco en el presente pasaje), en noviembre de 2014 un informe emitido por el Centro Europeo para la Prevención y Control de Enfermedades, consignó en el "Espacio Económico Europeo" (computando a los 28 países de la UE, más Islandia, Liechtenstein y Noruega) que los contagios de este mal se han estabilizado o tienden a disminuir entre la población heterosexual, pero en sentido contrario, en la población sodomita los contagios han crecido en Europa un 33% desde el año 2004 a la fecha[559], cifras alarmantes que llevaron a cincuenta países de la comunidad internacional a proteger a su población al prohibirles a los homosexuales donar sangre (entre los países que se defienden con estas medidas se encuentran Alemania, Francia, Colombia y EE.UU.)[560]. "Hay una tendencia global que es el crecimiento de la epidemia entre los homosexuales, entre hombres que tienen relaciones sexuales con otros hombres. Está sucediendo en todas las

558 Carta sobre la Independencia, pág.17. Texto completo puede verse en el PDF en el siguiente enlace: http://www.jacquesmaritain.com/pdf/09_FP/01_FP_CartaInd.pdf
559 "Cerca de 50 países impiden a los hombres homosexuales donar sangre". [Artículo] publicado en Diario *El País* de España., el 1°/12/2014. Ver nota completa en el siguiente link: http://elpais.com/elpais/2014/11/28/ciencia/1417191728_587426.html
560 "España, por encima de la media europea en diagnósticos de VIH". [Artículo] publicado en Diario *El País* de España, el 27/11/2014. Ver nota completa en el siguiente link: http://elpais.com/elpais/2014/11/27/ciencia/1417049192_049421.html

regiones, sin excepción"[561], afirmó el científico brasileño Luis Loures[562], actual director ejecutivo de Unaids (programa de lucha contra el Sida de las Naciones Unidas), al presentar el informe anual de esa entidad (julio de 2014). Y no es para menos. Según la mismísima ONU —órgano nada hostil a la hora de financiar las actividades de la ideología de género—: "los hombres gay y otros hombres que tienen sexo con hombres son 19 veces más propensos a vivir con VIH que la población general", y "las mujeres transgénero son 49 veces más propensas a vivir con VIH que otros adultos en edad reproductiva" (cifras del Programa Conjunto de las Naciones Unidas sobre el VIH/SIDA -ONUSIDA)[563].

Estos contundentes datos científicos, provenientes de una organización mundial afín a la agenda homosexual, tiran a la basura los aforismos igualitarios y demagógicos que alegan que "todos tenemos las mismas chances de contagiarnos el SIDA". Por supuesto que todos podemos contagiarnos SIDA: pero no todos tenemos las mismas chances. *Mutatis mutandis*, todos podemos tener la mala fortuna de lesionarnos el oído, pero quien tiene el fetiche erótico de introducirse un punzón en la oreja tiene muchísimo más chances de ensordecer que aquellos que no incurren en ese desatino. Dicho de una manera más convencional: todos podemos morir de cáncer de pulmón, pero el no fumador no tiene las mismas chances que el fumador consuetudinario. Si esta última advertencia es de público conocimiento y hasta el Estado obliga a alertar al fumador en los mismísimos paquetes de cigarrillos acerca de las consecuencias de su vicio: ¿Por qué el Estado castiga por "discriminador" a todo aquel que señale la relación intrínseca entre sodomía y SIDA?[564]

---

561 "Aids cresce entre homens gays; Brasil é um dos países com mais casos novos." [Artículo] Agência EFE 16 de Julio de 2014. Ver nota completa en el siguiente link: http://info.abril.com.br/noticias/ciencia/2014/07/aids-cresce-entre-homens-gays-brasil-e-um-dos-paises-com-mais-casos-novos.shtml

562 El Dr. Luiz Loures es médico y se incorporó a ONUSIDA en el año 1996. Fue nombrado director ejecutivo del área de Programa y subsecretario general de las Naciones Unidas en enero de 2013. Cuenta con casi 30 años de experiencia en el ámbito de la respuesta al sida.

563 UNAIDS. "The Gap Report". (2014). [Informe de ONU] Ver informe completo de Naciones Unidas en el siguiente enlace: http://www.unaids.org/sites/default/files/en/media/unaids/contentassets/documents/unaidspublication/2014/UNAIDS_Gap_report_en.pdf

564 Cuando mencionamos que el Estado regula en la industria del tabaco las advertencias sobre enfermedades cancerígenas, no estamos avalando necesariamente dicha interven-

Tomemos por caso la experiencia norteamericana: si bien en los Estados Unidos la población homosexual es apenas del 1,6% del total conforme cifras ya citadas provenientes del CDC (*Centers for Disease Control and Prevention)* dependiente del Ministerio de Salud del gobierno norteamericano[565], fue éste mismo órgano estatal quien también reveló que en el año 2010, en materia de portadores de VIH, los hombres jóvenes homo y bisexuales (entre 13 y 24 años) de ese país representaron no el reducido proporcional 1,6% equivalente al sector poblacional homosexual, sino un escandaloso 72 % sobre el total de las nuevas infecciones. Más aún, el día 23 de septiembre de ese año, el mismo organismo realizó un estudio de epidemiología del SIDA discriminando en las 21 principales ciudades de USA arribando a la siguiente conclusión: el 20% de los varones homosexuales tienen VIH[566], llegando su extremo estadístico más preocupante en la ciudad de San Francisco (paraíso homosexual por antonomasia del Estado de California), donde se instalan homosexuales de todo el mundo a gozar de una vida "festiva y desprejuiciada", siendo que además de ser un rentable centro urbano promovido por las agencias de "turismo sexual", también es un sitio reverenciado en las canciones bailables de la "cultura gay-pop", tal el caso del taquillero hit musical del coreográfico grupo de travestidos Village People[567], que lleva justamente el nombre de la promiscua urbe. Pero como fuera adelantado, no todo suena tan "divertido" en San Francisco: la autoridad sanitaria estatal advierte que en esa ciudad, uno de cada cinco hombres de más de 15 años es homosexual y que de estos últimos, uno de cada cuatro (un 25,8 por ciento) está infectado con el virus del VIH, otorgándole a San Francisco un triste y alarmante récord[568] que contrasta con el

---

ción, sino señalando una situación de hecho.

565 Encuesta Nacional de los "Centers for Disease Control and Prevention" (Centros para el Control y Prevención de Enfermedades -CDC-).

566 Citado en "1 de cada 5 gays tiene SIDA... y en aumento descontrolado". Por Juanjo Romero. Ver informe completo en el siguiente enlace:
http://infocatolica.com/blog/delapsis.php/1009280724-1-de-cada-5-gays-tiene-sida-y

567 Su conocido hit bailable *San Francisco* fue editado en 1977 por la citada banda, cuyas festivas canciones son obligadamente bailadas en carnavales y desfiles homosexuales de todo el mundo.

568 Conforme estadísticas sobre SIDA del Departamento de Salud Pública de San Francisco, dirigido por el Dr. William McFarland. "San Francisco tiene el porcentaje mundial más grande de homosexuales. Uno de cada cinco hombres mayores de 15 años de la ciudad Californiana es gay, según afirmó una autoridad del Departamento de Salud Pública". Cooperativa, Chile, 8 de abril 2006.

"encanto libertario" publicitado por la industria del entretenimiento pansexualista al concentrar el índice de VIH más escalofriantes de la civilización occidental contemporánea.

Pero las cifras fueron empeorando en los Estados Unidos. En el 2013 los hombres homo y bisexuales representaron el 81 % (30.689) de los 37.887 diagnosticados con VIH[569] en ese año[570]. ¿Se entiende lo qué estamos exponiendo? Mucho menos del 2 % de la población es homosexual pero más del 80% de la población total norteamericana que se infecta con VIH es homosexual. Más aún, de la pequeña porción restante de la población con VIH que no es homosexual, el grueso de ellos se contagiaron por situaciones relacionadas con transfusiones desdichadas (hemofílicos) o por compartir drogas inyectables, es decir que ni siquiera de esa minoritaria porción excedente de contagiados no homosexuales la enfermedad fue concebida necesariamente como consecuencia de relaciones heterosexuales, sino mayormente por otras causas.

Estos datos pavorosos conmocionan y preocupan no sin razones a los activistas "del género" más recalcitrantes: conforme cifras mundiales extraídas del informe "Homosexuality and the Politics of Truth", elaboradas por el grupo dirigido por el psiquiatra y físico formado en las universidades de Yale y de Harvard Jeffrey Satinover[571], la incidencia del SIDA entre los homosexuales varones de 20 a 30 años es 430 veces mayor respecto del conjunto de la población heterosexual[572]. Agrega el informe que el hecho de que la notable mayoría de infectados sean homosexuales, es consecuencia por un lado, de que el coito anal —del que los homosexuales varones son devotos — constituye un foco infectocontagioso de escandalosa relevancia y por otro, de los hábitos desordenados y promiscuos en los que participan en gran medida los afectos a estas propensiones. Vamos por partes para analizar ambas situaciones.

---

http://www.cooperativa.cl/noticias/sociedad/homosexualidad/san-francisco-tiene-el-porcentaje-mundial-mas-grande-de-homosexuales/2006-04-08/164058.html

569 La estadística comprende a todos los hombres mayores de 13 años.

570 El VIH entre los hombres homosexuales (gay) y bisexuales. (CDC - EEUU). Ver informe completo en el siguiente enlace: http://www.cdc.gov/hiv/spanish/risk/gender/hsh_factsheet.html

571 Satinover, J. *Homosexuality and the Politics of Truth*. Michigan, Hamewith Books, 2003.

572 Satinover, J. Ob. Cit., p. 57. Citado en http://www.sinsida.com/montadorphp?tipo=homosexualidad

Respecto de lo insano de la penetración anal, vale señalar que la misma es practicada por el 90% de los homosexuales y dos tercios participan regularmente de ella según un estudio publicado por el Centro Nacional de Bioética[573] del gobierno norteamericano. Pero el ano y el recto son órganos que tienen la función única y exclusiva de excretar los desechos digestivos del cuerpo, no poseen producción propia de lubricantes, su mucosa es sumamente delicada y sus vasos sanguíneos pueden desgarrarse fácilmente provocando el sangrado. Luego, las probables consecuencias de dicha praxis son: incontinencia fecal, hemorroides, fisura anal, cuerpos extraños alojados en el recto, desgarros rectosigmoideos, proctitis alérgica, edema penil, sinusitis química, quemaduras de nitrito inhalado, etcétera. Y en cuanto a lo que al SIDA concierne, el último documento del CDC revela que cada 10 mil casos de relaciones sexuales en una penetración por vía vaginal, el riesgo de contagiarse VIH es de 4 casos para el varón y 8 para la mujer. En cambio, en una relación anal, cada 10 mil exposiciones sexuales el sujeto activo alcanza 11 casos y el receptivo 138 casos de riesgo. Vale decir que en la relación homosexual el sujeto activo triplica sus chances de riesgo respecto del varón heterosexual y el sujeto pasivo homosexual multiplica en 18 veces la cantidad las posibilidades de contagio[574] respecto de una mujer heterosexual. A lo dicho cabe añadir que en las relaciones homosexuales los acoplados suelen alternar o intercambiar el rol, con lo cual se exponen a sumar los dos coeficientes y así multiplicar sus de por sí altísimas chances de contagio. Dicho de otro modo: por la propia naturaleza del vínculo, el peligro de contraer VIH en la relación heterosexual es mínimo comparado con la homosexual.

En cuanto a la vida promiscua y orgiástica tan característica en la comunidad homosexual (otro factor que eleva las posibilidades de riesgo a cantidades astronómicas), se indica en el citado informe Satinover que la diferencia existente entre el comportamiento de los varones homosexuales y el de los heterosexuales es contundente, dado que un homosexual promedio tiene relaciones sexuales con

573 Citado en http://www.sinsida.com/montador.php?tipo=homosexualidad
Final del formulario

574 Vázquez, M. "Nuevos estudios actualizan las estimaciones del riesgo de adquirir el VIH según la vía de transmisión". También se valoró el efecto protector de diversas estrategias preventivas sobre el riesgo por acto y el acumulado a 10 años.[Artículo de divulgación] - 12/6/14. Ver nota completa en el siguiente enlace médico-especializado: http://gtt-vih.org/actualizate/la_noticia_del_dia/12-06-14

amantes distintos en una cantidad 12 veces superior[575] a un heterosexual: "El homosexual típico (ni que decir tiene que hay excepciones) es un hombre que practica frecuentes episodios de penetración anal con otros hombres, a menudo con muchos hombres diferentes. Estos episodios son 13 veces más frecuentes que los actos heterosexuales de sexo anal, con 12 veces más parejas distintas que los heterosexuales"[576].

Dichos datos parecieran transparentar situaciones que de alguna manera son de público conocimiento: en la jerga homosexual son famosos los encuentros fugaces con desconocidos en estaciones de trenes, cabinas telefónicas, felaciones en baños públicos, estaciones de subtes, saunas, cines marginales y rincones de cualquier tenor que les permita a sus cultores aliviar a ciegas su caótica ansiedad genital. Y como la homosexualidad está principalmente centrada en la relación sexual (aunque esto no niega en modo alguno el hecho de que dos sodomitas puedan llegar a sentir afecto entre sí), los integrantes del vínculo acaban mayormente transformándose en meros objetos de deseo o en competidores en el mercado de las pasiones genitales, lo cual fomenta la hiperactividad sexual con numerosas personas en porcentajes muchísimos más elevados a las de las personas heterosexuales. Y así nos lo confirma otro estudio efectuado con pacientes homosexuales en Amsterdam (elaborado por la científica María Xiridou[577]) el cual arribó a la conclusión de que cada homosexual tenía en promedio ocho amantes colaterales al año (aparte de su pareja "estable")[578], y fue el Dr. Barry Adam (Profesor homosexual de la Uni-

575 Jeffrey Burke Satinover es un americano judío, psiquiatra, psicoanalista, y físico nacido en 1947. Es conocido por sus libros sobre física y neurociencia, pero sobre todo por sus esfuerzos de la escritura y de políticas públicas relacionadas con la homosexualidad y el matrimonio homosexual.

576 Satinover. Ob. Cit., p. 54-55 (Datos tomados de *The Social Organization of Sexuality: Sexual Practices in the United States*, y de una serie de estudios sobre comportamiento homosexual y cambio del comportamiento, incluyendo el estudio *Multicenter AIDS Cohort Study*, basado en casi 5.000 hombres homosexuales). Citado en http://www.sinsida.com/montador.php?tipo=homosexualidad

577 María Xiridou ha estudiado Matemáticas (Licenciatura 1993, de la Universidad de Ioannina, Grecia) e Investigación Operativa (MSc 1995, la Universidad de Columbia, EE.UU.) En 2001 comenzó a trabajar en el Servicio de Salud Municipal de Amsterdam en modelos matemáticos que describen la dinámica de transmisión del VIH. Desde 2006 trabaja en el Centro de Control de Enfermedades Infecciosas del RIVM.

578 Xiridou, M. "The contribution of steady and casual partnerships to the incidence of HIV infection among homosexual men in Amsterdam". [Artículo] Publicado en Re-

versidad de Windsor en Canadá) quien presentó un trabajo complementario conformado por el análisis de 60 parejas homosexuales, y del mismo dedujo que tan solo el 25% de ellas eran fieles entre sí[579], desbarajuste conductual del que también dio cuentas el Ministerio de Salud de los Estados Unidos: "Debido a que tienen más parejas sexuales en comparación con otros hombres, los hombres gay y bisexuales tienen más posibilidades de tener relaciones sexuales con alguien que puede transmitir el VIH u otras enfermedades de transmisión sexual"[580]. ¿Esto quiere decir que no existe promiscuidad o infidelidad en el mundo heterosexual?, obvio que sí y nosotros desde estas líneas no negamos ni reivindicamos tal cosa. Más aun, consideramos una ligereza del espíritu que algo tan serio e intimísimo como la sexualidad sea tomado muchas veces como un irreflexivo desahogo pasatista. Pero lo que sí pretendemos exponer al abrevar en cifras del mundo científico, es que el desenfreno y la promiscuidad en las relaciones homosexuales posee guarismos categóricamente más elevados por todo concepto respecto de los vínculos heterosexuales, cuyos índices de estos últimos quedan reducidos a la insignificancia comparados con los dígitos provenientes de la desaforada actividad venérea de la comunidad homosexual.

Para más datos y a los fines de completar el mapa del mundo occidental, en lo que a Latinoamérica concierne y conforme números de la ONU actualizados al 2011 desde su site oficial, se nos informa que la prevalencia del VIH en población adulta en América Latina está estimada en 0.4%, y que de toda esta porción afectada, el 54,3% corresponde a homosexuales[581], las prostitutas arriban al 4,9%, los "Taxi Boys" masculinos el 22,8% y las personas usuarias de drogas intravenosas importan el 5%[582]. Todos estos grupos de riesgo señala-

---

vista *AIDS*, Vol. 17, Nº7 (2 de mayo 2003). Citado en Tradición y Acción por un Perú Mayor. ¡Defendamos la familia! Cit., p. 133.

579 Lee, R. "Gay Couples Likely to Try Non-monogamy, Study Shows". [Artículo] Publicado en *Washington Blade* (22 de Agosto de 2003). Citado en Tradición y Acción por un Perú Mayor. *¡Defendamos la familia!* Cit., p. 134.

580 El VIH entre los hombres homosexuales (gay) y bisexuales. (CDC - EEUU). Ver informe completo en el siguiente enlace oficial:
http://www.cdc.gov/hiv/spanish/risk/gender/hsh_factsheet.html

581 Este guarismo surge de sumar tanto homosexuales convencionales como en su versión transexual.

582 ONU-SIDA. "Epidemia de VIH/SIDA en América Latina. Avance de resumen UNGASS 2011". Ver informe completo en el siguiente enlace oficial: http://onusida-latina.org/es/sobre-onusida2/52-epidemia-de-vihsida-en-america-latina.html

dos arriban a un 93% del total poblacional con VIH escrutado, pero el informe ni siquiera incluye datos sobre el 7% restante, el cual cabría suponer que quizás contemplaría a heterosexuales no pertenecientes a grupos de riesgo, es decir no afectos a las drogas o a la vida prostibularia, pero oficialmente nada dice el documento sobre ese excedente, por cuya insignificancia ni siquiera se anota la menor aclaración.

Puntualmente en la Argentina, según los últimos datos oficiales del sitio del Ministerio de Salud (consultado en noviembre del año 2015 en la etapa final del régimen corruptor de Cristina Kirchner), sobre el total de la población local con VIH los guarismos publicados fueron los siguientes: el 49% son homosexuales, un 7% son drogadictos, otro 5% está conformado por prostitutas y apenas un bajísimo 0,3% figura en el impreciso ítem "jóvenes y adultos" no identificados en ninguna de estas conductas de riesgo[583]. Se preguntará el lector: ¿Y el 37% restante no contemplado en la muestra? Un misterio, nada dice el site gubernamental de esa porción remanente, probablemente porque el propio Ministerio desconozca el origen de contagio de esa otra masa poblacional. Al fin y al cabo, durante la Argentina kirchnerista la poca o nula seriedad de las estadísticas oficiales de cualquier rubro fue política de Estado.

La autodestrucción más allá del SIDA

Pero las secuelas graves por incurrir en la conducta homosexual exceden con creces el drama puntual del SIDA. Un informe del servicio de salud pública inglés (Public Health England) emitido a fines de junio de 2015, reveló un fuerte aumento en las enfermedades de transmisión sexual (ETS) entre hombres homosexuales en ese país, en proporción considerablemente mayor al resto de la población. Las cifras del citado organismo indican que, mientras la sífilis se ha incrementado en un 33% en total, ese incremento ha sido del 47% entre varones homosexuales. Análogamente, la gonorrea tuvo un aumento del 19% en la población en general, pero entre los sodomitas creció casi al doble: 32%[584]. Situación similar se registró por ejemplo en España, donde se-

583 "Síntesis sobre la epidemia del VIH-sida en Argentina". Ministerio de Salud. Presidencia de la Nación. Ver informe completo en el siguiente enlace oficial: http://www.msal.gob.ar/sida/index.php/comunicacion/informacion-para-periodistas/sintesis-epidemiologica

584 Bourne, L. "UK study shows massive surge in deadly STDs among gay men". [Artículo] Publicado en *Life Site News* (25 de Junio de 2015). Ver informe completo en el siguiente enlace: https://www.lifesitenews.com/news/uk-study-shows-massive-

gún datos gubernamentales (proporcionados por el Instituto Carlos III[585] de biomedicina), entre el decenio que va del año 2000 al 2010, los casos de sífilis y gonorrea se duplicaron y triplicaron respectivamente entre la población homosexual. Prácticamente todas las enfermedades de transmisión sexual (ETS) han sufrido incrementos en ese país (papiloma, sífilis, gonococia, clamidia y VIH) reveló el directivo de la Sociedad Española de Enfermedades Infecciosas y Microbiología Clínica (SEIMC) Doctor Rafael Cantón, quien detalló que los más afectados son los homosexuales: el 89% de los diagnósticos de VIH, el 83% de las gonorreas, el 91% de las sífilis y el 55% de las clamidias se dieron en población sodomita[586]. Pero estos coeficientes empeoran todavía más en el caso del linfogranuloma venérea, patología que ataca en un 99,5% a homosexuales[587] y apenas el 0,5% al resto de la población. En otra latitud, desde el Canadian Medical Association Journal se informó en el 2015 acerca de una nueva enfermedad de transmisión sexual provocada por una bacteria denominada linfogranuloma venéreo (LGV): el 100% de los afectados por esta triste novedad son homosexuales[588].

Y si nos adentramos en otros planos como por ejemplo el emocional y psicológico, cabe agregar los notables datos complementarios que nos confirman la evidente propensión al desequilibrio en las personas con trastornos homosexuales. La primera Encuesta Nacional del CDC, el varias veces citado órgano oficial de salud del gobierno de los Estados Unidos, reveló que las personas lesbianas, homo y bisexuales enfrentan mayor inclinación al vicio y a padecer "problemas psicológicos graves" en comparación con las personas heterosexuales. Según el estudio, un porcentaje más alto de adultos entre las edades de 18 y 64 años, identificados como varones homosexuales (el 27,2 por ciento) eran actualmente fumadores, mientras que entre los heterosexuales

---

surge-in-deadly-stds-among-gay-men

585 http://www.isciii.es/

586 Datos del año 2010 comunicados por el *Centro Sandoval* de Madrid (especializado en ETS).

587 "Las enfermedades de transmisión sexual se elevan al perderse el miedo al VIH". [Artículo] publicado en Diario *El País*, de España. (13 de febrero de 2012). Ver nota completa en el siguiente link: http://sociedad.elpais.com/sociedad/2012/02/13/actualidad/1329147083_794280.html

588 ACI Prensa. "Nueva enfermedad de transmisión sexual afecta a homosexuales y bisexuales". Ottawa, 6 de Junio de 2005. Ver informe completo en el siguiente enlace: https://www.aciprensa.com/noticias/nueva-enfermedad-de-transmision-sexual-afecta-a-homosexuales-y-bisexuales/

la cifra es sólo del 19,6 por ciento. Asimismo, el 27,2 por ciento de mujeres que se identificaron como lesbianas y el 29,4 por ciento de mujeres que se identificaron como bisexuales eran actualmente fumadoras de cigarrillos, cifra que casi duplica al 16,9 por ciento de mujeres fumadoras que se identificaron como heterosexuales. Este mismo estudio indicó también que las personas homosexuales presentaron un mayor consumo de alcohol respecto a las heterosexuales: un porcentaje más alto de adultos entre las edades de 18 y 64 años que se identificaron como homosexuales o lesbianas (35,1 por ciento) o bisexuales (41,5%) reportaron haber padecido problemas con el exceso de bebida al menos un día del año pasado, en contraste con aquellos que se identificaron como heterosexuales, cuya cifra arriba a solo el 26%[589]. Luego, también informa el gobierno norteamericano que el 11% de adultos[590] que se identificaron como bisexuales experimentaron problemas psicológicos graves en los últimos 30 días, en tanto que sólo el 3,9% de los heterosexuales manifestaron ese padecimiento[591].

Respecto a las tendencias a la depresión y otras patologías, conforme información transcripta en la publicación "Archives of General Psychiatry": "la gente homosexual está en un riesgo sustancialmente mayor ante algunas formas de problemas emocionales, incluyendo suicidios, depresión grave, desorden de ansiedad, desorden de conducta y dependencia de la nicotina"[592], dato científico que luego complementó la revista "Clinical Psychology Review", la cual tras revisar estudios sobre agresión doméstica homosexual arribó a la siguiente conclusión: se registró violencia física en el 48% de las parejas lesbianas y en el 38% de las parejas de varones[593].

---

589 ACI/EWTN Noticias. "Gays sufren más adicciones y problemas psicológicos, revela estudio del gobierno de Estados Unidos". Atlanta, 16 de Julio de 2014. Ver informe completo en el siguiente enlace del CDC:
http://www.cdc.gov/nchs/data/nhsr/nhsr077.pdf

590 La encuesta de marras refiere a adultos con edades oscilantes entre los 18 y 64 años.

591 Para leer el texto completo del informe (en inglés), puede ingresar a: National Health Statistics Report. Sexual Orientation and Health Among U.S. Adults: National Health Interview Survey, 2013 by Brian W. Ward, Ph.D.; James M. Dahlhamer, Ph.D.; Adena M. Galinsky, Ph.D.; and Sarah S. Joestl, Dr.P.H., Division of Health Interview Statistics. http://www.cdc.gov/nchs/data/nhsr/nhsr077.pdf

592 Whitehead, N. "Homosexuality and Mental health Problems". www.narth.com/docs/whitehead.html (citando 3 ponencias con comentarios de Archives of General Psychiatry, una revista de reconocido prestigio médico. Un comentario dice: "la fuerza de los nuevos estudios es su grado de control".)

593Traditional Values Coalition. "Domestic Battering" (2002). Ver informe completo

Y como si el cúmulo de datos arrojados no confirmasen que la tendencia homosexual es autodestructiva, cabe agregar el documento científico sobre 750 casos publicado por el gobierno norteamericano (elaborado por el National Center for Biotechnology Information), el cual nos dice que la población sodomita sufre una preocupante tendencia al suicidio: los hombres homosexuales y bisexuales padecen un riesgo 14 veces mayor de intentar un suicidio que una persona no homosexual[594]. Sobre esto último, el psiquiatra español Aquilino Polaino señaló que el trastorno obsesivo es un rasgo común entre la comunidad homosexual, lo que podría explicar las altas tasas de suicidios[595], dado que la población sodomítica, aunque porcentualmente pequeña, constituye sin embargo el 62,5% del total de suicidios analizados en el informe citado.

Pero todavía hay más acerca de este desprecio por la vida y este patológico apego homosexual a la autodestrucción: "Yo jugué a la ruleta rusa del sida" es el escalofriante título del largo y completo informe publicado por el diario *El Mundo* de España en 2010: "La excitación comienza antes de traspasar la puerta, mucho antes de contemplar los cuerpos desnudos y entablar contacto físico. Desde el momento en que a través de internet se fija un día y un lugar, los nervios están a flor de piel. Los convocados imaginan una y otra vez cómo se desarrollará la particular orgía a la que van a asistir, quién será quién en la ruleta rusa sexual. Una peculiar reunión en la que uno de los participantes tiene un arma que excita al resto. No es una pistola. Es la infección por el virus de la inmunodeficiencia humana (VIH). El fenómeno surgió en Estados Unidos en la década de los '90, justo cuando apareció el cóctel de fármacos antirretrovirales capaz de mantener la enfermedad a raya. Ahora, estas fiestas empiezan a ganar adeptos en España (...) Las autoridades sanitarias conocen desde hace tiempo la existencia de esta peligrosa práctica. Los propios Centros de Prevención y Control de Enfermedades de EEUU (CDC) han realizado investigaciones sobre el asunto, tratando de averiguar por qué alguien quiere contraer un virus que mata a dos millones de personas cada año y cuya incidencia se ha duplicado en los hombres que mantienen relaciones homosexuales, especialmente entre los más jóvenes. Gordon Mansergh, de la di-

---

en: http://traditionalvalues.org/pdf_files/DomesticBattering.pdf

594 "Suicidal behaviors in homosexual and bisexual males". Ver informe en el siguiente enlace oficial: http://www.ncbi.nlm.nih.gov/pubmed/9141776

595 Palacios, R. Ob. Cit., p. 140.

visión de VIH de los CDC y autor de uno de estos estudios, concluye tras encuestar a 554 hombres gays y bisexuales en San Francisco que ´la principal razón para tener sexo sin protección y sin preocupación, es que experimentan mucho más placer y se sienten emocionalmente más conectados con la pareja, sin barreras de ningún tipo´.

Pero no es sólo eso. Algunos participantes en las fiestas de la ruleta rusa lo hacen por dejar de sentirse aislados y diferentes e, incluso, porque han vivido tanto tiempo con miedo a infectarse que si, finalmente contraen el virus, se sienten aliviados (...) Las orgías de sexo a pelo entre seropositivos y seronegativos llevan dos décadas propagándose de forma soterrada por Estados Unidos"[596].

Tanto por lo expuesto como por muchos otros motivos, no es casual que un estudio publicado en la revista médica de la Universidad de Navarra en 1997 sostuvo que los homosexuales varones presentaban una esperanza de vida equivalente a la existente en 1871[597], en tanto que otro trabajo de origen canadiense proveniente de fuentes del mismísimo lobby homosexualista (elaborado por la junta médica Rainbow Health) nos dice que en promedio, la esperanza de vida de un sodomita es 20 años menor que la de un heterosexual[598], mientras que en otros países la diferencia se tornaría aún más alarmante: en la convención anual de la Eastern Psychological Association (EPA) de Estados Unidos (2007), se indicó que en Dinamarca, el país con la más larga historia en cuanto al "matrimonio" homosexual, los hombres heterosexuales casados morían a la edad promedio de 74 años, mientras que los homosexuales varones "casados" lo hicieron a la edad promedio de 51 años. En tanto que en Noruega, los heterosexuales casados morían a los 77 en promedio; mientras que los homosexuales morían a los 52. En el caso de las mujeres la diferencia es similar: las casadas morían en promedio a los 78, mientras que las lesbianas en unión ho-

---

596 Lantigua, I.F. "Yo jugué a la ruleta rusa del sida". [Nota periodística] publicado en Diario *El* Mundo, Madrid, 7 de Marzo de 2010. Ver nota completa en el siguiente enlace: http://www.elmundo.es/elmundosalud/2010/03/05/hepatitissida/1267808100.html

597 Schlatter, J.; Irala, J.; Escamilla, I. Ob. Cit., p. 3:69-79.

598 "Lobby gay admite los riesgos de la vida homosexual... y pide más financiación por ello". [Informe] Citado por *Forum Libertas*, basado en informe canadiense elaborado por la junta médica *Rainbow Health*, que a su vez trabaja en favor del lobby gay. Ver informe completo en el siguiente enlace: http://www.forumlibertas.com/lobby-gay-admite-los-riesgos-de-la-vida-homosexual-y-pide-ms-financiacin-por-ello/

mosexual legal lo hacían a los 56, conforme los estudios presentados por los conocidos doctores Paul y Kirk Cameron[599].

A lo expuesto, cabría agregar que cuánto más visiblemente acentuada tenga una persona su conducta homosexual, menos expectativa de vida tendría. Por ejemplo, mientras en Argentina la expectativa es de 76 años de edad[600], los homosexuales en su versión transexual no llegan a los 35 años[601]: mucho menos de la mitad del promedio vital.

¿Por qué razón se genera esta apabullante desproporción en toda estadística científica que se consulte si es "tan válida" una tendencia como la otra? Simple: un vínculo es contrario a la naturaleza y el otro es conforme con ella. Vale decir: uno es propenso a generar enfermedades y el otro a generar vida. ¿Suena "discriminativa" nuestra conclusión? En todo caso no discriminamos nosotros sino la naturaleza. Por lo demás, poco nos importa si lo que decimos suena bien o mal a los oídos o a los ojos del correctivismo político vigente. Nuestra conclusión no surge de ningún prejuicioso "dogma preconciliar" sino de los datos estadísticos arrojados por las fuentes de organismos internacionales, instituciones oficiales o gubernamentales y estudios científicos privados de sobrada reputación. De ahí en más, cada cual es libre de sacar las deducciones que crea conveniente.

Asimismo, cabe agregar que este deliberado espíritu autodestructivo de la práctica homosexual tiene dos facetas bien nítidas y diferenciadas. Por un lado, es autodestructiva de manera implícita puesto que a través de una relación homosexual no puede jamás propagarse la especie humana, y si el porcentaje de homosexuales en lugar de ser insignificante fuese masivo, la humanidad correría riesgo grave de extinguirse. Por otra parte, encontramos que la homosexualidad es

---

599 ACI. "Estilo de vida homosexual reduce más años de vida... que fumar". Filadelfia, 11 de Abril de 2007 Ver enlace completo: https://www.aciprensa.com/noticias/estilo-de-vida-homosexual-reduce-mas-anos-de-vida-que-fumar/

600 Infonews. "Según la OMS, la esperanza de vida en Argentina aumentó un promedio de tres años". [Informe periodístico] citado en *Infonews*, 19 de mayo 2014.

Según el nuevo informe de Estadísticas Sanitarias Mundiales 2014 de la Organización Mundial de la Salud (OMS), que recopiló datos mundiales correspondientes al período comprendido entre 1990 y 2012, la esperanza de vida en Argentina aumentó un promedio de tres años. Informe citado en *Infonews*, 19 de mayo 2014.Ver paper completo en: http://www.infonews.com/nota/144771/segun-la-oms-la-esperanza-de-vida-en-argentina

601 TELAM. "Advierten que la expectativa de vida para trans es de 35 años". [Artículo Periodístico] Citado en *Diario de Cuyo*. Ver informe completo en: http://www.diariodecuyo.com.ar/home/new_noticia.php?noticia_id=622535

una conducta autodestructiva de manera directa, porque todo aquel que incurre en ella se expone a situaciones de altísimo riesgo y al acecho de enfermedades múltiples, tal como fuera expuesto de sobra en las páginas anteriores.

Es decir: todo cuanto hemos dicho en este capítulo relativo a lo insano que significa practicar la homosexualidad, no tiene otra finalidad más que poner de manifiesto que la ideología de género no sólo es perniciosa y peligrosa por el hecho de esconder tras de sí un modernizado propósito comunizante, sino porque además, el instrumento usado para su embozada imposición política es objetivamente dañino para quienes son incentivados a practicarlo, más allá de que, huelga repetir hasta el hartazgo, no negamos el derecho a que cada uno viva su intimidad como le plazca, en tanto y en cuanto en el uso de esa potestad no se lesionen derechos de terceros.

La homosexualidad como banderín comunizante

Y tras todo lo expuesto: ¿qué tiene que ver el "hombre nuevo izquierdista" con un homosexual? Absolutamente nada. Y aunque con las limitaciones naturales del caso, en el único sistema conocido en el cual el sodomita ha podido desarrollar su vida afectivo-sexual es en el capitalista-occidental. Sin embargo, el sujeto homosexual ha sido hoy capturado por los mismos sectores que no hace mucho lo hubiesen inflamado a latigazos y, encima, le han inyectado un discurso ideológico que le sirve de alivio personal y de cruzada militante al servicio de una causa que ni siquiera es la suya.

Un joven homosexual probablemente ha padecido angustias, dudas, conflictos de identidad y confusiones. Quizás por su desacomodada condición nunca se sintió del todo establecido en su vida social (colegio, club, cumpleaños, salidas) y ha gastado muchas energías no en politizarse sino en tratar de auto-encontrarse o definirse y ver exactamente desde qué lugar se va a parar en su vida social y familiar. Luego, aparecen estos grupos de izquierda que en el afán de reclutarlo lo ensalzan, lo contienen, le presentan a otros reclutas en su misma situación, y los titiriteros que lo captan le dicen al joven homosexual que sus insatisfacciones no son consecuencia de su contrariada tendencia sino que él es "víctima" de un patrimonio cultural opresor. ¿Y cuáles son esas instituciones opresivas? La Iglesia, la familia y la tradición: o sea, "casualmente", los pilares de la civilización occidental que la izquierda siempre ha pretendido destruir.

Conteste con el espíritu izquierdista consistente en anular la responsabilidad personal y echar siempre culpas en el afuera, el homosexual recién captado encuentra ahora un enemigo externo y además culpable de su malestar interior, lo cual genera en él una suerte de alivio psicológico circunstancial, y como éste nunca se ha tomado el tiempo de politizarse lo suficiente, sus nuevos referentes del grupo le dan una banderita multicolor en una mano y un gallardete del Che Guevara en la otra, y el inexperto activista es lanzado a la militancia catártica con un libreto básico pero efectista, a tal punto que lo acaba convirtiendo en un furioso militante de una causa que en el fondo les es muy ajena, aunque él la suponga como propia.

¿Y por qué razón la nueva izquierda escogió y promovió al homosexualismo como uno de los grupos militantes para teledirigir hacia su causa? Las respuestas son muchas y buscaremos ofrecer las que consideramos más relevantes.

Por un lado, es un dato sobrado que varios de los pensadores y dirigentes homosexualistas (sean éstos homosexuales o no) que hemos repasado son de izquierda (Reich, Marcuse, Hay, Foucault, Freyre, Hocquenghem, Schifter Sikora, Vidarte y Preciado, además de los locales Perlongher, Anabitarte, Jáuregui o Meccia, entre tantos otros que hemos visto) y en sus tesis siempre han especulado en mayor o menor medida en promover esta suerte de simbiosis consistente en trasladar la vieja lucha de clases hacia otro tipo de conflictos sociales en pugna, procurando mantener vigente la tensión dialéctica más allá de cuál sea la causa que lo genera.

Asimismo, la izquierda, ante estos nuevos interlocutores (los homosexuales) puede seguir enarbolando fantasías igualitarias (que antes eran económicas y ahora son culturales) y si bien no es propio de la izquierda hablar a favor de la "libertad", ésta siempre abrevó históricamente en el concepto de "liberación", el cual hoy fue readaptado y además, esa exhortación liberacionista tiene una connotación inseparablemente unida a la de la "rebelión": nadie se libera si no se rebela. ¿Rebelarse y liberarse ante qué o ante quién? Antes era ante el "imperialismo", "los poderosos", los "detentadores de los medios de producción" y varias otras abstracciones, pero en el tema que nos ocupa se le propone al homosexual liberarse de la "superestructura patriarcal" que tanto lo ha marginado y destratado, la cual se encuentra conformada por la Iglesia Católica y la familia tradicional. De esta manera se incita al sodomita reclutado a romper con la Iglesia, la familia y la tradición cultural occidental, a quienes se sindica como culpables de los sinsabores emocionales que él habría padecido por el mero hecho de "ser diferente". ¿Y por qué razón la izquierda busca por blanco estos tres ítems (Iglesia, familia y tradición)? En verdad buscó combatirlos siempre, sólo que ahora encontró nuevos pretextos y un ejército gratuito conformado por almas conflictuadas dispuestas al renovado enfrentamiento abierto.

Contra la Iglesia, la guerra se desata porque más allá de cuestiones de Fe y de toda connotación sobrenatural o teológica, ésta siempre estuvo en favor de las jerarquías, de la existencia de la propiedad privada, de que las clases sociales convivan en armonía y del respeto por el orden natural. O sea que por su propia composición doctrinal e institucional, la Iglesia desde siempre fue un importantísimo freno cultural y espiritual contra el avance de las ideas izquierdistas, que condenó en un sinfín de documentos: no sólo desde Encíclicas tales como Quod Apostolici Muneris, Inmortale Dei o Divinis Redemptoris sino hasta por medio de un decreto del Santo Oficio (hoy Congregación para la Doctrina de la Fe) ordenado por Pío XII el 1º de julio de 1949 que prohíbe a los católicos "dar su nombre a los partidos comunistas o prestarles favor", y quienes "defienden o propagan la doctrina materialista y anticristiana de los comunistas incurren, por este hecho, como apóstatas de la fe católica, en la excomunión reservada de especial manera a la Sede Apostólica"[602].

Pero no es necesario ser un erudito en asuntos eclesiales dado que los puntos más básicos y populares del cristianismo se oponen de punta a punta al comunismo en todas sus manifestaciones; nos referimos a los Diez Mandamientos, los cuales son sabidos y aprendidos hasta por cualquier niño que desee incursionar en el catecismo parroquial. En efecto, el Decálogo nos manda "amar a Dios sobre todas las cosas", "no tomar su santo nombre en vano" y "guardar los domingos y fiestas de preceptos" (el comunismo por su materialismo dogmático es confesadamente ateo). "Honrar padre y madre" (aquí se resalta no sólo el concepto de jerarquía natural sino el de familia). "No cometer actos impuros" y "no desear la mujer del prójimo" (nuevamente son preceptos que no sólo defienden a la familia tradicional sino que riñen con el pansexualismo). "No robar" y "no codiciar bienes ajenos"

---

602 "Del día en que la Iglesia excomulgó a los comunistas". Ver nota y texto completo del Decreto en el siguiente enlace:http://www.religionenlibertad.com/del-dia-en-que-la-iglesia-excomulgo-a-los-comunistas-33364.htm

(el comunismo niega la existencia de bienes ajenos al no reconocer el derecho de propiedad). "No matar" (el comunismo superó los cien millones de asesinatos en el Siglo XX y hoy promueve el genocidio infantil a través del aborto). Finalmente, el Decálogo dice "No mentir" (para enumerar las mentiras históricas y presentes del comunismo deberíamos escribir libro aparte). Finalmente, más allá de algunos desvíos o actualizaciones sufridas a través del tiempo, es un hecho que el cristianismo en general o el catolicísimo en particular no tienen punto de contacto alguno con el comunismo y sus derivados. Rebelarse ideológica y políticamente contra ello es un frente de batalla que la izquierda nunca puede descuidar, y la comunidad homosexual es caldo de cultivo para mandarla al frente a los fines de lidiar acríticamente: habitualmente las violentas marchas tanto feministas como homosexualistas suelen hacerse frente a Iglesias o catedrales en el afán de "escracharlas" o agredirlas en sus bienes físicos y humanos, tal como ha explicado Laje en la primera parte de este trabajo.

Respecto del ataque de la izquierda contra la familia, encontramos aquí elementos de orden ideológico pero también de índole práctico. Por empezar, la familia es el núcleo afectivo y de contención por antonomasia. Lo primero que toda persona conoce es su familia, y advierte así la existencia de jerarquías sucesivas y naturales a las cuales amorosamente tiene que obedecer y depender: padre, madre, hermano mayor, etc., y el niño va internalizando ese orden jerárquico, el cual nada tiene que ver con el utopismo igualitario y horizontal que la izquierda pretende promocionar (aunque luego sus regímenes sean crueles autocracias verticalistas).

Por supuesto que en un matrimonio puede ser que sea la madre quien tenga una personalidad más imponente que la del padre o que la opinión de un hermano menor tenga mayor peso en su influencia que la de un hermano mayor con motivo de características de la personalidad. Pero más allá de eventuales intercambios de ciertos roles no esenciales, lo cierto es que la jerarquía como concepto es lo que el niño aprende y absorbe como natural y como modelo desde su primer día de vida. Por ende, a la izquierda le interesa romper con la noción de familia para disolverla y reemplazarla progresivamente por experimentos propensos a un relativismo igualitario y así fomentar en las nuevas generaciones, o bien la desjerarquización, o en su defecto el conflicto familiar aquella.

Justamente, por regla general la familia no pretende hacer de sus hijos revolucionarios frenéticos sino hombres de provecho que sean continuadores, perfeccionadores o superadores de su tradición familiar y así contar con las mejores herramientas para insertarse en el mercado. Y la izquierda tuvo esto tan claro, que ya desde los años '70 las organizaciones terroristas ERP y Montoneros en Argentina, buscaban no sólo controlar que los guerrilleros tuvieran el menor contacto posible con su familia de origen, sino además constituir a la propia organización como sustituto de aquélla: la organización terrorista pretendía erigirse en una suerte de familia colectiva que reemplazara y rompiera con la estructura "burguesa" en la cual cada guerrillero había sido educado. Más aún, en muchos casos los guerrilleros reclutados eran luego programados e instigados a atentar contra la vida de sus propios progenitores como señal de fidelidad y lealtad a la causa revolucionaria. Asimismo, ya vimos en la primera parte del libro escrita por Agustín Laje cómo el sistema comunista soviético buscó siempre reemplazar a la familia por el Estado.

Con todo lo expuesto, la izquierda (que desde hace bastante tiempo se ha quedado sin argumentos serios para hacer una revolución), consiguió reinventarse política y discursivamente. Con ello busca reclutar gratuitamente militantes que hoy engrosan alegremente sus filas para pelear en los frentes de batalla que ella siempre consideró indispensables. De esta manera pretende seguir sembrando conflicto social pero además, estos nuevos conceptos homosexualizantes le permiten a la siniestra "redimirse" de sus crueldades y homicidios en masa cometidos durante el Siglo pasado. En efecto, embanderarse con la causa homosexual le es funcional al neocomunismo para ir dejando atrás el estigma del stalinismo y del maoísmo, que como se sabe, fueron los grandes genocidios del Siglo XX (superando por lejos a sus primos hermanos del nacional-socialismo). Ni Lenin, ni Stalin, ni Mao, ni Ho Chi Min, ni Pol Pot, ni ninguno de los antiguos tiranos de la izquierda dura vivieron para advertir el gran cambio de estrategia y paradigma revolucionario; por ende, todos los líderes comunistas o filo-comunistas de generaciones posteriores han terminado siendo, a diferencias de sus viejos ídolos, pro-homosexualistas y así, el trotskista, fundador del Foro de Sao Paulo y ex Presidente Ignacio Lula Da Silva apoyó abiertamente el "matrimonio homosexual" en Brasil[603]; la

---

603 "Lula defiende unión de homosexuales en Brasil". El presiente brasileño defendió la unión civil entre personas del mismo sexo y en una entrevista televisiva afirmó que tenemos que parar con la hipocresía. [Artículo periodístico] publicado en Diario *La* Tercera de Chile, Septiembre de 2008. Ver nota completa en el siguiente link:

Presidente socialista de Chile Michelle Bachellet (exiliada en su tiempo en la Alemania comunista) se pronunció abiertamente en favor no sólo del matrimonio homosexual sino también del crimen del aborto[604]; el dictador ecuatoriano Rafael Correa, tras mucho vacilar, acabó imponiendo en su país la unión legal homosexual en 2014[605]; el ex guerrillero tupamaro devenido en Presidente de Uruguay José Mujica se manifestó a favor del matrimonio homosexual[606] y, por supuesto, la montonera de cartón Cristina Kirchner fue durante su presidencia la madrina y abanderada de cuanta exigencia vociferara la agenda homosexualista en Argentina (tema que ya hemos desarrollado anteriormente).

Claro que entre la izquierda clásica y la nueva hay un personaje excepcionalísimo que participa de ambas al unísono, dado que no sólo vivió todos los procesos sino que para desdicha del sufrido pueblo cubano no se termina de morir nunca. Nos referimos al tirano vitalicio Fidel Castro, quien tras haber masacrado homosexuales a diestra y siniestra en los campos de exterminio de la UMAP (edificados a instancias del Che Guevara), en 2010 "modernizó" su libreto acorde con la nueva estrategia revolucionaria y en ocasión de un reportaje que le fuera efectuado, salió al ruedo pidiendo un tardío "perdón" a la comunidad homosexual:

-"Hace cinco décadas, y a causa de la homofobia, se marginó a los homosexuales en Cuba y a muchos se los envió a campos de trabajo militar-agrícola, acusándolos de contrarrevolucionarios", le recuerda la autora de la entrevista Carmen Lira Saade.

-F. Castro: "Fueron momentos de una gran injusticia, ¡una gran injusticia!, la haya hecho quien sea. Si la hicimos nosotros, nosotros...

---

http://www.latercera.com/contenido/24_52250_9.shtml

604 Emol.com. "Bachelet a favor del matrimonio homosexual y el aborto terapéutico". La ex Jefa de Estado comentó temas valóricos durante su primera entrevista televisada. [Artículo Periodístico] publicado en Sitio Online de Noticias *Emol*.com, 15 de abril de 2013. Ver nota completa en el siguiente link: http://www.emol.com/noticias/nacional/2013/04/15/593443/bachelet-en-frente-al-espejo.html

605 "Rafael Correa aprueba uniones de hecho homosexuales luego de almuerzo con Silueta X". Ver filme en el siguiente enlace:https://www.youtube.com/watch?v=B9FZnecty9k

606 Montevideo Portal. "Reconocer el consumo de marihuana y el matrimonio homosexual es solamente 'ver la realidad'".dijo José Mujica en Costa Rica, donde criticó la falta de progreso en Latinoamérica pese a los "discursos de hermandad". [Artículo periodístico] publicado en portal de noticias *Montevideo* Portal, 20 de Agosto de 2015. Ver enlace completo en: http://www.montevideo.com.uy/auc.aspx?281620

Estoy tratando de delimitar mi responsabilidad en todo eso porque, desde luego, personalmente, yo no tengo ese tipo de prejuicios (...) Teníamos tantos problemas de vida o muerte que no le prestamos atención... Si alguien es responsable, soy yo".[607]

Tanto ha cambiado el castrismo en torno a este tema, que si bien sigue sin respetar el más mínimo derecho individual en la isla, en este ítem puntual sí se encargó de organizar sucesivamente la "Jornada Cubana por el Día Mundial Contra la Homofobia". ¿Y quién funge en La Habana de adalid de este flamante banderín por la "diversidad"? Mariela Castro, hija del dictador Raúl Castro y sobrina de Fidel, quien además se da el tolerante gusto de liderar el "Centro Nacional de Educación Sexual".

Indudablemente la revolución tiene mucho de auténtica: no sólo es hereje sino que su necesidad también tiene cara de hereje.

---

607 "Fidel políticamente correcto: pidió perdón por la homofobia". [Artículo Periodístico] Publicado en Portal *Infobae*, el 31de agosto de 2010. Ver nota completa en el siguiente link:
http://www.infobae.com/2010/08/31/1007865-fidel-politicamente-correcto-pidio-perdon-la-homofobia

Capítulo 7
Comentario final

En conclusión, la ideología del género con sus distintas caretas y variantes es una de las fachadas visibles de la revolución cultural izquierdista. Hemos aquí pretendido desenmascararla abordando aspectos históricos, teóricos, ideológicos, antropológicos y filosóficos. Por supuesto que este trabajo no es exhaustivo ni pretende serlo. El debate se encuentra abierto, es incipiente, cuenta con plena vigencia y jamás hemos pretendido ser los dueños de la verdad sino apenas esclavos de ella, motivo por el cual procuramos ser siempre muy cuidadosos a la hora de colocar en detalle la documentación y las fuentes que respaldan todas y cada una de nuestras afirmaciones, posiciones y transcripciones.

Que la ideología de género sea una cara de la nueva izquierda no quiere decir que sea la única, motivo por el cual le debemos al amigo lector el Tomo II de esta tesis, el cual abarcará las caretas restantes que esta renovada causa revolucionaria trae consigo[608], y que serán oportunamente desnudadas en un libro complementario que estimamos publicar a la brevedad a modo de continuación de lo todo lo que hemos desplegado en el trabajo presente, el cual esperamos haya servido para despertar conciencias y aportar al debate vigente.

---

608 En el próximo libro abordaremos, entre otros tópicos, el Indigenismo, ambientalismo, derecho-humanismo, garanto/abolicionismo y otros ítems usados por el progresismo cultural hoy en boga en la nueva revolución silenciosa.

Bibliografía

I- Libros

- ·Alix Fillingham, L. Foucault Para Principiantes. Buenos Aires, Era Naciente, 2001.
- ·Anderson, Perry. Los fines de la historia. Barcelona, Editorial Anargama, 1996.
- ·Anónimo. Espacios peligrosos. Resistencia violenta, autodefensa y lucha insurreccionalista en contra del género. Distribuidora Coños como Llamas, 2013.
- ·Arenas, R. Before Night Falls. Canadá, Penguin Books, 1994.
- ·Bandera, A. Paulo Freyre. Un Pedagogo. Caracas, Universidad Católica Andrés Bello, 1981.
- ·Bazán O. Historia de la Homosexualidad en la Argentina. De la conquista de América al Siglo XXI. Buenos Aires, Marea Editorial, 2010.
- ·Beltrán, Elena. Maquieira, Virginia. Álvarez, Silvina. Sánchez, Cristina. Feminismos. Debates teóricos contemporáneos. Madrid, Alianza Editorial, 2008.
- ·Boron, Atilio. Socialismo Siglo XXI. ¿Hay vida después del neoliberalismo? Buenos Aires, Ediciones Luxemburg, 2008.
- ·Bourdieu, P. La dominación masculina. Barcelona, Anagrama, 1998.
- ·Butler, Judith. El género en disputa. El feminismo y la subversión de la identidad. Barcelona, Paidós, 2007.
- ·Buzgalin, Alexander. Socialismo del Siglo XXI. Moscú, Editorial URSS, 2004.
- ·Campione, Daniel. Leer Gramsci. Vida y pensamiento. Buenos Aires, Ediciones Continente, 2014.
- ·Celli, Anselmo Francisco. Feminismo radical y genocidio mundial. Buenos Aires, Edición de autor, 2015.
- ·Colapinto, John. As Nature made him. The boy who was raised as a girl. New York, HarperCollins, 2001.
- ·Courtois, Stéphane; Werth, Nicolas; Panné, Jean-Louis; Paczkowski, Andrzej; Bartosek, Karel; Margolin, Jean-Louis. El libro negro del comunismo. Barcelona, Ediciones B, 2010.
- ·De Beauvoir, Simone. El segundo sexo. Buenos Aires, Debolsillo, 2015.
- ·Díaz Araujo, E. La Rebelión de la Nada, o los ideólogos de la subversión cultural. Buenos Aires, Cruz y Fierro Editores, 1983.
- ·Dieterich, Heinz. Hugo Chávez y el socialismo del Siglo XXI. Buenos Aires, Editorial Nuestra América, 2005.

- Eisenstein, Zillah. Capitalist patriarchy and the case for socialist feminism. New York, Monthly Review Press, 1979.
- Engels, Friedrich. El origen de la familia, la propiedad privada y el Estado. La Plata, De la Campana, 2011.
- Eribon, D. Michel Foucault. Cambridge, Harvard University Press, 1991.
- Esclusa, Alejandro. El Foro de Sao Paulo. Una amenaza continental. Colombia, Editorial Grijaldo, 2010.
- Firestone, Shulamith. The dialectic of sex. The case feminist revolution. New York, Bantam Book, 1971.
- Fisher, Helen. El primer sexo. Las capacidades innatas de las mujeres y cómo están cambiando el mundo. Madrid, Santillana, 2001.
- Foucault, M. Vigilar y Castigar. Nacimiento de la Prisión. Buenos Aires, Siglo XXI, 2002.
- Foucault, M. Historia de la locura en la época clásica I. Colombia, Fondo de Cultura Económica, 1998.
- Foucault, M. Los anormales: Michel Foucault, Curso del College de France 1974-1975. España, Akal Ediciones, 2009.
- Foucault, M. Obras esenciales. Volumen 2: Estrategias de Poder. Buenos Aires, Paidós, 1999.
- Foucault, M. La inquietud por la verdad. Escritos sobre la sexualidad y el sujeto. Siglo XXI editores, 2013.
- Freyre, Paulo. Concientización. Buenos Aires, Búsqueda, 1974.
- Friedan, Betty. La Mística de la feminidad. Barcelona, Ed. Sagitario, 1965.
- Friedman, Milton. Capitalism and freedom. Chicago, The University of Chicago Press, 1982.
- Friedman, Milton. Libertad de elegir. Madrid, Ediciones Orbis, 1983.
- Fukuyama, Francis. The end of the history and the last man. Nueva York, 1992.
- Gelderloose, Peter. Cómo la no violencia protege al Estado. Barcelona, Anomia, 2010.
- Gorbato, V. Montoneros de Menem. Soldados de Duhalde. Buenos Aires, Sudamericana, 1999.
- Gramsci, Antonio. Antología. Volumen 1. Buenos Aires, Siglo XXI, 2014.
- Gramsci, Antonio. Notas sobre Maquiavelo, sobre la política y sobre el Estado moderno. Buenos Aires, Ediciones Nueva Visión, 1972.
- Gramsci, Antonio. Para la reforma moral e intelectual. Madrid, Libros de la Catarata, 1998.

- Gramsci, Antonio. Para la reforma moral e intelectual. Madrid, Libros de la Catarata, 1998.

- Grondona, M. Bajo el Imperio de las ideas Morales. Las causas no económicas del desarrollo económico. Buenos Aires, Sudamericana, 1993.
- Guyton, Arthur. Tratado de fisiología. Madrid, Elsevier, 2006.

·Hay, H; Roscoe, W (ed.). Radically Gay: Gay Liberation in the Words of Its Founder. Boston, Beacon Press, 1996.

·Henri Lehmann, Las culturas precolombinas, Buenos Aires, Eudeba, 1986.

·Hocquenghem, G: El deseo homosexual. España, Melusina, 2000.

·Irasuste, Andrés. La revolución sexual anglosajona y la psiquiatría hoy. El ascenso de Gamínedes. Montevideo, Edición de autor (Licencia Creative Commons), 2015.

·Iturralde, C.R. 1492. Fin de la barbarie, comienzo de la civilización en América. (Tomo 1). Buenos Aires, Buen Combate, 2014.

·Iturralde, Cristian. 1492: Fin de la barbarie. Comienzo de la Civilización en América. Tomo II (próximo a ser publicado por Grupo Unión).

·Iturralde, Cristián Rodrigo. El libro negro del INADI o la policía del pensamiento. Buenos Aires, Unión Editorial, 2015.

·Jeffreys, Sheila. La herejía lesbiana. Una perspectiva feminista de la revolución sexual lesbiana. Madrid, Cátedra, 1996.

·Jokin de Irala. Comprendiendo la homosexualidad. Pamplona, Ediciones Universidad de Navarra.

·Karl. Engels, Friedrich. El manifiesto comunista. Bs. As.. Ed. Sol 90, 2012.

·Kirk, Marshall; Madsen, Hunter. After the Ball: How America Will Conquer Its Fear and Hatred of Gays in the 90's. New York, Penguin Books, 1990.

·Kollontay, Aleksandra Mijaylovna. El comunismo y la familia. Marxists Internet Archive, 2002.

·Laclau, Ernesto. La razón populista. Buenos Aires, Fondo de Cultura Económica, 2005.

·Laclau, Ernesto; Mouffe, Chantal. Hegemonía y estrategia socialista. Hacia una radicalización de la democracia. Buenos Aires, Fondo de Cultura Económica, 2011,

·Latarej-Ruiz, Liard. Anatomía humana. Buenos Aires, Editorial Panamericana, 2007.

·Le Vay, Simon. Gay, straight, and the reason why. The science of sexual orientation. New York, Oxford University Press, 2011.

·Lenin, V.I. Alianza obrero-campesina. Táctica revolucionaria. Buenos Aires, Editorial Ateneo, 1987.

·Lenin, V.I. El Estado y la revolución. Buenos Aires, Editorial Sol 90, 2012.

·López, Velasco. Sirio. El socialismo del siglo XXI. En perspectiva ecomunitarista a la luz del "socialismo real" del siglo XX. México DF, Editorial Torres Asociados, 2010.

·Lozano, Álvaro. Stalin, el tirano rojo. España, Nowtilus, 2012.

·Makow, Henry. Estafa cruel. Feminismo y el nuevo orden mundial. Inglaterra, Edición E-book (Silas Green), 2012.

·Manada de Lobxs. Foucault para encapuchadas. Buenos Aires, Colección (im)pensados, 2014.

- Marcano, Cristina; Barrera Tyszka, Alberto. Hugo Chávez sin uniforme, una historia personal. Buenos Aires, Editorial Debate, 2005.
- Marcuse, H. Eros y Civilización. Madrid, Sarpe, 1983.
- Maurras, Ch. Mis ideas políticas. Buenos Aires, Huemul, 1962.
- McNab, Chris. Datos clave. El Tercer Reich, 1933-1945. Las cifras y los hechos más destacados de la Alemania de Hitler. Madrid, Libsa, 2010.
- Meccia, E. La cuestión gay. Un enfoque sociológico. Buenos Aires, Gran Aldea Editores, 2006.
- Meiksins Wood, Ellen. ¿Una política sin clases? El post-marxismo y su legado. Buenos Aires, Ediciones RyR, 2013.
- Mill, John Stuart. La sujeción de la mujer. Biblioteca Virtual Universal, 2003.
- Miller, James. La Pasión de Michel Foucault. Chile, Andrés Bello, 1996.
- Millet, Kate. Sexual politics. Illinois, University of Illinois Press, 2000.
- Monedero (h), J.C. Lenguaje, ideología y poder. La palabra como arma de persuasión ideológica: cultura y legislación. Bs. As. Ediciones Castilla, 2015.
- Mouffe, Chantal. El retorno de lo político. Comunidad, ciudadanía, pluralismo, democracia radical. Barcelona, Paidós, 1999.
- Oliveira, P. Trasbordo ideológico inadvertido y diálogo. Santiago de Chile, Corporación Cultural Santa Fe, 1985.
- Oliver, Lucio. Goutman, Ana. Guevara, Aldo. López De la Vega, Mariana. Morales, Emiliano. Nieto, Laura. Ortega, Jaime. Quintero, Roberto. Savoia, Francisco. Gramsci: la otra política. Descifrando y debatiendo los cuadernos de la cárcel. México DF, Universidad Nacional Autónoma de México, 2013.
- Palacios, R. La conspiración del movimiento gay. Apoteosis de la Guerra de Sexos. Madrid, Mandala Ediciones, 2011.
- Pinker, Steven. The blank slate. Edición digital traducida.
- Popper, Karl. La sociedad abierta y sus enemigos. México DF, Paidós, 2010.
- Preciado, Beatriz. Manifiesto contra-sexual. Prácticas subversivas de identidad sexual. Madrid, Opera Prima, 2002.
- Roa, A. Ética y Bioética. Andrés Bello, Santiago, 1998.
- Rondeau, P.E. Selling Homosexuality to America. EE.UU., Regent University Law Review, 2002.
- Sacheri, C.A. El orden natural. Buenos Aires, Vórtice, 2008.
- Sagra, Alicia. La internacional. Un permanente combate contra el sectarismo y el oportunismo. Buenos Aires, Deeksha Ediciones, 2007.
- Satinover, J. Homosexuality and the Politics of Truth. Michigan, Hamewith Books, 2003.
- Schifter Sikora, J. Ojos que no ven...psiquiatría y homofobia. San José, Editorial ILPES, 1997.
- Sebreli, Juan José. Comediantes y Mártires, Ensayo contra los Mitos. Buenos Aires, Editorial Debate, 2008.
- Sebreli, Juan José. El Olvido de la Razón. Buenos Aires, Sudamericana, 2006.

·Serrano, Francisco. La dictadura de género. Una amenaza contra la Justicia y la Igualdad. España, Almuzara, 2012.
·Sokal, Alan. Bricmont, Jean. Imposturas intelectuales. Barcelona, Paidos, 1999.
·Stefanoni, Pablo. Ramírez, Franklin. Svampa, Maristella. Las vías de la emancipación. Conversaciones con Álvaro García Linera. México, Ocen Sur, 2009.
·Stefanoni-Herve Do Alto, Pablo. La Revolución de Evo Morales: de la coca al Palacio. Colección "Claves Para Todos, Editorial Capital Intelectual, 2006.
·Stern, Mijail. Stern, August. La vida sexual en la Unión Soviética. España, Bruguera, 1980.
·Svampa, Maristella; Stefanoni, Pablo; Fornillo, Bruno. Debatir Bolivia, Perspectivas de un proyecto de descolonización, Bs. As., Ediciones Taurus, 2010.
·Timmons, S. The Trouble With Harry Hay. Boston, Alyson Publications, 1990.
·Toldos Romero, María de la Paz. Hombres víctimas y mujeres agresoras. La cara oculta de la violencia entre sexos. Alicante, Editorial Cántico, 2013, edición de E-book.
·Torres, Diana. Pornoterrorismo. Tafalla, Editorial Txalaparta, 2011.
·Tradición y Acción por un Perú Mayor. ¡Defendamos la familia!. Por qué debemos oponernos al "matrimonio" entre personas del mismo sexo y al movimiento homosexual. Lima, Ed. Tradición y Acción por un Perú Mayor, 2011.
·Tradición y Acción por un Perú Mayor. Aborto: la Verdad sin Disfraces. Por qué debemos defender la vida del no nacido. Lima, Edición Tradición y Acción, 2008.
·Valcárcel, Amelia. Qué es y qué retos plantea el feminismo. Barcelona, Urbal, 2004.
·Vallejo-Nágera, J.A La puerta de la esperanza. Barcelona, Planeta, 1991.
·Van Cleveld, Martin. The privileged sex. Israel, DLVC Enterprises, 2013.
·Vidarte, P. Etica Marica. Proclamas libertarias para una militancia LGTBQ. España, Espa E-book, 2007.
·Vilar, Esther. El varón domado. 1993, Edición digitalizada, disponible en: http://es.wikimannia.org/images/Esther-Vilar_El-Varon-Domado.pdf
·Von Mises, Ludwig. Socialismo. Análisis económico y sociológico. Madrid, Unión Editorial, 2007.
·Wilhelm, R. Materialismo dialéctico y psicoanálisis. México, Siglo XXI, 1979.
·Wilhelm, R. La función del orgasmo. El descubrimiento del orgón. Problemas económico-sexuales de la energía biológica. Bs. Aires, Paidós, 1955.
·Wilson, Edward. On human nature. Massachussetts, Harvard University Press, 1978.
·Wittig, Monique. El pensamiento heterosexual y otros ensayos. Madrid, Egales, 2010.
·Wittig, Monique. The lesbian body. Boston, Beacon Press, 1986.
·Zetkin, C. Lenin on the Woman Question. New York, International.

II- Diarios y revistas

- Diario New York Post (Estados Unidos).
- Diario ABC (España).
- Diario Clarín (Argentina).
- Diario Correo (Perú).
- Diario de Cuyo (Argentina).
- Diario El País (España).
- Diario La Capital (Argentina).
- Diario La Gaceta (Argentina).
- Diario La Tercera (Chile).
- Diario Perfil (Argentina).
- Diario Pravda (Rusia).
- Diario The Guardian (Inglaterra).
- Diario El Mundo (España).
- Diario El Tribuno de Salta (Argentina).
- Diario La Crónica de Hoy (Argentina).
- Diario La Gaceta (España).
- Diario La Nación (Argentina).
- Diario La Nueva Provincia (Argentina).
- Revista Les Lettres Nouvelles (Francia).
- Diario Página/12 (Argentina).
- Revista Gente (Argentina).
- Revista La Joven Guardia.
- Revista Nuestro Tiempo (Argentina).
- Revista Sur (Argentina).

III- Sitios de Internet

- http://www.montevideo.com.uy
- http://www.ncbi.nlm.nih.gov
- https://www.ecopolitica.org
- http://es.scribd.com
- http://es.wikimannia.org
- http://sincloset09.wix.com
- http://www.actualidadpanamericana.com
- http://www.alertadigital.com
- http://www.alertadigital.com
- http://www.arqueomex.com
- http://www.bdigital.unal.edu.co
- http://www.bostonphoenix.com
- http://www.catolicas.com.ar
- http://www.cdc.gov
- http://www.centerformedicalprogress.org/

·http://www.cha.org.ar
·http://www.cnm.gov.ar/
·http://www.cooperativa.cl
·http://www.cronicas.org
·http://www.cubaencuentro.com
·http://www.dailymail.co.uk
·http://www.datosmacro.com
·http://www.debatime.com.ar
·http://www.diariopublicable.com
·http://www.dle.rae.es
·http://www.elacontecer.cl
·http://www.elcato.org/
·http://www.eldiariohoy.com
·http://www.embarazoinesperado.com
·http://www.emol.com
·http://www.forumlibertas.com
·http://www.gaytoday.badpuppy.com
·http://www.glaad.org/
·http://www.gtt-vih.org
·http://www.hazteoir.org
·http://www.huesped.org.ar/
·http://www.igfculturewatch.com
·http://www.info.abril.com.br
·http://www.infobae.com
·http://www.infocatolica.com
·http://www.infovaticana.com
·http://www.ippf.org
·http://www.isciii.es/
·http://www.isisweb.com.ar
·http://www.jacquesmaritain.com
·http://www.lafulana.org.ar
·http://www.lafulana.org.ar/
·http://www.larevuelta.com.ar
·http://www.libertaddigital.com
·http://www.libertadyresponsabilidad.org
·http://www.lr21.com.uy
·http://www.msal.gob.ar
·http://www.nambla.org
·http://www.nationalreview.com
·http://www.onusida-latina.org
·http://www.panyrosas.org.ar
·http://www.panyrosas.org.ar/

·http://www.periodistadigital.com
·http://www.perrerac.org
·http://www.pornoterrorismo.com
·http://www.potenciatortillera.blogspot.com.ar/
·http://www.prensarepublicana.com
·http://www.radfemcollective.org
·http://www.religionenlibertad.com
·http://www.riojalibre.com.ar
·http://www.sinsida.com
·http://www.socorristasenred.org/
·http://www.traditionalvalues.org
·http://www.unaids.org
·http://www.unav.es
·http://www.virped.org/
·https://www.aciprensa.com
·https://www.facebook.com
·https://www.lifesitenews.com
·https://www.notifam.com
·https://www.prevencion.adeslas.es
·https://www.youtube.com

IV- Filmes y documentales

·"Aconsejando al Homosexual Miguel Núñez"
·"Antes que anochezca"
·"El Dr. Money y el niño sin pene"
·"Hugo Chávez, Latinoamérica y el Foro de Sao Paulo"
·"Las Lunas y Las Otras"
·"Néstor Perlongher"
· "The Kinsey Cover Up"